Hábitos para niños

Hábitos para niños

Valeria Lozano

Edición:
María Laura Paz Abasolo

Grijalbo_vital_

Hábitos para niños

Primera edición: septiembre, 2018

D. R. © 2018, Valeria Lozano Arias

D. R. © 2018, derechos de edición mundiales en lengua castellana:
Penguin Random House Grupo Editorial, S. A. de C. V.
Blvd. Miguel de Cervantes Saavedra núm. 301, 1er piso,
colonia Granada, delegación Miguel Hidalgo, C. P. 11520,
Ciudad de México

www.megustaleer.mx

D. R. © 2018, María Laura Paz Abasolo, por la edición
Mayra Martínez Luna, por el diseño de portada
Priscila Baxter, por las fotografías de interiores

ISBN: 978-607-317-009-3

Impreso en México – *Printed in Mexico*

El papel utilizado para la impresión de este libro ha sido fabricado a partir de madera procedente
de bosques y plantaciones gestionadas con los más altos estándares ambientales, garantizando
una explotación de los recursos sostenible con el medio ambiente y beneficiosa para las personas.

Penguin
Random House
Grupo Editorial

Dedicado a mi niña interior,
a quien cuido ahora y nutro con tanto amor.
A Mauricio,
porque gracias a ti soy una madre realizada.
A Iker y Pablo,
que son mis compañeros de viaje,
y a todos los niños que cambiarán para mejorar
el rumbo de la humanidad.

Índice

TERCERA PARTE

Nutre su mente y sus emociones

Introducción

¡Es magnífico que estés leyendo este libro! Significa que estás interesado en mejorar los hábitos de tu familia en todos sentidos, pues no sólo hablaré de la nutrición del cuerpo, sino de la nutrición integral de las personitas más especiales en tu vida: tus hijos. Por cada madre o padre que busca mejorar la calidad de vida de los niños en su entorno, hay nuevas oportunidades para la salud de todos los seres vivos. Créeme, siempre será mejor y más sencillo educar niños sanos con buenos hábitos, que sanar adultos enfermos y con malos hábitos —o vicios— muy arraigados, así que te agradezco que te involucres, pues tu actitud también influirá en muchas otras personas, aunque no lo creas.

Te felicito por haber dado los dos primeros pasos hacia este cambio: tener la convicción de hacer algo diferente e informarte. El conocimiento es el poder que nos impulsa a cambiar. Si no te informas, difícilmente cambias, por lo que en esta ocasión te ofrezco datos actualizados sobre el estatus de la salud infantil y una serie de ideas que puedes personalizar —considerando tus preferencias, presupuesto familiar y estilo de vida— para mejorar la salud integral de tus hijos. Ante todo, lo importante es cambiar primero nosotros, los padres. Es momento de empezar a observar la clase de hábitos que les hemos inculcado, ya sea por ignorancia, para facilitarnos la vida o por perpetuar ideas obsoletas sin cuestionarnos realmente si tienen un fundamento de valor o de verdad.

Ahora bien, este libro no pretende desanimarte, hacerte sentir mal, juzgar tus decisiones ni nada por el estilo. Se trata de modificar tu percepción acerca de qué debe corregirse en casa. Aquí, por ejemplo, no encontrarás técnicas sutiles para forzar a tu hijo a comer lo que tú quieres o la cantidad que consideras suficiente. No es un libro que enseñe a los adultos cómo dominar mejor. No. Escribí este libro en defensa de los niños, pensando en ayudarlos, en decirte lo que ellos quisieran expresar, pero no saben cómo. Este libro se centra en ellos, está a favor de que los dejemos ser efectivamente "niños" y nos limitemos a hacer lo que nos corresponde como responsables de su salud.

No busques más métodos para someterlos a tus expectativas de salud, pretendiendo que cenen sopa de verduras todos los días o desayunen un licuado de brócoli sin el menor reparo, cuando tú no lo haces. Y junto con esas ideas, deja atrás la culpa por las decisiones desinformadas de antes. La culpa no tiene cabida en este libro. Los padres somos expertos en ella, pero es momento de dejar el mal hábito de reprocharte porque no puedes ser culpable por algo que ignorabas. Sé responsable. Es más, si eres testigo de alguna situación desafortunada y triste en la escuela, por ejemplo, deja de pensar que está lejos de ti y revisa cuál es tu papel en ese suceso. Tal vez creas que no tienes nada que ver porque no afecta a tu hijo, pero cada vez que tratamos a los niños con violencia —la cual no sólo consiste en golpear, pues se puede lastimar ignorando, amedrentando o criticando constantemente— abonamos a ese tipo de comportamientos, al colectivo que se expresa de esa manera. Necesitas hacerte responsable de la parte que te corresponde. Por más culpa que sientas, el pasado no cambiará, pero sí puede teñir de negatividad tus cambios actuales y futuros. Deja atrás ese sentimiento si es que lo tienes, porque la culpa es una de las emociones más desgastantes.

Cuando termines de leer este libro, tendrás las herramientas y el conocimiento necesarios para cambiar si ya lo has decidido. Cambiar de hábitos requiere voluntad porque cuesta trabajo y supone tiempo, esfuerzo y paciencia. Al leer estas páginas, muchas cosas tendrán sentido y otras no tanto; yo pasé por lo mismo con cada tema. Lo viví. Este libro tardó en gestarse porque tuve que vivir con mis dos hijos muchas de las situaciones que describo y así poder hablar a partir de mi experiencia.

Entiendo perfectamente que al principio todos los cambios encuentran resistencia. Lo más probable es que te sientas incómodo en algunos puntos porque nada molesta más que ver cuestionado nuestro desempeño como padres, aunque espero de corazón que no lo tomes como una crítica, sino como lo que es: una guía para mejorar la salud y la vida de los niños; para darles un futuro mejor, libre de enfermedades graves o que comprometan su calidad de vida; para darles una mayor conciencia de su cuerpo y su nutrición; para vincularlos con los demás seres vivos y con el planeta; para formar niños conscientes de que pueden generar un cambio positivo en el mundo, con creencias que los impulsen a lograr lo que se propongan y a expresarse con todo su potencial. ¿No es lo mismo que buscas para tu hijo?

Pero primero hay que romper paradigmas y desprendernos de ideas anticuadas que nos alejen de esos buenos deseos. Sólo te pido que, aun si no estás de acuerdo con algunos puntos dentro de este cambio de hábitos, los leas y los pruebes; se quedarán como semillitas para otro momento en que quieras modificar ese aspecto en específico. No tomaré a mal si no haces muchas de las cosas que te recomiendo, incluso si te molestan o te parecen exageradas en un principio. No pretendo que implementes todos los cambios en un solo día, pues vivir saludablemente y de manera integral no es una meta, sino un camino para disfrutar, saborear y sentirse cómodo. Vas a recorrerlo toda tu vida.

Vivir saludablemente y con bienestar es un estilo de vida, no una dieta ni una solución momentánea. Los cambios deben hacerse poco a poco, siendo pacientes con nosotros mismos, no sólo con los demás. Comienza este libro con la mente abierta, mucha comprensión y libre de culpa; con ganas de tomar las riendas de tu cambio como adulto para poder educar a tus hijos congruentemente. Tú fuiste niño, así que puedes comprenderlos mejor y dirigir tu responsabilidad como adulto de una manera próspera.

Imagina que este libro es un parteaguas en tus hábitos y los de tu familia. Lo que pasó, ya pasó. Lo importante es cambiar ahora para mejorar, romper con prejuicios e ideas preconcebidas, y crear una nueva dinámica. Por ejemplo, no se vale que, si de pronto cocinas un platillo saludable y tu hijo no se lo come —una situación muy normal y que más adelante te explicaré cómo abordar—, te enojes y digas cosas como "Mi hijo no es sano", "Ya sabía, por eso no preparo nada así", "Mi hijo no come verduras ni frutas por nada del mundo". Es necesario modificar nuestra forma de pensar, desechar las frases comunes y aterrizar las expectativas que podamos tener en el mundo real. Date cuenta de que tus hijos no son "remilgosos" y los míos tampoco. Sólo hacen lo mismo que todos los niños de acuerdo con su biología y sus necesidades. De hecho, ya quisiéramos un poco de su conciencia del hambre y de sus razones para comer; así, no habría un centenar de libros nuevos sobre dietas cada mes ni buscaríamos pastillas para reducir el apetito. ¿No te parece raro que de niño no tengas hambre y te obliguen a comer, pero de grande quieras dejar de comer tanto? Creo que los adultos perdimos —o nos ayudaron a perder— esa comunicación directa con nuestro cuerpo, y quiero ayudarte a que tu hijo la conserve.

Es más, puedo decirte que yo era una niña "normal", es decir, una niña remilgosa o "difícil para la comida", como dicen ahora. ¡Sí, eso es normal! Pregunta si no a cualquier madre o padre de familia, y seguramente te dirá que su hijo come poco, sólo acepta las mismas dos o tres cosas, come mal o de plano "no come", no le gustan las frutas ni las verduras, o lo que es peor —y desafortunadamente muy común—, sólo le gustan los dulces y los postres. Otros —la minoría— dirán que sus hijos comen demasiado bien (es decir, de todo y mucho), con lo que encasillan a los demás niños dentro de la categoría de "comer mal", y así se perpetúa la idea de que se debe comer mucho para comer "bien". ¿Quién determina lo que está "bien"? ¿En qué se basa? ¿Comparado con qué? ¿El león se alimenta bien en comparación con el conejo? No tiene sentido. Cada uno consume lo que necesita y lo que su cuerpo demanda. No hay bien ni mal, sólo formas de hacerlo. Más adelante retomaré los distintos tipos de alimentación, pero por ahora quiero aclarar que, en mi experiencia como niña y como madre de pequeños también "remilgosos", las técnicas para forzar a un niño a comer (como quitarle el postre, prometerle premios, gritar y pelear en la mesa, hacerlo sentir mal, compararlo, etc.) no funcionan. Si piensas que son efectivas porque tu hijo se come todo sin decir nada, lo siento, pero no son eficaces a largo plazo.

Recuerdo que en mi niñez escuchaba siempre las mismas comparaciones: "Mira qué bien come tu prima; come de todo", "Tu hermana ya se terminó lo que le serví", "Tu amiga sí prueba las cosas". En ese entonces me hubiera gustado ser como mi prima, mi hermana o mi amiga para que no me dijeran esas cosas ni me amenazaran tanto. Mi mamá no era un gendarme enojón que diera miedo, pero no necesitas serlo para caer en esa actitud tan temida cuando quieres que tus hijos acepten lo que ni tú comes —como muchas verduras—, y además sin objeción, sin dejar nada en el plato, sin moverse, sin levantarse de la mesa ni jugar con la comida. Suena a misión imposible tratándose de personitas diseñadas para moverse, platicar, aprender y conocer su mundo a través de los sentidos; además de que su vida es jugar (de ahí que también jueguen con la comida) y es la forma en que absorben su entorno.

Imagina mi tortura de niña porque no me gustaba la cebolla y no podía siquiera ver jitomates, miel de abeja, cilantro, papaya, carne roja —en particular molida—, pollo, pescado, mariscos, quesos que no se derritieran, aceite de oliva o pimienta. Yo era feliz con un sándwich de aguacate o tacos de aguacate y frijoles, y unos panecitos de chocolate. (Lo de sólo comer postres también aplicaba en mi caso.)

Seguramente conoces la gran frase que tendemos a utilizar para obligar a los niños a probar comer algo por primera vez: "No sabrás si te gusta si no lo pruebas". Sin embargo, se nos olvida que muchas veces el olor es suficiente para causar rechazo, pues el sentido del gusto está estrechamente relacionado con el del olfato. A mí me quisieron obligar muchas veces a comer carne molida cuando el olor mismo del picadillo o de las hamburguesas me revolvía el estómago. Aun con castigos y regaños de por medio, nunca la probé ni la probaré.

¿Por qué te cuento esto? Porque quiero que leas este libro desde tu perspectiva de niño, de lo que pensabas entonces, de lo que te gustaba o no, y no sólo en lo referente a la comida, sino respecto a los regaños, los castigos, las comparaciones, las cosas que te hacían sentir mal. Si nunca te has puesto en los zapatitos de tus hijos, para fines prácticos de este libro es necesario que lo hagas, en cada tema y en cada página. Deja de pensar en lo que tú requieres como padre o madre, y comienza a considerar lo que ellos necesitan. Así será más sencillo que comprendas la etapa en que están tus hijos y tu empatía se dará naturalmente. Pregúntate si cuando eras niño te gustaban los gritos, si te sentías bien cuando te molestaban, si aprendías de eso, si te agradaba que te obligaran a hacer algo innecesario, si te gustaba saludar de beso a todos, que te dijeran "¿Cómo se dice?" para que dieras las gracias y te forzaran a compartir y a pedir perdón. ¿Te hacía sentir cómodo todo eso que tratamos de imponer a los niños? ¿Qué sentías cuando te castigaban? ¿Realmente aprendiste con una nalgada? ¿Sentías respeto o miedo cuando veías a tus padres tan grandes y fuertes hablándote con dureza?

Recuerda un poco cómo eras de niño con los alimentos, cómo comías, qué te decía tu mamá, si te gustaba lo que hacía o decía, si te sentías bien, si te daban ganas de cooperar, de comer, de probar... Ahora piensa qué sentías cuando un adulto te defendía o decía algo en beneficio tuyo. Ésa es precisamente mi intención con este libro, hablar a favor de los niños, y espero lograrlo, aunque sea sólo en algunos puntos. Tendemos a evaluar a los niños con nuestros ojos de adultos perfectos, y la diferencia es tanta, que nos impide verlos como realmente son, como éramos nosotros mismos. Espero ayudarte a percibir a tus hijos como seres sabios, inteligentes, transparentes, de quienes tenemos mucho que aprender.

Ten presente que los niños quieren hacerte feliz, quieren hacer lo que tú dices que es bueno, lo que tú aplaudes; no desean molestarte con su actitud ni rebelarse sólo porque sí, pero tienen su propia personalidad, sus gustos, y desafortunadamente no siempre están en sintonía con los tuyos.

Los llenamos de recuerdos cada día que pasamos con ellos. Esas experiencias se quedan guardadas y de nosotros depende que sean valiosas. Relájate desde ahora y permite que los niños a tu lado hagan lo mismo. Haz que la paternidad sea divertida para todos, ya que sólo podemos aspirar a dos cosas: dejarles buenos hábitos para que sean felices y se vuelvan personas de bien, y darles razones positivas para querer vernos, visitarnos y hacernos partícipes de su vida después. La infancia dura tan poco, es tan efímera, que sólo cabe disfrutarla y volverla memorable. Todo eso depende de tu labor de hoy. La infancia es la etapa más importante en la vida de cualquier persona, y si tu hijo la vive de manera inocente, sencilla, agradable y sana, no tendrás mucho que enseñarle después. Los cimientos estarán ahí.

Por ello, en la primera parte de este libro expongo la problemática que enfrentamos hoy, no sólo en relación con la crisis de salud física, emocional y psicológica infantil que vemos a nuestro alrededor (además de la obesidad, hay hiperactividad, falta de concentración y conexión, ansiedad, depresión; todo vinculado), sino respecto al ejemplo que debemos darles a los niños. Ellos emulan lo que ven, y lo que observan en su primera infancia es determinante para su vida. Quiero ayudarte a modificar tu mentalidad para que podamos trabajar durante la lectura del libro, pues si tú no estás dispuesto a cambiar, nada variará en los hábitos de tu hijo. No podemos tener una sociedad sana si no comenzamos por tener niños sanos en todos los aspectos.

Después de leer esta primera parte pensarás que es una gran responsabilidad ser un buen modelo para los pequeños. No obstante, lo mejor de todo es que nunca es demasiado tarde para cambiar; siempre estamos a tiempo. Así, en la segunda parte del libro revisaremos juntos todos sus hábitos, cubriendo los puntos principales en cada etapa: desde la gestación, ese maravilloso momento cuando te enteras de que tendrás un hijo, hasta el final de su infancia, cuando llega a la pubertad.

Todas nuestras decisiones repercuten en la vida de nuestros hijos desde el principio; incluso desde que planeamos un embarazo. Gran parte de su salud se determina en la gestación, pero la responsabilidad sólo se vuelve mayor con el tiempo. De pronto, esa personita ya está ahí y eres responsable de su vida, su seguridad, su salud y su desarrollo. Por ello, analizo los grandes mitos y beneficios de la lactancia y la ablactación, hasta llegar a una alimentación completa y balanceada, con alimentos naturales y sin productos que sólo intoxican el cuerpo de tu hijo. Entonces, ¿qué va a comer? La respuesta es simple: comida. En estas páginas encontrarás una guía completa y concisa de qué deben consumir los niños y qué definitivamente no es bueno para su organismo. Como apoyo, al final hallarás una sección con 100 recetas maravillosas y deliciosas que pueden servirte como punto de partida hacia el mundo de la alimentación natural.

Finalmente, la tercera parte aborda la nutrición más allá del aspecto físico y de una forma profunda. Es importante saber qué da a los niños alegría de vivir, emoción, tranquilidad, felicidad y respeto. Será el momento de verte a ti mismo en ellos, de ver reflejado el entorno emocional que tú creas para ellos, así como la materialización de una diversión positiva, un aprendizaje sólido y nuevos modelos educativos que los lleven a realizarse. Con esto en mente, por último comparto contigo una metodología sencilla y práctica que puedes seguir durante este proceso de cambio para mejorar en conjunto.

Estoy segura de que vas a disfrutar muchísimo este libro y, sobre todo, los resultados de ponerlo en práctica. Gracias por estar aquí conmigo. Mientras haya más padres como tú, este mundo podrá cambiar junto con las siguientes generaciones.

PRIMERA PARTE

PENSEMOS DIFERENTE

Capítulo 1

La mejor herencia

¿Qué es lo que tanto buscamos cuando invitamos a los niños a nuestra vida? Todos queremos que sean felices, exitosos —más adelante retomaré este concepto, a veces distorsionado en la vida actual—, positivos y sanos en todos los sentidos. El truco es que todo eso se construye hoy. No mañana, no después. En la infancia, cada día cuenta, cada situación cuenta. Todo importa porque se están generando sus programas. Desde ahora estás instalando el software que tus hijos utilizarán en las distintas situaciones de su vida. Todas las interacciones que los niños tienen hoy influirán en sus relaciones de mañana. Así como están aprendiendo a caminar, hablar y dejar el pañal, comienzan a relacionarse con el mundo y con los demás a partir de sus vínculos en esta primera etapa de la vida, sobre todo en la primera infancia o los primeros siete años.

Los hábitos en la niñez son fundamentales para la vida futura. Algunos datos demuestran que, según la actividad que realizan los niños, existen variaciones en sus ondas cerebrales, desde las ondas delta —de baja frecuencia—, hasta las ondas beta —de alta frecuencia. Los investigadores han descubierto que la actividad electroencefalográfica de los niños revela el predominio de una onda cerebral específica en cada etapa de su desarrollo. Entre el nacimiento y los dos años de edad, el cerebro humano opera predominantemente con las frecuencias encefalográficas más bajas (ondas delta), mientras que pasa a ondas theta entre los dos y los seis años, lo que supone un estado mucho más "sugestionable".[1] Esto justifica la creencia de que los niños son "esponjas" y pueden almacenar una cantidad increíble de información.

Si nos separamos de los términos científicos, mas no de las pruebas científicas, podemos decir que los niños viven en un estado parecido a la hipnosis desde su nacimiento y hasta los siete años aproximadamente, cuando tiene lugar una adaptación neurológica para facilitar la culturización y adaptación al entorno. Los niños pequeños miran con detenimiento lo que los rodea; siempre están observando y es así como almacenan los conocimientos que les damos. ¿Dónde? En su subconsciente, el cual procesa alrededor de 20 millones de estímulos por segundo, frente a los 40 —no 40 millones, sólo 40— que interpreta la mente consciente en ese mismo lapso.[2] Como resultado, su comportamiento, creencias, ideas y estructuras mentales son iguales a los de sus padres.[3] No es raro entonces que resulte innecesario decirles muchas cosas a los niños, pues nuestros actos hablan con más elocuencia que nuestras palabras.

El inconsciente no es el tema principal de este libro, pero sí es muy importante cuando hablamos de hábitos, ya que es donde éstos se graban. Por eso es tan difícil cambiarlos. Aquí no interviene la fuerza de voluntad, sino los programas inconscientes sumamente arraigados que dirigen 95% de nuestro comportamiento, frente a un 5% restante que quiere hacer algo distinto. El subconsciente tampoco es un ser monstruoso que viene a destruir tu vida; simplemente, es una computadora sin emociones ni juicios que ejecuta programas a base de estímulos y respuestas. Cuando percibimos un estímulo, reaccionamos automáticamente (sin que lo piense el consciente) de la misma forma en que lo hicimos la primera vez que surgió tal estímulo.

Hasta aquí todo va bien. Se trata de un regalo de la evolución. Pero la idea inicial era que estos programas de estímulo y respuesta se almacenaran de forma positiva, en pro de las personas; que fueran una gran herramienta de la mente consciente. Sin embargo, el entorno actual —con adultos estresados, apurados, sin tiempo, ausentes y embebidos en la tecnología, o con metas personales por encima de las familiares— hace que esta gran herramienta resulte contraproducente. Mientras tú piensas en lo que comiste ayer o en la discusión del lunes pasado, o mientras generas ideas y eres creativo en tu trabajo usando tu mente consciente, ¿quién crees que se encarga de todo lo demás? Sí, tu subconsciente. ¿Y cómo actúa? Básicamente, como se le enseñó en esos siete años de seudohipnosis. Y el problema no es la mente subconsciente, sino lo que hemos guardado en ella.

Nosotros, como padres, podemos instalar versiones positivas de estos programas desde un inicio. Lo que haces y dices hoy frente a tus hijos repercute en su salud integral de una manera que no imaginas siquiera. ¿Por qué tener buenos hábitos es la mejor herencia? Porque lo que tus pequeños vean y vivan en esa etapa de seudohipnosis, las actitudes que observen de sus padres, se quedarán grabadas en su cerebro con tanta firmeza como las rutas sinápticas de la mente subconsciente. Las frases —positivas o no—, los comentarios y las opiniones que escuchen de sus padres quedarán almacenados como verdades absolutas. Ya que esa información esté ahí, bien archivada, se encargará de controlar su biología el resto de su vida.[4]

Si de adultos no nos gusta esta programación, debemos descubrir la forma de cambiarla; pero, como he dicho antes, siempre será más fácil ayudar a un niño con una buena programación inicial, que desprogramar lo que se reforzó durante muchos años. El mayor obstáculo para conseguir el éxito en lo que queremos y buscamos son las limitaciones preestablecidas en el subconsciente. ¿Puedes creerlo? ¡Qué responsabilidad por lo que les decimos día con día a nuestros hijos! Sí, leíste bien. Dije responsabilidad, no culpa.

Los hábitos son inconscientes y están guardados ahí mismo. En la niñez, el objetivo de tu subconsciente es hacer que te adaptes mejor; lo que guardas después es para ahorrarte esfuerzo, por eso se transforma en un comportamiento subconsciente. Los comportamientos se van al subconsciente cuando se repiten mucho; así se adquiere el hábito de manejar, lavarnos los dientes, comer saludable, hacer ejercicio, pero también lo que piensas sobre ti mismo, tu crítica hacia los demás, los juicios, la agresividad, las reacciones involuntarias no deseadas y las acciones autodestructivas. Sí, todo esto también se convierte en hábitos, literalmente canales neuronales que formamos y que se refuerzan con la repetición.[5] Ésta es una analogía sencilla: cada vez que tu cerebro hace algo nuevo, genera una nueva red neuronal similar a una brecha en el campo por la que pueden andar los coches. Cuando no existe esta brecha —un hábito nuevo—, el camino es difícil (como cambiar de hábitos). Y mientras más veces pases por ahí se vuelve más transitable —un hábito más sencillo de repetir. Por eso es necesario realizar varias veces el hábito que se quiere adquirir para grabarlo como un acto involuntario, guardado más en tu cuerpo que en tu cerebro. ¿No te ha pasado que no te sabes una contraseña o un teléfono de memoria, pero cuando tienes el teclado frente a ti sí puedes registrarlo? A eso me refiero, a un hábito tan arraigado, que pasó del pensamiento a la memoria muscular.

De la misma manera, las brechas que traces hoy en tus hijos serán fundamentales para el día de mañana, ya sean para bien (comer frutas y verduras) o para no tan bien (siempre acompañar la comida con refresco o usar productos chatarra como premio). Los hábitos son vehículos importantes de transformación personal, esenciales para una vida saludable y exitosa; por ello, cabe recalcar que los padres forman los hábitos de sus hijos. Los adultos decidimos y los guiamos.

Los buenos hábitos no son cualquier cosa y tampoco son opcionales; definen tu vida. Una persona con un trabajo que disfruta, una familia amorosa y relaciones personales satisfactorias, pero con una enfermedad cronicodegenerativa, no puede tener la misma calidad de vida que una persona en las mismas circunstancias y gozando de plena salud. Ni siquiera financieramente están en la misma situación, en especial si la enfermedad es prevenible, como sería un padecimiento derivado de los hábitos y el estilo de vida. Tal vez no lo sepas, pero sólo 5% de las enfermedades se desarrolla por cuestiones genéticas; es decir, 95% de las enfermedades son producto de estilos de vida poco saludables.[6] Es mucho lo que podemos prevenir, ¿cierto? Créeme cuando te digo que, si les inculcas a tus hijos buenos hábitos, harás por ellos mucho más que si les heredas cosas materiales. De no tener buenos hábitos, éstas no les durarán mucho tiempo de todas maneras.

Generalmente, cuando hablamos del futuro de nuestros hijos, lo primero que entra en la conversación es la educación. Ésta es una buena herencia también, pero recuerda que debe ser integral. De nada sirve que tu hijo sea un erudito en matemáticas si no sabe comer, orar, agradecer, compartir o sentir compasión por otro ser vivo. Somos seres integrales; no podemos descuidar ninguna parte sin que se desequilibre nuestra salud, pues en ella importan tanto lo físico como lo intelectual, emocional y espiritual. Los seres humanos tenemos muchas necesidades, y más en la primera etapa de nuestra vida. Los niños también pueden estar desnutridos de atención, de presencia, de afecto, de contacto, de comprensión y de compañía, y quizá pienses que todo está bien porque no comen dulces y cenan verduras con quinoa. También por eso me interesa aclarar que no les sentará bien una comida saludable, natural y orgánica si los obligas a comérsela a punta de castigos, gritos y amenazas. Nadie digiere bien cuando está estresado; ante el estrés, el organismo segrega hormonas y tiene sus propios procesos, en los cuales no está involucrada la digestión.

¿SABES QUÉ PASA EN EL CEREBRO DE TUS HIJOS CUANDO LES GRITAS?[7]

- Registran recuerdos negativos que generan angustia, estrés y ansiedad.
- Envían señales de peligro, inseguridad y amenaza, como si un león estuviera frente a ellos.
- El cuerpo libera dopamina y adrenalina para huir.
- Se bloquea el proceso de aprendizaje.

Necesitamos abordar la salud de los niños (y de los adultos también, como describí en mi primer libro, *Cambia de hábitos*) de forma integral, pero debe quedar muy claro que sus hábitos vienen de casa. No hay culpas, ¿recuerdas? Pero sí existen las responsabilidades, y por eso debemos hacer cambios; quizá poco a poco, ligeros y sencillos, pero de forma sostenible. El primer paso, entonces, es no preocuparte. Es mejor ocuparte, y yo te voy a ayudar.

¿Qué logras al tener buenos hábitos? En primer lugar, seguramente has escuchado que los actos —derivados de las decisiones— se convierten en hábitos, éstos constituyen tu carácter y éste a su vez se transforma en tu personalidad, la cual determina tu vida. Por lo tanto, tus hábitos definen tu vida presente y notas su importancia porque determinan la calidad de tu día a día. Tomar decisiones saludables, conscientes y positivas diariamente mejora tu vida y la sustenta en el amor y el respeto propio. Cuando compartes esto con tus hijos, no sólo los estás acostumbrando a comer frutas y verduras, les estás enseñando a cuidar su cuerpo y a respetarse.

Tomar decisiones poco o nada saludables cuando ya tienes conocimiento de sus efectos es un acto autodestructivo. Si ya sabes lo que tienes que hacer y no lo haces, realmente estás mucho peor que cuando lo ignorabas. Esto suena un tanto alarmista y quizá podrías descartarlo como una exageración, pero no deja de ser una verdad innegable. Los hábitos malos o negativos —como fumar, tomar bebidas alcohólicas de forma desmedida, consumir drogas, etc.— se consideran vicios porque tienen efectos nocivos a corto, mediano y largo plazo. Y sí los catalogas como acciones autodestructivas, ¿no? Los reconoces porque, aun cuando te hacen sentir "bien", sabes que te hacen daño y muchas veces "no puedes parar". Lo mismo sucede con los productos chatarra, los refrescos y la comida rápida.

Al transmitirles buenos hábitos a tus hijos también les enseñas que los alimentos no se eligen sólo porque sepan bien. Ése no es el criterio para decidir si los comemos o no; es uno de tantos. El sabor definitivamente no puede ni debe ser el único factor por evaluar.

TUS BUENOS HÁBITOS TAMBIÉN ENSEÑAN

Con ellos, tus hijos aprenden que:

* Los alimentos deben nutrir el cuerpo, no sólo quitar el hambre.
* Mientras más sanos estén, más disfrutarán de su infancia.
* Pueden tomar decisiones saludables.
* Comer debe hacerlos sentir bien, no al contrario.
* Comer es parte fundamental de la vida.
* Nutrirse y comer no son sinónimos.
* La naturaleza provee la comida, no una fábrica.
* Comer saludable es lo normal.
* El ejercicio es necesario para conservar la movilidad.
* La mejor comida se hace en casa.
* Comer a diario frutas y verduras en su estado natural es vital para estar saludable.
* Lo dulce nos gusta a todos, pero hay opciones dulces y a la vez nutritivas.
* Hay que comer sano por salud, no por imagen.
* Tú te amas a ti mismo y a ellos, por eso te cuidas y los cuidas.

Una de las metas de este libro es que conozcas y les transmitas a tus hijos la noción de que comemos para nutrirnos, no sólo para complacer al paladar. De la misma manera, explícales que hacer ejercicio es una celebración de lo que nuestro cuerpo puede hacer, que comer bien no es "hacer dieta" y que la comida más rica es la que uno prepara con amor y con ingredientes de calidad. El menú de tus hijos siempre debe ser igual de saludable que el tuyo.

Con todo esto minimizaremos los efectos de la triste publicidad que muestra mujeres casi famélicas, hombres tan musculosos que apenas pueden abrazar a alguien y colores para atraer a los niños. Cada vez tenemos que luchar más porque lo que vende no es lo que debe hacerse. Y ahí está el reto: elegir lo que se sienta y te haga bien. Debe haber congruencia en todo para que la salud integral de la que hablo sea la realidad que les enseñes a tus hijos. Recuerda, lo principal es que tú cambies de mentalidad porque no hay nada más contagioso que el ejemplo, y eso es lo que estamos buscando. Si tus niños tienen buenos hábitos, es gracias a ti, y si no los tienen, también.

Cada vez que intentas que tus hijos mejoren sus hábitos, les enseñas a tomar decisiones saludables. No necesitas enseñarles nada más si aprenden a decidir por sí mismos lo que les hace realmente bien. Por ejemplo, alguien puede pensar que aprender alemán es difícil; sin embargo, si los padres hablan el idioma, obviamente será sencillo para los niños porque lo "viven", pero resultará un poco más complicado para quienes no tienen esa influencia en casa. Lo mismo pasa con la comida saludable: si es algo que se vive, será muy fácil.

Una infancia feliz es una infancia saludable

Cuando hablamos de alimentación saludable para niños, pensamos lo mismo que cuando se trata de los adultos: es aburrida, no les va a gustar, no se la van a comer y no la van a querer. En primer lugar, recordemos que si el niño posee un concepto de comida saludable, seguramente lo adoptó de alguien cercano. La famosa frase "De algún lado lo tuvo que haber sacado" es cierta. En algún lugar aprendió a decir "No me gusta la fruta, no me gusta el agua natural, no me gustan las verduras", ya que no nació con esas ideas. Sin duda, el niño tiene gusto y preferencia por ciertos alimentos, pero no siente un rechazo natural por todo un grupo. Si a los pequeños les desagrada un alimento o no lo quieren probar, es porque no están familiarizados con él; por ejemplo, si nunca les has dado nopales, cuando lleguen a una edad más selectiva, en la que ya decidan un poco más, obviamente será más difícil convencerlos de que los coman. De ahí la importancia de comenzar lo antes posible y desde etapas tempranas; aunque cambiar siempre es una posibilidad, es mejor cuando resulta más fácil. Comienza entonces con tu bebé de ocho meses, dándole nopales picados que le van a fascinar y son muy nutritivos.

Es muy sencillo, los niños comen lo que se consume en su casa (también lo que se come en la escuela, pero esto lo veremos más adelante); por eso es fundamental acercarlos a diferentes alimentos desde un principio, aunque a ti como adulto no te agraden. Por ejemplo, a mí nunca me ha gustado la papaya —ni me gustará seguramente—; no soporto su olor. Entonces, a mi hijo mayor nunca le di papaya porque no sabía ni escogerla. Él no tuvo problemas para evacuar durante la ablactación, así que no necesité darle papaya en sus primeras comidas. En cambio, mi segundo hijo sí necesitó más fibra cuando empezó a comer sólidos y tuve que darle papaya a mi pesar. Ahí noté cómo formamos a los niños con nuestros hábitos, con nuestros gustos, impidiendo que prueben toda la variedad de alimentos que hay. Por eso dudo que exista tal cosa como, "No me gustan las frutas"; hay tantas en el mundo que no creo que haya alguien que no coma siquiera pepino, aguacate o mandarina. Lo mismo sucede con las verduras. Los papás solemos generalizar y decir "Mi hijo no come nada", cuando simplemente come poco. Más adelante repasaremos todos estos mitos (p. 131), pero quiero aclarar desde ahora que no comer nada y comer poco no es lo mismo. Uno y cero en ningún caso son lo mismo, y cualquier ingeniero podría confirmarlo.

No se trata de que el niño coma algo aburrido, como lechuga con limón y brócoli asado. Para nada. Mi trabajo es darte herramientas y el tuyo es llevar un seguimiento. Debemos ser creativos, saber cómo abordar el tema, recordar que la alimentación actual de tus hijos es por tu falta de conocimiento, así que le pondremos todas las ganas para asumir esa responsabilidad y darle un giro a la situación. Seamos pacientes con los cambios de los niños como si fueran nuestros. No será fácil, pero resultará muy gratificante, te lo aseguro. No existe mejor sentimiento para los padres que la conciencia de estar haciendo lo correcto y en beneficio de nuestros hijos.

Cuando hablamos de comida saludable para niños siempre surge el comentario: "Pero son niños, deben disfrutar su infancia y comer dulces". Me queda claro que quienes dicen esto piensan que comer saludable es tener a los niños con las manos atadas en las piñatas, añorando comer lo que está prohibido. Ésta es justamente otra idea que deseo eliminar de tu mente para que sepas que comer saludable es igualmente delicioso y nutritivo, y que los niños también quieren y pueden comer alimentos naturales. Mis hijos comen muy rico y entienden lo que sí consumimos y lo que no: sí comemos comida, no comemos productos. Y en casa somos congruentes con ese ejemplo, así que no necesito prohibir absolutamente nada. De hecho, ellos son libres de probar algo si quieren, pero la mayor parte de las veces mi hijo mayor me dice "¿Para qué lo pruebo? Me va a gustar y no lo voy a comer porque me hace daño. Yo quiero estar sano para jugar". Recuerdo el día que probó el refresco de cola más comercial y me dijo con ojos sorprendidos y llorosos por el gas: "Mami, no sabe feo; de hecho, sabe muy rico". Yo le respondí que, si tuviera mal sabor y aparte hiciera daño, nadie lo consumiría. Como expliqué antes, el sabor no debe ser el criterio determinante para elegir lo que comemos. Hay ingenieros en alimentos —entre otras profesiones más— encargados de que los productos sepan deliciosos para que opines exactamente eso y no puedas parar de consumirlos; ellos saben cuánta azúcar es necesaria para que tu cerebro siempre quiera más sin que te des cuenta. Pero no porque algo tenga buen sabor deja de ser veneno para tu organismo, ¿o sí? ¿Le darías un trago a un producto de limpieza sólo porque sabe rico? No creo.

En fin, con un poco más de mímica esto fue lo que le expliqué a mi hijo y no necesité más. Él sabe que en mi casa no se consume y jamás lo tomamos: explicación + ejemplo = la mágica congruencia que lo hará cambiar poco a poco. Si no quieres que tu hijo tome refresco, no lo tomes tú, eso es todo. Por un poco de sabor estás aumentando su riesgo de padecer diabetes en 60%;[8] sí, sólo con un refresco "inofensivo" al día. No permitas que el sabor pase por encima de la salud. Créeme, necesitamos mejorar nuestros hábitos y sobre todo los de los niños ante los datos escalofriantes que enfrentamos hoy: si no paramos la tendencia actual, uno de cada tres niños mexicanos nacidos a partir de 2010 padecerá diabetes en algún momento de su vida.[9]

Una infancia realmente feliz es una infancia sana, la que se disfruta con salud, con energía verdadera, sin hiperactividad (más de la natural, ya que ahora se considera enfermedad lo que es normal en los niños: moverse todo el tiempo), con un buen descanso, sin enfermedades, sin regaños en la escuela o en casa por no poner atención, sintiéndose bien en su cuerpo. Sobre todo esto último. Los niños no se dan cuenta cuando un aditivo los acelera; sólo sienten ansiedad, que tú percibes como un comportamiento incontrolable, pero no es así. Los pequeños se sienten mal y no saben cómo expresarlo. Pasan además una gran cantidad de horas sin movimiento natural, distanciados de su cuerpo, con un exceso de estímulos sensoriales y, lo que es peor, sin tiempo libre para no hacer nada. Suena raro, pero si desde hoy mantienes a tus hijos ocupados todo el tiempo, no sabrán estar sin hacer nada y eso se reflejará en demandas constantes, en una baja tolerancia al aburrimiento y en la búsqueda de otros estímulos. Al querer enfocar siempre a los niños, estamos perdiendo esta "actividad" tan nutritiva que es aburrirse.

El panorama no se ve tan positivo para los niños en México, pero en otros países, como Gran Bretaña, Australia y Singapur, los gobiernos están haciendo cambios en pro de la sociedad.[10] Es posible ver y palpar los frutos de esos cambios en educación, alimentación y tiempo libre, así como en el respeto de las etapas de la infancia, tratando a los niños como tales, sin expectativas de adultos, sino con comprensión y atendiendo sus necesidades, sin esperar que ellos se adapten a los requerimientos de los adultos.

Espero que al leer estas páginas se despierte tu curiosidad por unirte a este cambio, rompiendo paradigmas porque ya no podemos seguir igual. Tenemos que evolucionar, mejorar, transformarnos, y la única forma de lograrlo a largo plazo es ayudar a quienes serán los adultos de mañana.

Un cambio de mentalidad en los adultos

Eres tú quien cambiará primero, ¿recuerdas? Pero no necesitas ir a ningún lado ahora, sólo seguir leyendo hasta que esto cobre sentido para ti. El cambio siempre debe ser primero en la mentalidad y después en la conducta; es decir, si no logramos cambiar las ideas que tenemos respecto a los hábitos, la salud integral y el bienestar en general, difícilmente llegaremos muy lejos.

Comencemos aclarando qué te mueve a cambiar tus hábitos y los de tus hijos. Cualquier motivación es válida. No importa si es porque tus hijos son demasiado inquietos (todos los niños lo son y todos los padres pensamos eso de nuestros hijos), porque crees que comen muy mal (recuerda que ellos no van al supermercado ni tienen dinero para ir de compras), si lo haces por moda, porque crees que es lo correcto, porque sientes curiosidad o porque te lo indicó un médico. Da igual. La meta será la misma y ésa es la idea.

Debes empezar viendo a tus hijos como si fueran tú mismo cuando eras niño. Trátalos como a un igual y no como a alguien inferior (una creencia errónea de la sociedad actual), con amor y respeto, como tú quieres que se traten a sí mismos después y que los trate cualquier otra persona. Háblales como a un amigo al que quieres mucho (a tus amigos no los manipulas, no los haces sentir mal ni les haces caras para intimidarlos, ¿o sí?), dejando que se expresen (irónicamente, queremos que los hijos sean determinados de grandes, pero los educamos para que obedezcan en todo). Busquemos tener niños felices, libres, que cooperen con la familia para que todos procuren el bien común, no que obedezcan.

Vamos a cambiar de mentalidad porque debemos ver a nuestros hijos como las personas más conscientes de su propio cuerpo; serán ellos quienes nos enseñen sobre sus necesidades. Hay mucho trabajo por delante y quiero ayudarte a modificar tu forma de pensar, empoderándote con información. Sólo te pido que estés receptivo a ella; aun si te parece extraña, diferente, contraria a lo que has escuchado, dale una oportunidad. Recuerda que en la actualidad se están descartando muchos mitos sobre la alimentación y la salud. Quiero guiarte con esta nueva información para que tus hijos crezcan sanos, fuertes, con la energía propia de su edad, libres y respetados, pero sobre todo bien encaminados para que, en lugar de tener una relación equívoca contigo y con la comida, sepan que la nutrición no es una ciencia loca difícil de aprender, sino algo muy sencillo de llevar a cabo si escuchan a su propio cuerpo y lo atienden como lo que es: una increíble máquina muy compleja y completa, la única que tienen y que puede llevarlos muy lejos si la cuidan, pues de no ser así, enfrentarán carencias y enfermedades.

Pensemos primero que comer es algo natural, que si a tus hijos no les gusta o es una tarea titánica hacer que coman, algo está pasando en esa escena (descartando obviamente enfermedades relacionadas). Dejemos claro que el respeto será la guía y ponerte en el lugar de tus pequeños será tu tarea cotidiana para llegar a una buena solución. Créeme, tú vas a aprender mucho más que ellos en cuanto a paciencia, empatía, comprensión y alimentación, así que el beneficiario directo de este libro también eres tú, no sólo tus hijos.

No esperes de ellos lo que tú no haces

Seguramente, ésta es la parte que no te gusta: cuando te digo que es fundamental que seas un ejemplo para que tus hijos tengan buenos hábitos y sean la clase de personas que tú deseas. Sí, ya sabía que no te iba a gustar mucho. Queremos lo mejor para nuestros hijos, aun cuando eso significa hacer cambios. ¿Pero no quieres lo mejor para ti también? Queremos que la escuela se encargue de muchas cosas que realmente son nuestra responsabilidad; la educación emocional se da en casa, al igual que el amor y el respeto. La familia es el nido que nutre a los niños para que puedan convivir con los demás. Pedimos que en las fiestas no haya tantos dulces o que existan regulaciones firmes sobre la comida chatarra, pero todo esto se hace primero en casa, no afuera. Cuesta trabajo desasociarlo, pero así funciona. Los niños no aprenden a emular las palabras; puedes hablar y hablar, pero el ejemplo es lo único que arrastra. Las palabras, en estos casos, no importan tanto; por eso no es relevante si no te escuchan, ya que siempre están observando tu comportamiento para imitarlo. De nada sirve que les digas que sean compartidos si no te ven ser generoso con la gente que te pide ayuda. Es inútil que les pidas que no golpeen a los demás si tú les pegas. De nada sirve que les prohíbas hacer *bullying* si tú lo haces constantemente con frases y comportamientos que los humillan. El *bullying* casi siempre empieza en casa (al poner apodos, hacer burlas sencillas y sutiles, al no respetar su privacidad y contarles a todos acerca de sus problemas). La clave es ser el ejemplo porque es lo único que vale para ellos, literalmente. Los valores y las enseñanzas quedan reducidos a nada si no van acompañados de la vivencia y el modelo de los padres.

NO LO OBLIGUES A COMPARTIR DESDE MUY PEQUEÑO

Los niños no empiezan a compartir sino hasta los cuatro años. Sé congruente; los adultos tampoco compartimos todo. ¿Tú compartes tu auto con el vecino? ¿Prestas tu casa para las fiestas de personas que casi no conoces? ¿Le das tu computadora a tu hijo de tres años? Entonces, ¿por qué quieres que él comparta todo? Y además te enojas si no lo hace.

Acepta y respeta sus etapas. No comparte porque apenas está descubriendo que algo es suyo y tiene miedo de perderlo. Que lo obligues a compartir sólo retrasará que realmente quiera hacerlo. Invítalo a compartir y, si no quiere, no quiere. Más adelante, alrededor de los cinco años, lo hará.

¿Por qué aprenden de ti? Porque tú eres su código de supervivencia. Ellos hacen lo que tú haces. Así como te resulta simpático y lindo cuando copian los sonidos que haces, imitan tus caras, repiten tus mismas palabras o aplauden cuando aplaudes, sucede lo mismo con lo que no quieres que imiten. Tú debes ser lo que quieres ver en tus hijos.

SON IMITADORES POR NATURALEZA

La imitación es una sofisticada forma de inteligencia y es la muestra más pura de admiración. Como ya sabrás, las personitas que tenemos en casa son imitadores profesionales y natos. Si quieres que tus hijos tengan buenos hábitos, primero que nada tenlos tú. Dales cosas buenas que imitar, como el amor y el respeto por la naturaleza y por todos los seres vivos, la generosidad hacia todas las personas, el agradecimiento por lo que tienen y son, la honestidad en sus acciones y palabras, la aceptación de la opinión de los demás, la empatía, la responsabilidad de tener los pies en la tierra y la amabilidad al hablar y pedir algo. Enséñales a los niños a respetar, a no romper cosas, no mentir ni robar; a ser responsables, esforzados, compartidos y cooperativos, y a hacer lo que les gusta. Es muy buen complemento buscar una educación de calidad en ciertos colegios, pero la verdadera educación comienza en el hogar. Como dijo el presidente José Mujica: "No le pidamos al docente que arregle los agujeros que hay en el hogar".[11] No confundamos ni deleguemos lo que nos corresponde.

Cuando tus hijos ven que dices una cosa y haces otra, la incongruencia se vuelve parte de su vida (por eso de adultos necesitamos ayuda para poder empatar lo que queremos con lo que hacemos). Todo viene de la niñez, desde nuestra gestación y primera infancia. Podemos hacer algo al respecto y obtener resultados significativos. La actitud ante la vida, el sentido común, la comprensión hacia los demás y el autocontrol que desarrollen los niños vendrán directamente de nuestro comportamiento como adultos. Nuestros hijos nos aman y nos admiran; somos el espejo en que se ven reflejados, de modo que nuestros hábitos, emociones y comportamientos también serán los suyos. Dicen que ser padre es una gran responsabilidad, pero considero que es también un gran regalo de autoconocimiento porque a través de los hijos aprendemos a mejorar para poder enseñarles desde la congruencia.

Un trabajo personal más que una lucha de poderes

Educar a un niño no tiene por qué convertirse en una lucha de poderes; más bien debe ser una actividad natural y un trabajo personal en el que te vincules con tu niño interno. Tener un hijo es una experiencia hermosa, única, irrepetible e incomparable, y si eres padre o madre, ya sabes exactamente a qué me refiero. Esa frase tan común: "El día que tengas hijos me entenderás", es cierta, y hasta que tenemos hijos comprendemos mucho de lo que desconocíamos de la vida y del amor.

Sin embargo, la paternidad tiene un lado de cierta manera teñido por nuestra propia infancia. Si bien se trata de hechos que ocurrieron hace mucho, viven diariamente en nosotros. En el cuerpo del adulto se esconde el alma de un niño que vivió ciertas experiencias que no desea repetir, pero tampoco puede evitarlo. Y ahí es donde la paternidad se vuelve un trabajo personal, una labor de identificación de patrones y comportamientos que no te gustaron, que te lastimaron y hasta cierto punto te obligaron a separarte de ti mismo. Lo que no se vale como padres es repetir precisamente lo que no nos gustó de niños.

Esa sombra en la paternidad sale a relucir de forma distinta con cada uno de nuestros hijos. Por eso los niños también son nuestros maestros de vida, ayudándonos a identificar lo que nos disgusta a través de ellos y —ojalá— a no perpetuar esos mismos patrones familiares negativos.

La mayoría de los adultos tuvimos infancias lastimadas, situaciones que quisiéramos no haber vivido o por lo menos poder olvidar. Y no importa de qué magnitud sean, nos marcaron. Salen a flote cuando nos toca vivir la infancia de nuestros hijos, y si no queremos repetirlas, necesitamos primero modificar nuestra forma de pensar, nuestro acercamiento a tales situaciones y la percepción de nuestro papel como padres. El primer paso debe ser transformar tu visión de la paternidad.

Siempre debe imperar el respeto hacia cualquier ser vivo, y sobre todo cuando se trata de un ser humano indefenso, como lo es un niño. Tú también merecías ese trato, pero quizá no te lo dieron. Ahora tienes la oportunidad de reparar el daño cobrando conciencia de ello y no repitiéndolo. Una paternidad responsable lleva como bandera la palabra "respeto" en todas las situaciones, desde un cambio de alimentación, hasta la transmisión de valores. Y esto te incluye. Tu propia vida cambiará cuando te respetes a ti mismo.

Ser padre es un gran trabajo personal: modifica tu visión de las cosas, alimenta tu comprensión y tu empatía, y sana a tu niño interno. Como padre necesitas ser consciente, estar presente en cada momento porque ésta es una labor íntima en la que enfrentarás lo que te sucedió; puede tratarse de algo tan sencillo como que te obligaran a comer mucho y ahora quieres hacer lo mismo con tu hijo. Conozco personas que dicen "Eso me hicieron a mí y ahora como de todo", pero han tenido un sinfín de trastornos alimenticios. No se trata de comer mucho o poco, sino de no forzar nada. La meta principal de este libro es que puedas nutrir tu relación con tus hijos, que comprendas que son diferentes a ti, que respetes sus etapas y su biología, que asumas tu responsabilidad y modifiques los patrones que han generado una relación distorsionada entre los niños y la comida, los hábitos, sus padres, el mundo... No intentes domar a tu hijo, mejor edúcalo.

Así como sucedió contigo, lo que les dices frecuentemente a tus hijos se convierte en su voz interior. Asegúrate de llenarlos de frases positivas. No los condiciones ni los programes con frases hechas que tendrán un efecto negativo en ellos: "Nunca comes nada", "Eres malísimo para comer", "No te gusta nada saludable, sólo comida chatarra", "Te vas a quedar chiquito", "Por eso no creces", "Por eso no juegas bien futbol", etc. Nada de esto ayuda. Nadie cambia porque lo hagan sentir mal. Ni el castigo ni el maltrato son opciones para producir un cambio positivo.

Cuando se abusa de la autoridad, ésta se gasta. Úsala cuando realmente sea necesaria, no para detalles insignificantes, como hacer que el niño se ponga una playera u otra. La autoridad es como el dinero: hay que saber gastarlo para que dure.

No podrás negar que, desde que los niños comienzan a meterse las cosas a la boca (aproximadamente a los siete meses de edad), la palabra "no" se convierte en la favorita de los padres. Siempre les decimos "no", así que los pobres andan por el mundo a base de prueba y error porque sólo saben lo que "no" deben hacer. Cuando comienzan a gatear se vuelve peor, y no se diga cuando se transforman en remolinos con dos piernas: "No agarres, no tires, no jales, no pintes, no, no, no…" Y por si fuera poco, creemos que ese "no" es una palabra efectiva, cuando en realidad es una invitación para que sigan haciendo justo lo que les prohibimos. Recuerda cuando tú eras niño. Ese "no" se transformaba en una curiosidad irresistible y no había ninguna intención malévola detrás ni ganas de desafiar a la autoridad.

Por otra parte, escuchar la palabra "no" de forma continua produce rechazo hacia quien la dice. Imagina que tu pareja o un amigo te dijera "no" para todo. Además de que provoca un alejamiento de esa persona que censura todo lo que haces (generando también una sensación de inferioridad), te produce desconfianza y te hace ver el mundo de forma negativa. Si bien no se trata de jamás decirle que "no" a un niño, usa esta negativa cuando sea útil, es decir, en situaciones puntuales que requieran un mensaje preciso y rápido; por ejemplo, cuando esté en riesgo la seguridad del niño. Si utilizas la palabra "no" con moderación, tendrá un efecto inminente en él.

Sustituye el "no" con opciones que produzcan la reacción que deseas:

- La distracción es la mejor forma de evitar cualquier cosa con los niños. En lugar de decirle "No hagas eso", dile "Vamos a buscar catarinas", y verás cómo se va contigo y deja de hacer lo que no quieres.

- Muéstrale las consecuencias *naturales* de sus actos, no tu castigo disfrazado de consecuencia. Por ejemplo: "Si tiras la comida al piso, ya no podrás comer y tendrás que limpiarlo". (Esto es aplicable a todo, no sólo a la alimentación.)
- Inclúyelo en tus actividades con una tarea sencilla. Lo importante es que se sienta incluido.
- Cambia ese "no" por un "sí". En vez de decir: "No le pegues al perrito", di: "Acarícialo con cuidado"; o en vez de: "No grites", di: "Hablemos bajito".
- Dirige su acción hacia algo positivo. Si agarra el juguete favorito de su hermano, por ejemplo, puedes comentar algo como: "Ya lo pudiste tocar por fin; ahora vamos a dejarlo en su lugar porque es de tu hermano".
- Anticipa el problema. Si crees que algo será problemático, evítalo. Si sabes que tus hijos se van a pelear por un juguete, lleva más juguetes para evitar el pleito en la medida de lo posible. Los padres conocemos los puntos sensibles de los hijos.
- Explícale a tu hijo las ventajas de no hacer algo. Así, en lugar de decirle: "Ya vístete para irnos", dale un giro: "Cuando estés listo, nos vamos".

Entiendo que no siempre es fácil llevar esto a cabo, pero es mucho más efectivo intentar hablar de forma positiva que gritar constantemente "no" a todo lo que tus hijos hacen. Recuerda también que lo mejor es siempre hablarles a su altura: ponte en cuclillas y míralos a los ojos, usando palabras y un tono que ellos comprendan.

Procura ser un buen guía para tus hijos, un buen líder. Si les hablas con amor, ellos aprenderán mejor. Y no olvides que hoy tienes su admiración y su amor incondicional, pero aumentarán o disminuirán con los años, dependiendo de lo que les transmitas. Asegúrate de que sea algo bueno.

Capítulo 2

La salud infantil actual

Actualmente, enfrentamos una epidemia de obesidad que ha ido en aumento de forma alarmante en México, al grado de que el Fondo de las Naciones Unidas para la Infancia (UNICEF) declaró que ocupamos el primer lugar del mundo en sobrepeso y obesidad en niños, y el segundo en adultos.[1] Pero eso no es todo. Muchos niños de hoy padecen diabetes, adicción a la comida chatarra, hiperactividad, problemas de aprendizaje, alergias crónicas, entre otros males, y casualmente consumen productos cargados de azúcar, harinas refinadas, químicos y potenciadores que provocan adicción; aditivos alimentarios que alteran su comportamiento y derivan en un mal diagnóstico, así como conservadores que generan alergias y asma. De todos los datos que he reunido, me alarma primero que la esperanza de vida de los niños se ha reducido hasta en siete años;[2] en pocas palabras, nuestros hijos forman parte de la primera generación que vivirá menos que sus padres. En segundo lugar, es preocupante la cantidad creciente de niños medicados para tenerlos "tranquilos" en la actualidad.

¿Qué promueve todo esto? No hay una sola causa, sino varios factores unidos: ideas como, "Mientras más coma mi niño, mejor" o "Que se acabe todo lo del plato", que haya comida chatarra en las escuelas e incluirla en almuerzos escolares que no nutren y aumentan la adicción a los aditivos alimentarios, el uso indiscriminado de medicamentos, los malos hábitos alimenticios en la familia, los largos periodos de tiempo con juegos virtuales que promueven el sedentarismo, una influencia social mal dirigida, razones metabólicas y genéticas, entre muchos más. Comúnmente, la obesidad comienza en la infancia, entre los cinco y seis años, o durante la adolescencia, y ésta contribuye al desarrollo de otras patologías, como depresión, ansiedad, angustia y trastorno alimentario compulsivo.[3]

¿SABÍAS QUE...?

De acuerdo con la epigenética, el estilo de vida y los hábitos determinan la salud actual y futura por encima de la información genética. Esto quiere decir que los seres humanos tenemos un gran control sobre cómo se expresan nuestras características genéticas, desde la forma en que pensamos, hasta lo que comemos y el entorno en que vivimos.[4] Los hábitos no son sólo actividades cotidianas. No. Tus hábitos determinan tu calidad de vida y la de tu familia, ahora y a futuro. Son muy poderosos, son herramientas de transformación profunda.

Te ofrezco algunas estadísticas para que tengas un panorama más amplio:

- Los Centros para el Control y la Prevención de Enfermedades (CDC, Centers for Disease Control and Prevention) reportaron que la prevalencia de alergias alimentarias aumentó 50% entre 1997 y 2011.[5]
- En comparación con niños que no presentan alergias alimentarias, los niños que sí las padecen tienen entre dos y cuatro probabilidades más de desarrollar otras condiciones, como asma o eczema.[6]
- En México, uno de cada tres niños de entre cinco y 11 años tiene sobrepeso u obesidad. La prevalencia en este grupo de edades se incrementó de 18.7% en 1999 a 33.2% en 2016.[7]

- Según un estudio realizado por el gobierno de Estados Unidos en 2010, uno de cada 10 niños presentaba trastorno por déficit de atención con hiperactividad (TDAH), lo que constituía un incremento de 22% en relación con 2003.[8]
- En 2015 había cerca de 542 mil niños con diabetes tipo 1 en el mundo, y esta cifra crece a un ritmo de 3% cada año.[9]
- La lactancia es una de las formas más eficaces de asegurar la salud y la supervivencia de los niños. A nivel mundial, sólo 40% de los bebés menores de seis meses recibe leche materna como alimentación exclusiva.[10]
- Si todos los niños fueran amamantados, cada año se salvarían unas 820 mil vidas de infantes.[11]
- La depresión es la principal causa de enfermedad y discapacidad de niños entre 10 y 19 años.[12]
- Entre 2005 y 2012 aumentó 50% la prescripción de antidepresivos a menores en el mundo, según datos de la Organización Mundial de la Salud (OMS).[13]

Éstas son algunas de las consecuencias psicológicas del sobrepeso y la obesidad en los niños:[14]

- Baja autoestima, aislamiento social y discriminación.
- Depresión, cansancio y decaimiento.
- Problemas en articulaciones y huesos.
- Alteraciones del sueño (apnea y problemas respiratorios).
- Madurez prematura (problemas ginecológicos).
- Pérdida de agilidad para desarrollar actividades físicas.
- Colesterol alto, problemas hepáticos, hipertensión y enfermedades cardiovasculares.
- Hostigamiento.
- Trastornos alimenticios.
- Problemas en la piel y alergias de todo tipo.
- Diabetes infantil.

- Ansiedad, inestabilidad emocional.
- Autopercepción distorsionada.
- Consideran su calidad de vida tan mala como los pacientes jóvenes con cáncer o en tratamiento de quimioterapia.

¿Qué podemos hacer ante esta situación? En primer lugar, *responsabilizarnos*. Insisto en este punto porque necesitamos confiar en que podemos hacer mucho, que nada está perdido y todos somos capaces de cambiar, en especial los niños, pues lo que tienen a la mano en casa es lo que tú pones a su disposición, y a menos de que les des dinero, no tienen manera de comprar comida chatarra. Necesitamos estar seguros de que el cambio se dará para bien y, por supuesto, tomar acciones al respecto.

¿Cómo empezar? Además de asumir nuestra parte en todo lo referente a nuestros hijos —particularmente siendo un ejemplo que promueva su salud desde la congruencia—, necesitamos cobrar conciencia de que no existe otra opción para estar sanos de manera permanente y constante que cambiar de hábitos. Necesitamos romper los paradigmas que hay en torno a la salud y la alimentación infantil, mejorar el entorno de los niños para que realmente funcione lo que pretendemos lograr, poner a su alcance opciones saludables y establecer metas realistas que se adapten al estilo de vida de la familia. Lo anterior es el fondo, y la forma será tener el respeto como base. Esto implica dejar de tratar a los niños como si no supieran nada; son niños, no tontos. Cambiar esa concepción hará una gran diferencia porque así podremos darles el mérito de que ellos también quieran y puedan comer de forma saludable. Tenemos que desechar nuestro papel de superioridad ante los niños y dejar de maltratarlos, de forzarlos, de hacerlos sentir mal o culpables al compararlos, así como utilizar estrategias para que hagan lo que tú dices, básicamente pasando por encima de ellos. Eso no le gusta a nadie. Eso no se vale. De hecho, no funciona a la larga.

Los malos tratos no estimulan, y tampoco los condicionamientos, ya sean premios o castigos. Te recuerdo que vamos a promover los buenos hábitos de la única forma en que se puede promover algo bueno: positivamente. Que se antojen, que den ganas, que motiven, que agraden, que sean esperados; porque los buenos hábitos son igual de adictivos que los malos, pero ofrecen mejores recompensas a corto, mediano y largo plazo. Es nuestro trabajo como padres hacer que esto funcione. En la descripción del puesto como modelo de los niños está darles una alimentación saludable y proporcionarles las herramientas para vivir con bienestar: un sueño reparador, una alimentación natural, un entorno seguro, una educación adecuada y buenos tratos. No se debe maltratar a nadie, y menos a un menor que amas con todo tu corazón.

Obviamente, los padres hacemos lo mejor que podemos con el nivel de conciencia que tenemos en el momento, y con la mejor intención posible. Si hubieras sabido antes todo lo que comparto contigo en este libro, seguramente habrías hecho muchas cosas de otra manera; pero asume esa responsabilidad a partir de ahora, ya con el conocimiento, y haz los cambios pertinentes para que aumente el bienestar general de tu familia y sobre todo el de tus hijos.

No hay soluciones mágicas ni rápidas; todo es progresivo. No hay nada que te dé los mismos beneficios de comer saludablemente. Es de vital importancia comprenderlo. Ni la tecnología ni la ciencia pueden lograr lo que nuestro diseño biológico. No hay productos empacados, suplementos, complementos, nada que se compare con las frutas, las verduras, el agua natural, la proteína de calidad, las vitaminas, los minerales y la fibra provenientes de alimentos naturales. No han encontrado cómo hacerlo porque ciertas cosas no se pueden sustituir. Tenemos un diseño básico, y mientras más te alejes de él, el resultado siempre serán malestares y enfermedades. Así de sencillo. Una vida saludable se consigue con hábitos saludables.

Para que tu hijo esté sano debe hacer lo que su cuerpo requiere para vivir con salud. Si tu hijo se enferma a menudo, es necesario revisar qué hace para perder tan seguido su estado natural de bienestar. Los mejores remedios son el agua, el sueño, una alimentación natural sin químicos, la luz del sol, el aire puro, el movimiento, las prácticas espirituales y emocionales sanas. Nada puede remplazar ninguno de estos elementos integrales.

Comer versus nutrir

Dejemos claro que estos dos verbos no significan lo mismo. Anteriormente, los alimentos no tenían tantos químicos, aditivos y factores dañinos. Ahora es distinto. Y no tenemos que ir muy lejos en el tiempo: la leche de vaca que se vende hoy no es la misma de hace tres décadas; las papas fritas que eran chatarra hace 30 o 40 años porque sólo tenían aceite y sal, hoy se venden como "saludables". La publicidad es increíble. Pero lo "menos malo" no es sinónimo de saludable, así como no todo lo que se vende como orgánico es natural, pues hay muchísimos productos "orgánicos" que son ultraprocesados. La clave es comer siempre lo más natural posible: dales a tus hijos alimentos sin etiquetas y será lo más cercano a una alimentación alineada con su biología.

Si tu hijo tiene hambre y se come unos nuggets comerciales, esperando que tengan pollo, muy distintos de los que podrías preparar en casa (p. 317), y unas papas a la francesa (que sobra decirte todo lo que se les añade), de ninguna manera se está nutriendo. En este caso puede decirse que sólo come, porque ese platillo le hará más daño que bien. Quitar el hambre no es lo mismo que alimentar. Debemos nutrir a nuestros hijos, alimentar a nuestra familia, no sólo darles de comer.

Nuestro diseño original es maravilloso, inteligente y, sobre todo, integral. Desafortunadamente, esto se está desvirtuando y cada vez encontramos más problemas de salud en los niños, derivados de las prácticas mecanizadas que se llevan a cabo sin ser realmente necesarias. No sólo me refiero al uso de fórmulas para bebés, a la alimentación a base de productos industrializados, químicos y aditivos, o a la falta de hidratación real, a base de agua natural, sino a los embarazos *in vitro,* los tratamientos hormonales, las cesáreas indiscriminadas, la falta de microbioma intestinal, la falta de contacto con la naturaleza, de juego libre, de presencia familiar, el aislamiento debido a juegos virtuales, la contaminación del medio ambiente, el descanso interrumpido, el estrés, las emociones no saludables, el ritmo de vida acelerado... En resumen, el mundo de hoy. Pero no estamos hechos así, sino armados con un maravilloso material de inteligencia infinita que te permite leerme mientras tu cerebro sigue controlando tu ritmo cardiaco, tu digestión, la desintoxicación de tu hígado, tu respiración, el enfoque de tu vista, la regeneración de tus células y hasta podría estar formando otro ser en el interior, entre miles de procesos más, de los cuales no estás consciente porque según tu diseño original no es necesario.

Ese diseño es increíble; mientras más aprendo de su capacidad, más me sorprendo. Nuestro cuerpo es capaz de todo. Trátalo así, pero no abuses. El problema es creer que puede aguantar cualquier cosa, pero eso no es verdad. Tiene su límite. De acuerdo con nuestro diseño infinitamente inteligente, debemos estar sanos y tranquilos para poder interactuar con nuestro medio ambiente de manera natural, para movernos, descansar y reposar bajo el sol. Sin embargo, vivimos en un mundo al revés, en el cual no dormimos, no nos nutrimos, no nos hidratamos ni hacemos nada de lo que debemos hacer. ¿Cómo esperar que nuestro cuerpo funcione adecuadamente? ¿Cómo pretender que tengamos un peso óptimo? ¿Cómo no vivir con medicamentos cuando todo está fuera de control durante largos periodos? Si tu hijo o tú no están saludables la mayor parte del tiempo, algo no está alineado con su biología, y mientras más alejados estamos de ella, más resentimos los efectos de este estilo de vida.

Esto quizá te parezca sorprendentemente simple y lógico. Y lo es. No estoy descubriendo el hilo negro de la salud infantil. Mucho de lo que te he explicado —y abordaré en los capítulos siguientes— es justamente todo ese sentido común en conjunto. Cuando nos enfermamos —seamos niños o adultos—, debemos preguntarnos qué hicimos para "perder la salud" y, por supuesto, intentar no hacerlo de nuevo. Es cuestión de conservar el equilibrio que nos mantiene en un estado de salud óptimo.

Rompe con ideas obsoletas y prejuicios de salud

Todos nos guiamos por modelos, ejemplos de lo que "debería ser", pero realmente debemos apartarnos de esos "modelos" impuestos por otras generaciones porque vivimos una época distinta, cambiante, en la que tenemos información de sobra y recursos de múltiples investigaciones. Se están rompiendo tantos paradigmas, incluso políticos, académicos, mediáticos y por supuesto también en la salud y la alimentación, así como en relación con los niños. Nuestro acercamiento a la infancia también está cambiando. Podemos decir que es equivalente a cuando se trataba a la mujer como un ser inferior, a quien se debía educar con golpes y maltratos para que "entendiera", o como una figura molesta, pero necesaria. Eso cambió, y sigue cambiando día con día. De igual manera, éste es el momento de la paternidad responsable, de la crianza con respeto y la disciplina con amor, lo que podemos aplicar en todo momento y en cualquier circunstancia, contrario a lo que se creía antes.

En el caso de la alimentación y sus repercusiones en la salud de los niños, nos enfrentamos a una serie de ideas arcaicas e infundadas que nos han llenado la cabeza de prejuicios durante décadas. Pero es momento de dejarlas atrás. Éstas son algunas de las más comunes:

Los niños necesitan comer mucho. No te enfoques tanto en la cantidad, sino en qué come. Relájate. Tu hijo come lo suficiente, es decir, lo que su cuerpo necesita. La duda siempre ha sido "cuánto es necesario" porque es distinto para todos los seres vivos, no sólo los humanos. El reconocido pediatra Carlos González, autor del revolucionario libro *Mi niño no me come*, redirige la atención de la cantidad hacia algo mucho más elemental: ¿para qué comemos? Básicamente, comemos para mantenernos con vida (que el cuerpo funcione como debe), para movernos (ya que, sin energía, nadie se mueve, trabaja, juega, etc.) y para crecer.[15]

La principal función de la alimentación es, en efecto, mantenernos vivos, pero la cantidad de comida que requiere cualquier ser vivo depende fundamentalmente de su tamaño. Un elefante necesita comer más que un caballo y éste más que un perro. Entonces, si de entrada dejamos de lado que los niños están creciendo, podemos deducir que necesitarán mucha menos comida que un adulto porque son mucho más pequeños. Esto es sentido común. Si nos basáramos en el peso, nos daríamos cuenta de que los niños y los bebés ya comen lo suficiente. Incluso los bebés comen más que un adulto en proporción con su peso: si un bebé de cinco kilogramos toma alrededor de ¾ de litro de leche al día, una mujer de 50 o 60 kilogramos debería tomar 10 o 12 veces más, es decir, entre 7.5 y 9 litros de leche diariamente.[16] Es mucho. Tú no tomarías eso, ¿o sí? Para su tamaño, los niños comen mucho más que los adultos; la diferencia radica en que los niños están creciendo y nosotros ya no.

El siguiente factor a considerar es el desgaste físico. Éste nunca será el mismo, pues comemos más cuando realizamos actividades como el ejercicio o algún trabajo físico demandante, pero comemos menos cuando el desgaste es menor. Los niños se mueven, pero en general su desgaste es considerablemente menor que el de un adulto: los cargas, los subes y los bajas de todas partes, y su peso es mínimo, así que, aun moviéndose mucho, no hacen tanto esfuerzo.[17] A menos de que practiquen algún deporte durante más de dos o tres horas, por más que jueguen, los niños difícilmente consumirán tanta o más energía que un adulto, de modo que no necesitan comer en una proporción similar a la tuya.

Nuestros músculos, huesos, sangre, grasa, e incluso el pelo y las uñas, se crean y se regeneran a partir de lo que comemos. Cuanto más rápido *crezca* un niño, más comida *necesitará*, claro; pero la cuestión es que los niños no crecen siempre a la misma velocidad (hablaré más adelante sobre los brotes de crecimiento). Después del nacimiento, la etapa de mayor crecimiento en una persona es justamente el primer año de vida, cuando casi triplica su peso.[18] Por eso los bebés comen tanto y tan seguido, y por eso no podemos establecer un horario para la lactancia (ojo, dije lactancia, no fórmula), pues los bebés saben qué necesitan y cuándo. Colgarles un reloj para que no interrumpan a los adultos en medio de algo "importante" va en contra de sus necesidades. Como adultos, cuando tenemos mucha hambre (no antojos), lo último que deseamos es esperar una hora precisa para poder comer, ¿cierto? Pues los niños se sienten peor. Es cosa de encontrar el equilibrio entre la libertad de horario que debe tener su alimentación y la cantidad que su organismo demanda.

Quiero que mi hijo coma mucho para que sea alto. La alimentación sólo afecta exponencialmente la estatura en caso de una severa desnutrición, y es cuestión de unos cuantos centímetros. Tu hijo crecerá hasta donde su genética indique. Para usar un ejemplo del doctor González, un perro chihuahua podría comer lo mismo que un pastor alemán, pero jamás llegaría a tener el mismo tamaño; de igual modo, un pastor alemán podría comer lo mismo que un chihuahua y de todas maneras alcanzaría el tamaño adecuado para su raza, aunque estaría más flaco, por supuesto.[19]

Así pues, olvida la noción de que tu hijo crecerá mucho —sobrepasando su genética— si come mucho. No tiene nada que ver. Incluso si dos hermanos no tienen la misma estatura, no es porque uno haya comido mejor que otro, como suele decirse, sino porque cada uno se desarrolló según su información genética.

Si no come "bien" (lo que entendemos como "mucho"), se va a enfermar a menudo. Tampoco es cierto. Esto tiene que ver con miles de factores además de la comida. Por supuesto, fuera de un exceso de comida chatarra, refrescos, bebidas azucaradas, etc., que obviamente lo pueden intoxicar y enfermar, esta idea es falsa y se encuentra en la misma categoría que mitos como "Estuvo descalzo y por eso se enfermó" o "Salió al frío y por eso le dio gripa". Tener un sistema inmunológico fuerte no sólo requiere una alimentación saludable, sino un sueño reparador y suficiente —en la noche y en el día si el niño todavía duerme siesta—, ciertos factores de nacimiento, haber tomado leche materna, un ambiente sano y emociones sanas (algo muy importante porque los niños somatizan su entorno). No le eches la culpa exclusivamente a la alimentación, pues no es lo único importante aquí.

¿Quieres que tu hijo coma más cuando está enfermo? Lo más probable es que no tenga apetito (tú tampoco lo tienes cuando estás enfermo). No va a querer comer estando así. El cuerpo es sabio y prefiere utilizar la energía de la digestión para su proceso de autocuración. Tu hijo sabe y siente lo que su cuerpo necesita.

Recuerda, comer más no necesariamente implica comer mejor. ¿O acaso las personas que conoces que comen mucho están más saludables? ¿Lucen más saludables? Esto tampoco aplica en el caso de los niños. No tienen que estar rollizos para verse sanos. Ése es otro paradigma que tenemos: asociamos la delgadez con debilidad o enfermedad, pero no es así. Usa tu sentido común para distinguir entre las distintas situaciones. Como dice mi papá: "Un niño enfermo se ve enfermo", es decir, está decaído, pálido, no tiene energía ni ganas de jugar, carece de esa vitalidad que caracteriza a la niñez. Si tu hijo es todo lo contrario, pero come poco, está bien; se debe a la etapa en la que se encuentra, ése es su metabolismo, y tu único trabajo es proveerle opciones saludables para los momentos en que coma, aun cuando sea en pocas cantidades.

A mi hijo no le gustan las verduras; es más, no le gusta nada saludable. A principios del siglo XX, las frutas y las verduras se introducían ya tarde en la dieta de los niños, alrededor de los dos o tres años de edad.[20] Todos los bebés se amamantaban y este alimento era suficiente porque la leche materna contiene todas las vitaminas y los minerales necesarios para un comienzo de vida saludable. Cuando salió al mercado la famosa fórmula o lactancia artificial, los bebés empezaron a requerir vitaminas y minerales extra, ya que los fabricantes no los añadían originalmente a sus productos. Así, se recomendó introducir frutas y verduras en la dieta antes de los seis meses de edad para cubrir esa deficiencia, lo mismo que se hace ahora. En el caso de los niños pequeños, esto es perfecto, salvo por un detalle: las verduras y las frutas tienen una baja concentración calórica. Los bebés tienen el estómago muy pequeño, por lo que necesitan una gran cantidad de calorías y nutrientes concentrados en poco volumen. Por ejemplo, la leche materna tiene 70 kilocalorías por cada 100 gramos, mientras que el arroz hervido tiene 126; los garbanzos cocidos, 150; el pollo, 186, y el plátano, 91. Sin embargo, una manzana tiene 52 kilocalorías por cada 100 gramos; la naranja, 45; la zanahoria cocida, 27; la col cocida, 15; las espinacas cocidas, 20, y la lechuga cruda, 17.[21] Es normal que, aplicando la sabiduría de su cuerpo, los niños prefieran la leche —cualquiera— en lugar de la papilla. No es cuestión de sabor que no coman verduras, sino de los requerimientos de su propio organismo.

Si acosas a tu hijo con brócoli, claro que le gustará eventualmente. Es más, muchas veces los niños aceptan bien una pequeña cantidad de verduras ricas en importantes vitaminas y minerales, pero su dosis normal suele ser de apenas unas cucharadas. El problema radica en que queremos que se coman uno o dos platos de verduras. Y como explica el doctor González, si le das a tu hijo ese plato de verduras en lugar de leche materna o una mamila con fórmula, con el triple de calorías o más, el niño rechazará las verduras desde un principio. Entonces comienza tu insistencia para que las consuma y el niño empieza a odiarlas, hasta que tarde o temprano las elimina de su lista de favoritos. Así, cuando crece y puede comerlas libremente, tampoco las quiere, y no por su concentración calórica o su sabor, sino porque tiene malos recuerdos asociados con ellas.

Por otra parte, aseverar que a tu pequeño no le gusta lo saludable requiere otra clase de evaluación. Revisa tu concepto de "saludable" y piensa qué estás esperando realmente que coma tu hijo. Si el niño viviera a base de ensaladas y jugos de verduras, le haría daño y se desnutriría. Eso no es posible. Al contrario, lo ideal es que coma lo más natural posible, suficiente y variado (dentro de sus gustos). No esperes más.

> **LA COMIDA CHATARRA NO ES UN LUJO NI UN PREMIO**
>
> No le demos nombres que no tiene y que confunden a los niños. La comida chatarra, lejos de ser comida, debería considerarse una excepción, no la base de su alimentación y de ninguna manera como algo cotidiano. No es comida, sino basura, y tus hijos merecen mucho más que eso.

El niño tiene que estar quieto cuando come. Ningún niño permanece quieto mientras está comiendo, a menos de que tenga la televisión o una tableta frente a él. De ahí en fuera, es muy probable que se mueva, se acueste, se levante, vaya al baño, juegue con la servilleta, la comida, el plato, el tenedor o se distraiga nada más porque sí. Qué rico es ser niño, ¿no? ¡Todo es entretenimiento! ¡Qué envidia! Ahora que lo pienso, creo que nos molesta porque sentimos envidia… Es broma. Pero realmente los niños tienen una gran ventaja al vivir en el presente, asombrándose de todo y usando cuanto está a su alcance para crear e imaginar. Ojalá que los adultos actuáramos así al comer, pues no tendríamos que contar porciones para evitar comer hasta reventar y sentirnos mal. Si comiéramos y platicáramos, si hiciéramos algo más entre bocado y bocado, sabríamos cuándo nos sentimos saciados realmente y no comeríamos de forma compulsiva, como si el mundo se fuera a acabar y la comida con él. Los niños comen su justa medida. ¡Eso es conocer su cuerpo!

Mi hijo deja de comer de repente. Como expliqué antes, los bebés comen mucho más que los adultos en relación con su tamaño, pero la cantidad de comida que necesitan disminuirá conforme van creciendo. Esto nos estresa como padres, pero es natural. ¿Cuándo comienza esta disminución? Aproximadamente, al cumplir un año, pero en algunos casos puede ocurrir antes o después de ese periodo; también hay niños que nunca dejan de comer y otros que nunca han comido bien. No hay una fórmula exacta con los niños. Por eso —además de la influencia psicológica negativa— nunca debes comparar a tu hijo con otros niños ni con sus hermanos, ni siquiera consigo mismo en diferentes etapas de su vida.

El motivo del cambio en su alimentación es la disminución de la velocidad del crecimiento; sin embargo, a veces los niños incrementan sus porciones de nuevo alrededor de los seis años, cuando empiezan a moverse más y aumenta su tamaño corporal.

Como verás, hay muchas variables para determinar aproximadamente (sólo aproximadamente) la cantidad de alimento que un niño debe consumir en cada momento de su vida. Considera que todos somos diferentes: algunos más bajitos, otros más altos; unos más delgados, otros más robustos... Es imposible que todos hayamos sido iguales de bebés y niños. Entonces, ¿por qué nos cuesta tanto aceptar las diferencias en el peso de nuestros hijos? ¿Por qué los pediatras nos presionan con tablas de peso? Mi esposo y yo tenemos una estatura promedio y nuestros hijos son promedio en peso y estatura al día de hoy, pero tengo conocidos que son muy bajitos y obviamente sentían un estrés abrumador cuando su hijo se enfrentaba a la tabla de peso. Por otro lado, una pareja de amigos tuvo una bebé grande, y como ellos son muy altos y la niña es alta, siempre rebasaba los estándares de la tabla de peso y estatura, pero no había estrés por ello, al contrario, era algo que se aplaudía. A veces me pregunto si los doctores no ven el molde del que proviene cada niño.

Es desconcertante ese doble estándar con este concepto confuso y distorsionado. La salud de un bebé no debe medirse en relación con una tabla de peso, así que dejémosla como lo que es: una referencia. Mientras la tendencia sea de crecimiento (si el bebé crece y no hay razones obvias de alarma), podemos estar tranquilos, conscientes de la genética de cada niño. No convirtamos en una medida absoluta una tabla que se estableció sin distinguir entre los bebés alimentados con fórmula y los alimentados con leche materna, cuando existe un margen muy amplio debido a la cantidad de azúcar contenida en la fórmula.

Si crees que tu hijo es el único que a veces (pueden ser incluso años) no come "bien", estás equivocado. Tu hijo no come; tampoco el mío ni el de tus amistades. La realidad es que los niños comen poco —en relación con el concepto preconcebido que tenemos de las cantidades— porque necesitan poco. No está mal, no es poco sano, no es un problema ni un agravio o algo personal contra ti, es decir, una especie de rechazo. Porque es cierto que, como padres, pensamos cualquier cantidad de cosas: que el niño se va a enfermar, que se va a morir de hambre, que hicimos algo mal, que no sabemos cocinar. No, no es personal. El niño simplemente está satisfecho y en verdad ya no tiene hambre, no quiere más, no puede más, y tú, que lo amas y harías cualquier cosa por su bienestar y su salud, intentas embutirle más comida con estrategias de cualquier tipo, cuando para él tu comportamiento es tan antinatural como si lo dejaras dormir en la calle. Por eso llora y se pone ansioso a la hora de la comida. No lo obligues por ninguna razón y bajo ninguna circunstancia. Si tú la pasas mal, imagínate él. ¡Qué cansado comer con alguien que te insiste todo el tiempo, pasando por todo el repertorio de emociones para ver con cuál caes y comes más! Y además viniendo de alguien a quien, como hijo, quieres hacer feliz, pero no puedes porque es eso o vomitar.

A mi hijo no le gusta comer. A menos de que tu hijo tenga severos problemas emocionales, sea víctima de *bullying* o algo similar que cause enfermedades y trastornos alimentarios, no veo por qué no disfrutaría de algo tan básico e instintivo como comer. Si le desagrada comer, si cada vez que se sienta a la mesa llora, si la hora de la comida lo estresa y lo paraliza al grado de no probar bocado, es necesario reflexionar qué pasa en ese momento, cómo te percibe a ti ahí y a la mesa familiar en general, qué ha pasado en la hora de la comida que le trae tan malos recuerdos como para no querer estar ahí y negarse a comer.

De forma natural, un bebé y un niño pequeño se meten todo a la boca —otra preocupación que tenemos—; prueban las llaves del coche, todo tipo de envolturas, el control remoto, los juguetes y la comida del perro. ¿Cómo no van a comer algo o a probar la comida? Si no lo hacen, es porque hemos tenido un acercamiento erróneo que no les provoca confianza y hace que de entrada rechacen todo. Debemos aprender a invitar a los niños con respeto, a tratarlos como tratarías a un adulto al sugerirle que pruebe algo. ¿Cómo invitarías a tu pareja a probar algo? ¿Qué reacción provocarías? ¿Le insistes para que se termine el plato, lo deje limpio o se sirva más? ¿Le harías "avioncito" o lo privarías del postre por no hacerlo? Claro que no, ¿cierto? Entonces ¿por qué pensamos que podemos actuar así con los niños? Hasta cierto grado, ¿no te parece discriminación, maltrato, dejo de superioridad o algo parecido? ¿No encontrarías humillante que no te permitieran levantarte de la mesa hasta que terminaras todo?

Ahora bien, no estoy diciendo que le des postre a tu hijo si no comió algo saludable, aunque yo intento que el postre sea también comida natural (en la sección de recetas podrás apreciarlo, p. 305); así, si mis niños se brincan la crema de zanahoria y llegan directo al plátano con crema de coco y cacao, realmente no le veo un gran inconveniente. La diferencia radica en los "postres" que les hacen daño. Sin embargo, esto no tiene nada que ver con el niño, sino con lo que tú pones a su disposición. Si tu hijo pequeño prefiere siempre el helado, las donas, el pastel, los chocolates y demás por encima de la comida saludable, ¡bingo!, tienes un hijo normal que prefiere alimentos ricos en calorías —diseñados para enganchar a su cerebro— por su etapa de desarrollo. La genética y la evolución no se equivocan; nosotros cometemos el error de guardar en la alacena cosas que no suponen nutrición, sino sólo calorías vacías.

> ### ¿QUÉ ES UNA CALORÍA VACÍA?
>
> Son las que provienen de alimentos —como refrescos, dulces, harinas y azúcares refinados— cuyo aporte energético no es aprovechado por el ser humano, es decir, alimentos que proporcionan gran cantidad de energía, pero pocos o ningún nutriente, los cuales pueden causar obesidad y otros padecimientos. Cuando consumimos calorías vacías, debemos compensar esa carencia de nutrientes con otros alimentos, por lo que posiblemente excedemos las calorías totales.

Yo siempre comí de eso y estoy bien. Créeme, casi nada de lo que se hacía hace dos décadas se hace igual hoy. Todo ha cambiado. Los procesos han cambiado, los insumos se han abaratado, la calidad ha disminuido en términos nutrimentales. Las estrategias de la industria alimenticia para llegar a ti y vender más se han reforzado —generalmente quieren convencerte de que sus productos son muy saludables. Las cargas de endulzantes (como los edulcorantes artificiales y el jarabe de maíz o de agave) y los aditivos son mucho peores que antes. Cuando piensas que "comiste eso", realmente no estás hablando del mismo producto. La leche de vaca que tomabas no era igual a la de ahora; tampoco la carne ni la comida chatarra. Tal vez coinciden el nombre y el sabor, pero seguramente son lo único que permaneció igual. No comías nada de lo de hoy; tal vez por eso estás bien.

Que coma lo que quiera para que disfrute su infancia. Cuando escucho esta frase, trato de imaginar el concepto que se tiene de la infancia. Asociar la palabra "niño" con "dulces" me parece una idea muy pobre. Para mí, un niño es energía, vitalidad, inocencia, juegos con papá y mamá, gritos felices, risas, correteadas, brincos en la cama y manguerazos de agua. Ésa es la infancia que yo imagino. Entre todo esto puedo pensar en las ganas de comer pastel en una fiesta, pero no me imagino niños y dulces nada más. Que un niño no disfrute de su infancia por no comer aditivos dañinos no me suena lógico ni necesario.

Los niños sí pueden comer alimentos saludables. Es más, pueden comer lo que sea. Pregúntales a los niños en India, Japón o cualquier otra parte del mundo con una gastronomía distinta a la nuestra. Quizá pienses que tu hijo ni de chiste se comería eso, pero los niños comen lo que les resulta familiar. En mi casa, por ejemplo, mi esposo y yo comemos mucho picante, así que mis dos hijos pequeños lo comen también. Esto sería impensable en Canadá, pero los niños se acostumbran a su entorno, a lo que nosotros, los padres y responsables de ellos, los habituamos a comer. Antes de pensar que tu hijo no es capaz de comer saludablemente, considera si tú lo haces y qué tanto has intentado darle ese ejemplo realmente.

Mi hijo no come para hacerme enojar y las comidas siempre son una guerra. Esto sólo es tomarlo personal. Los niños no son así a menos de que tú quieras obligarlos a comer para molestarlos. ¿Verdad que tampoco es así? No tengas esta clase de pensamientos. Si tu hijo no come, no tiene nada que ver contigo, sino con el hecho de que no tiene hambre. O quizá sí, pero lo que le diste no le gusta. Ante esto pensarás: "Entonces ¿sólo va a comer lo que le gusta?" Sí, ¡claro! ¿Tú vas a un restaurante y pides algo que no te gusta? ¿En tu casa cocinas todo lo que detestas o lo que no se comen los demás? La respuesta es inmediata: no.

Entiendo que a veces el niño tendrá que adaptarse, pero si lo ve como una adaptación, entonces cooperará. No es necesario librar una batalla campal para eso. Puedes ayudarlo a cooperar desde el entendimiento. No provoques una guerra queriendo forzar a tu hijo a hacer algo, como si fuera una dictadura inquebrantable y no una colaboración. Cuando queremos obligarlos, doblegarlos y usamos cualquier método posible para ello, ya sean castigos, dobles raciones o prohibir los postres, todo se vuelve una guerra. Evita obligar a tu hijo y verás qué fácil se dan las cosas.

Nuevamente, un punto fundamental en estas situaciones es que los alimentos disponibles para tu hijo son tu responsabilidad. Si no compras chatarra, si no compras refrescos, si no hay nada de eso en casa, ¿cómo le va a hacer? Así que, si no acepta la comida natural ahora, no te apures, más adelante lo hará.

Que aprenda a comer de todo porque no me voy a romper la cabeza para que le guste algo saludable. Lo más probable es que tú no pienses así, pero me he topado con muchas personas que sí lo creen. Por lo general se debe a que les hicieron lo mismo o creen que no es su responsabilidad darles opciones saludables a sus hijos. Es necesario reevaluar ambos puntos porque la idea es precisamente romper con los patrones familiares negativos y, sobre todo, asumir que, en efecto, recae en los padres el compromiso de proporcionar alternativas más sanas porque es su deber alimentar a los niños, nutrirlos, y darles comida chatarra no cumple con estos requisitos.

Las recetas que te comparto en este libro (p. 305) están pensadas precisamente para darte fórmulas saludables —y a la vez deliciosas—, mediante las cuales puedes sustituir ingredientes fácilmente para personalizarlas al gusto de tus hijos. No es difícil evitar los productos que se venden como si fueran "alimentos" y que tu hijo empiece a comer saludablemente. Estas recetas son sencillas y prácticas, y se preparan con ingredientes naturales que realmente pueden gustarles a los niños, cuyo paladar puede ajustarse a preparaciones así, y te lo digo por experiencia. Diariamente tengo contacto con muchos niños con diferentes alimentaciones, quienes toman clases con mis hijos y aceptan las opciones que les ofrezco.

La alimentación no debe ser algo cansado ni molesto. De hecho, entre más positiva vean su alimentación, más motivados se sentirán los niños. Anímate. De esto sólo pueden salir cosas buenas para ti y tu familia.

LOS QUÍMICOS ESTÁN EN TODAS PARTES

Hay muchísimos químicos a tu alrededor, desde la crema que te untas para luego darle pecho a tu hijo, hasta la pomada que le pones contra las rozaduras, pasando por la crema para hidratar, el jabón, el detergente, el suavizante, el aromatizante, el limpiapisos (sobre el que gatean los niños y luego se chupan los dedos), los insecticidas, el perfume y un larguísimo etcétera. Tranquilo. No se trata de que entres en pánico, pero considera que lo más natural y sencillo siempre es lo mejor. Visita mi página web, www.habitos.mx, para encontrar una gran variedad de versiones naturales de esos productos químicos comerciales. Por ejemplo, puedes preparar un aromatizante para la casa hirviendo canela, lo cual no es sólo fácil, sino muy barato, en lugar de usar aromatizantes químicos potencialmente tóxicos; puedes preparar un desodorante con aceite de coco, limón y bicarbonato para una niña de 12 años, en vez de comprarle alguna marca comercial con aluminio, o puedes hidratar tu piel con aceite de coco, en lugar de comprar una crema con decenas de químicos.

Nos alarmamos por la presencia de pesticidas en la comida, pero no notamos la cantidad de cloro que usamos para desinfectar o para trapear, de los químicos que usamos todos los días en toda la casa, en los platos, en los vasos... Y no se trata de que no uses ningún producto, sino de que estés consciente de la exposición constante y prolongada a estos químicos. El problema no es que limpies la barra de la cocina con algún producto, sino que después cortes ahí mismo una manzana y te la comas. Estás ingiriendo ese químico. Y obviamente, los niños —en especial los bebés— son más vulnerables y están expuestos a todo desde su gestación, pues la madre puede transmitirles los químicos con los que entra en contacto. Mientras más sencillo y natural sea un producto, siempre será mejor aprovechado y más amigable con tu cuerpo, te lo aseguro.

Yo quiero hacer cambios, pero mi pareja sigue comiendo lo mismo y dice que no va a cambiar. Yo no soy nadie para opinar de la vida en pareja de alguien más, pero lo que sí puedo decirte es que la paternidad es un equipo. Papá y mamá son los líderes; desempeñan diferentes roles, pero tienen la misma importancia y la misma responsabilidad. Nadie puede evadirla realmente. Nadie puede abandonar el equipo. Entiendo el gran esfuerzo que esto supone pero, ¿no se trata de pensar en el bien de los hijos, y más cuando el cambio será positivo para toda la familia?

Sin embargo, no se debe presionar a nadie —ni a niños ni a adultos—, y el acercamiento también debe hacerse de una forma positiva. Busca crear acuerdos paso a paso, establecer rutinas, determinar cantidades y horarios, y así apartarás exitosamente la comida chatarra de los niños. Hay muchas cosas que no están a su alcance porque no son apropiadas para ellos, y lo mismo puedes hacer con ciertos alimentos.

Las fiestas infantiles son una excepción. Éste es un punto muy particular porque son situaciones comunes y constantes en la vida de los niños, y a veces no logramos empatarlas con una vida saludable. Sin embargo, las fiestas infantiles no tienen por qué ser sinónimo de carga de azúcar, dulces y refrescos.

Podrías decir que "una vez al año no hace daño", y es cierto, sólo que, siendo honestos, tienes fiestas infantiles casi cada semana. Podrías decir que "los niños son niños" y les gusta lo dulce, y también es cierto, pero no por eso necesitan llenarse de jarabe de maíz de alta fructosa, sodio y colorantes varios días a la semana.

Puedes hacer muchos cambios pequeños que no alteren el ambiente de una fiesta de cumpleaños, valiéndote del hecho de que los niños tienen gustos sencillos en toda la extensión de la palabra y pueden saborear platillos ligeros en lugar de alimentos ultraprocesados. Ofrece, por ejemplo:

- Quesadillas con frijoles y guacamole
- Tamales de frijol
- Tacos de papa en salsa de tomate
- Sándwiches con aguacate y jitomate (sin embutidos)
- Molletes de frijol con queso, o sólo con frijol y aguacate
- Empanadas de verduras o de elote
- Burritos (no comerciales)
- Flautas rellenas de papa
- Aguas naturales endulzadas con azúcar mascabado
- Jícama y pepino con chile y limón
- Gajos de naranja con chile
- Sandía con chile y limón
- Melón
- Fresas con chocolate
- Tamarindos solos o con chile
- Esquites
- Palomitas caseras (no de microondas)
- Paletas de hielo con fruta natural

Los niños van a las fiestas a jugar, a moverse, a brincar; no a comer. Ésa es una idea de los adultos. Deja que se diviertan y no pienses tanto en la comida. Las opciones anteriores son más que suficientes para que la pasen bien sin sentirse mal después.

NO LES DES PALOMITAS DE MAÍZ PARA MICROONDAS[22]

Prácticamente todos los ingredientes de este producto lo convierten en comida chatarra, desde los granos de maíz genéticamente modificados hasta la sal procesada y los conservadores y saborizantes artificiales. He aquí algunos datos:

- Muchas marcas todavía utilizan grasas trans, las cuales están asociadas con 20 mil ataques al corazón al año y más de 7 mil muertes, sólo en Estados Unidos.
- La bolsa está llena de ácido perfluorooctanoico (PFOA), un material tóxico que se encuentra en las sartenes de teflón. Este químico puede permanecer en el medio ambiente y en el organismo durante largos periodos, y se ha vinculado con infertilidad, cáncer y otras enfermedades.
- Esta popular botana también contiene la famosa terbutilhidroquinona (TBHQ), un componente químico creado a partir del butano (un gas muy tóxico), el cual sólo puede utilizarse en una proporción de 0.02% de la cantidad total de petróleo en un producto. ¿Por qué hay un límite? Porque se ha demostrado que ingerir un solo gramo de este conservador tóxico puede provocar asma, alergias, dermatitis y mareos. Incluso ha provocado cáncer de estómago en animales de laboratorio.

Lo ideal es prepararlas en casa, con granos de maíz palomero orgánico, ghee o aceite de coco, y sal de mar. No es tardado y puedes prepararlas en una sartén o una olla tapada sobre fuego bajo, moviendo constantemente. También hay electrodomésticos que funcionan con aire caliente y los niños más grandes pueden aprender a manipularlos solos.

Lo mismo sucede con las bolsitas de dulces. Puedes cambiarlas por un regalo sencillo y accesible, como lápices, rompecabezas de madera pequeños, un termo, etc. Siempre hay opciones. Quitemos la moda de la bolsita de dulces y así haremos grandes cambios. A los niños les gustará más algo con lo que puedan entretenerse.

¿Quieres piñata? Hay dulces libres de aditivos también, y puedes incluir otros regalos sencillos, como gomas, calcomanías, etc. En cuanto a los juegos y el entretenimiento, acostumbra a los niños a disfrutar de todo, pero a necesitar poco. Los niños no se acuerdan del salón de fiestas o del evento, te recuerdan a ti y la emoción que sintieron en la fiesta. Mientras todo sea lo más sencillo posible, más van a disfrutar porque necesitarán menos.

DÉJALOS ESCUCHAR MÚSICA PARA NIÑOS

La música para niños tiene grandes beneficios que no se limitan a una buena tonada. Les ayudan a mejorar su habla con letras sencillas, lentas y repetitivas; alimentan su imaginación, y son un gran aliado para tranquilizarlos, arrullarlos y, sobre todo, para sentar el ambiente en las fiestas infantiles.

Al respecto, te aconsejo que evites la música para adultos en las fiestas de niños. Tal vez te parezca raro, pero muchas letras de canciones no son adecuadas para su edad. Quizá no comprendan totalmente las palabras, pero memorizan las letras.

Deja que sean niños durante más tiempo; la infancia se pasa volando. Siempre hay opciones de música infantil que a todos les pueden gustar, y mientras más tiempo conserven su inocencia, mejor para todos.

Todo se puede. Recuerda que se trata de la salud de tus hijos, y sus cumpleaños no tienen por qué ser una excepción. Pueden ser igual de divertidos sin dejar de ser una experiencia sana. Tienes opciones, explóralas. Y no te agobies creyendo que puede ser tarde para cambiar sólo porque tu hijo ya tenga 10 años, por ejemplo. Nunca es demasiado tarde para cambiar de hábitos, seas niño o adulto. Si algo he llegado a creer en los últimos cinco años es que *todo es posible*. Todo. Puedes modificar lo que quieras en tu vida. Cualquier momento es adecuado para hacerlo, así que por favor no te desanimes pensando que ya no habrá beneficios. Al contrario, los niños más grandes también entienden mejor y puede darse una dinámica con más retroalimentación entre ustedes. Todas las edades tienen sus pros y sus contras pero, aunque sea una aventura diferente, verás los mismos buenos resultados que con los niños pequeños.

La perspectiva infantil

Al momento de implementar cambios, es preferible tener un rumbo sin expectativas y no establecer metas tajantes o radicales porque eso asusta, desmotiva y crea resistencia, y esto es lo último que queremos generar en tu hogar. Como te aconsejé antes, lee este libro con ojos de niño y observa las situaciones a través de la perspectiva de tus hijos. Si ellos tuvieran ideas concretas, el vocabulario adecuado y la oportunidad, probablemente te dirían algo parecido a esto:

Yo no compro la comida de la casa ni preparo mi almuerzo para la escuela. Evidentemente, los niños no se encargan de esto; lo que encuentran en casa es lo que tú pones a su alcance. Una frase común en estos casos es "Si no le compro ese cereal, no come nada", pero en realidad no queremos batallar intentando que el niño pruebe otra cosa ni salir de nuestra zona de confort. Pero créeme, valdrá la pena y ellos se adaptarán eventualmente a algo más. Es cuestión de hacerlo poco a poco, contándoles los motivos de ese cambio, y sustituir una cosa a la vez. Así verás grandes avances y una mejoría en su estado de ánimo y su salud.

Yo no sé nada de salud. Si tú crees que no sabes mucho acerca de salud y bienestar, imagínate ellos. No saben qué implica una alimentación balanceada o qué son los aditivos y los alimentos ultraprocesados. Y saben todavía menos de la publicidad que se dirige a ellos. Los niños ven algo y lo creen, por eso debemos alejarlos de esa manipulación "sutil" y evitar que se queden con ideas erróneas y confusas sobre lo que es un alimento verdaderamente saludable.

¿QUÉ HAY PARA DESAYUNAR, CEREAL O AZÚCAR CON COLORANTES?

Si les das a tus hijos cereal de caja industrial, considera los siguientes puntos:

- Los cereales comerciales muestran la información nutrimental de una porción que no es realmente la que se sirven. Un niño se come mínimo el doble o el triple de lo que indica la tabla.
- La harina refinada (de lo que está hecha la mayoría de los cereales de caja que encuentras en el supermercado) se metaboliza igual que el azúcar, así que no, no le estás dando "cereal", le estás dando azúcar para desayunar. Y no se queda ahí: muchos de estos productos incluyen otros tipos de azúcares entre sus ingredientes, como glucosa y melaza. (De paso suma también el azúcar que los propios niños puedan agregar al cereal y el azúcar contenida en la leche que utilicen.)
- ¿Contienen vitaminas y minerales? Claro. Los tienen que agregar por normatividad, pues el proceso de refinación los despojó de todos sus beneficios naturales. Eso es lo que realmente significa "adicionar y fortificar", pero es un proceso para que las empresas puedan vender algo parecido a un alimento, no porque sea un beneficio para ti.
- Además de ser una bomba de azúcar que los volverá adictos y no los nutrirá, los cereales comerciales contienen aditivos, colorantes derivados del petróleo y nada de fibra. (Recuerda, si pinta la leche y no es cacao ni betabel, entonces tiene colorantes.)

Un verdadero cereal contiene todas sus partes: la cascarilla (donde se encuentra casi toda la fibra), el germen (donde residen la mayoría de las vitaminas y los minerales) y el endospermo (lo único que en realidad te venden en las cajas de cereal).

Puedes encontrar granos no refinados a granel o en algunos cereales que mencionen al principio de su lista de ingredientes —no en la publicidad— "grano 100% integral" o "harina de trigo de grano entero". De lo contrario, seguramente es harina refinada.

No te compliques. Mejor prepara avena o alguno de los cereales caseros que te recomiendo al final del libro (p. 305).

Yo no sé qué es lo mejor para mí. Definitivamente, tus hijos no lo saben todavía. Ésa es nuestra misión como padres de familia: orientar a nuestros hijos para que tengan una vida plena y con bienestar. Es imperativo lograr que las siguientes generaciones adquieran hábitos saludables que los ayuden a ellos y a su entorno, y eso sólo lo conseguiremos hoy, transmitiendo esta clase de información.

Yo soy el niño y no soy responsable por mí ni por mi salud. Claro que no. Frases como "Este niño come pura chatarra" o "No me salió nada saludable" suponen que la responsabilidad recae en los pequeños, y no es así. A todos los niños les gustan los aditivos porque fueron diseñados para eso. ¿No te parece curioso que coman los nuggets que se venden en las cadenas de comida rápida o congelados, pero no acepten los que tú preparas en casa? Lo que sucede es que tú no los adicionas con lo mismo, con colorantes, sal en exceso y azúcares para provocar que quieran más y más. Y como ese ejemplo hay muchos.

Los niños adquieren ciertos hábitos, viven rodeados de determinado tipo de comida (porque a veces, como padres, caemos en la practicidad por necesidad o comodidad) y son presa de increíbles combinaciones creadas en los laboratorios justamente para que prefieran una marca, la pidan siempre y tú sucumbas ante su insistencia. Todo está bien planeado. No es que las empresas sean despiadadas; simplemente son negocios con una sola finalidad que no considera tu salud ni la de tus hijos: generar utilidades. Mientras más vendan, mucho mejor.

Enséñame lo bueno de los hábitos, no lo malo de no seguirlos. Es lógico. Yo también quiero escuchar cosas buenas, positivas, bonitas, amables, que me ayuden; lo que sí funciona y sí se puede; lo que me hace sentir incluida y me levanta el ánimo; lo que voy a tener, lograr y ganar. Procura abordar todo por el lado positivo para que tus hijos lo hagan bien y de buenas. Yo sé que es difícil; también soy mamá. A los padres nos desespera o molesta casi lo mismo, y nos entendemos con sólo decir "Ya sabes cómo se ponen". Así que, te entiendo. Pero en esos momentos intento no enfocarme en qué decir o en qué hacer, sino en qué no decir y en no hacer nada. Intento dejar que pase el calor que siento por dentro cuando me desespero, me enfoco en reprimir lo que quiero dejar salir, pero que no va a traer nada bueno, y recuerdo que mis hijos son personas, y de las más especiales en mi vida, así que merecen respeto. Entonces, me levanto y me voy, o me quedo callada porque no puedo decir nada amable, aunque se note que me estoy aguantando. Cuando haces esto, desarrollas la capacidad de tener otra alternativa a explotar, un hábito que, como cabeza de familia, necesitas cultivar.

Si quieres que coma saludable, dame opciones y elimina lo que no puedo comer porque tampoco me puedo controlar. Si tú te controlas muy bien respecto a la alimentación y tienes una fuerza de voluntad de acero, si jamás sucumbes ante las tentaciones y eres un ejemplo de autocontrol en todo momento, además de felicitarte y admirarte, te pido que compartas el secreto para poder hacerlo todo el tiempo. Pero si te encuentras del lado en que estamos la mayoría de las personas, quienes nos dejamos llevar a veces, considera que los niños también están ahí y son los que encabezan la lista.

Ejercer el autocontrol es difícil para un adulto, pero mucho más para un niño. Si no quieres que caiga de nuevo en lo mismo, por favor aleja esa tentación de él. Si deja de tomar refresco, no compres refrescos. Suena muy lógico, pero he visto muchos casos en que los padres los siguen comprando. Tenemos que ser una familia, y eso significa estar unidos, comprendernos y ayudarnos. El escenario ideal es uno en el que impere la solidaridad.

Aprendo de ti porque eres mi código de supervivencia. Esto es fundamental. Tus hijos no te imitan porque no tengan personalidad, sino porque están creando la suya y para eso necesitan observar su código de supervivencia, es decir, a sus padres. Por ejemplo, si nunca has practicado yoga y vas a una clase, no vas a saber cómo hacer ninguna postura ni qué significa cuando hablan en otro idioma. ¿Qué haces? Para "sobrevivir" la clase, imitas al de enfrente, al de junto, al maestro y a quien puedes. Ellos son tu código de supervivencia en ese momento. Para los niños que no conocen nada de esta vida, para quienes todo es nuevo y apenas están entendiendo qué pasa a su alrededor, tú eres ese compañero de yoga. Ellos copian todo para sobrevivir en un mundo que apenas conocen. ¡Qué importante papel tenemos! No veo otra tarea más grande que formar personas de bien para este mundo. Así que, no lo olvides: ellos ven lo que haces y hacen lo que ven.

SEGUNDA PARTE

SUS NUEVOS HÁBITOS

Capítulo 3

Hábitos desde la gestación

La gestación es el inicio de todo. Podemos pensar que todo comienza cuando nacemos, pero no es así. Cada vez se estudia más y más la vida intrauterina porque es fascinante ver al feto interactuando. En esa etapa todo es relevante: la alimentación, las emociones, el ejercicio, el descanso, las relaciones, la música, el sabor de los alimentos, la comunicación entre madre e hijo, las ganas y los deseos de tener al bebé, la felicidad o la sorpresa de la noticia, todo. En este momento tan importante de la vida, lo que haces también tiene un efecto; no estás en tiempo muerto hasta que llegue el bebé. Los buenos hábitos de tus hijos comienzan desde el embarazo.

Un embarazo sano

Cuando las mujeres nos embarazamos, pensamos que lo único importante es comer sano ahora porque nuestro hijo se alimenta de lo mismo que nosotras, pero es mucho más que eso. Los hábitos durante el embarazo tienen un impacto en el gusto y la preferencia de los bebés por ciertos alimentos. Los fetos aprenden de lo que comemos, olemos y bebemos durante esta etapa, y su aprendizaje continúa también a través de la leche materna. Su inclinación por ciertos aromas también se desarrolla antes del nacimiento, sugiriendo que, a través del líquido amniótico, reciben experiencias sensoriales que influyen en su comportamiento alimentario y sus preferencias futuras.[1]

Las mamás gestantes tienen la gran responsabilidad de alimentarse sanamente porque de este modo pueden hacer que sus hijos elijan alimentos saludables. Pero en lo que a influencia se refiere, no sólo la madre tiene un efecto directo, pues también interviene la información genética de su padre. La alimentación, entonces, puede influir en la propensión de tu pequeño a la salud, pero la calidad de vida que les demos a nuestros hijos en su hogar temporal —el vientre materno— determina su susceptibilidad a desarrollar enfermedades cardiacas, diabetes, obesidad y muchos otros padecimientos en su vida futura.[2]

MITOS DEL EMBARAZO QUE LAS MAMÁS DEBEN OLVIDAR

Estás comiendo por dos

No es cierto. Comes *para* dos, es decir la calidad de tu alimentación es para ambos, pero no la cantidad. Debes tenerte a ti y a tu bebé en la mente al momento de seleccionar la calidad de tus alimentos, pero come hasta estar satisfecha nada más. Es importante tener una buena digestión, así que, entre las hormonas y el desplazamiento de órganos conforme avancen los meses, será preferible que hagas más comidas, pero de menor cantidad, y eso sí, nutritivas. Tampoco creas que debes aumentar o disminuir drásticamente la cantidad de alimentos que consumes; sólo raciona varias comidas pequeñas, pero de un alto contenido nutrimental, y cuidado con los azúcares (incluyendo las harinas refinadas), la sal y las grasas no saludables.

Te puedes "dar más gustos" de comida chatarra porque tienes pretexto

Al contrario. Tus hábitos en el embarazo influirán en los de tu hijo, pero comer chatarra no sólo implica un riesgo para tu "figura", sino la posibilidad de sufrir preeclampsia, diabetes gestacional, parto prematuro, etc. Considera, además, que no es tan fácil perder después ese exceso de peso no sano. Mejor lleva una alimentación saludable durante tu embarazo y tu etapa de posparto.

MITOS DEL EMBARAZO QUE LAS MAMÁS DEBEN OLVIDAR

Todos los "antojos" deben satisfacerse

Los antojos van y vienen; no te va a pasar nada ni a tu bebé si no los satisfaces. Por otro lado, si haces caso a todos tus antojos, y particularmente a los que no son saludables, sí puedes tener problemas, como te expliqué antes. Busca la mejor versión de tu antojo. ¿Quieres algo dulce? Toma un licuado de frutas, come algunos dátiles con nueces, prueba la crema de nuez de la India con miel o algo que no contenga aditivos químicos, harinas refinadas ni sal industrializada. No se trata sólo de que no subas de peso, sino de que estés saludable para alimentar a tu bebé tanto en el embarazo como en la lactancia.

Puedes engordar, "tienes pretexto"

Como expuse antes, hay muchos motivos de vital importancia para cuidar tu salud en el embarazo. Considera que no es tan fácil deshacerte del sobrepeso excesivo después del embarazo porque estás ocupada con el bebé, es difícil hacer ejercicio, estás cansada, estás desvelada, así que no te dejes llevar por el "pretexto". El bebé pesa 3.5 kilogramos aproximadamente, y con la placenta y el líquido amniótico subirás entre 10 y 12 kilogramos, como seguramente te dirá tu ginecólogo. Más de eso, realmente puede representar riesgos y problemas innecesarios.

Si eres "estrecha", no podrás tener parto natural

La naturaleza no se equivocó contigo y no por tener la cadera estrecha ya eres candidata directa a una cesárea. Consulta con tu médico las posibilidades de tener un parto natural, y si no te convence, busca otras opiniones. Busca un médico que esté en pro del parto natural, pues su primera y única opción no será una cesárea. Recuerda que es tu parto, tu cuerpo y tu hijo, y el médico debe hacer lo posible para que se haga como tú lo deseas, mientras sea sano y seguro para el bebé y para ti. Sólo cuida que esa "seguridad" no se trate nada más de lo que es conveniente para el médico.

MITOS DEL EMBARAZO QUE LAS MAMÁS DEBEN OLVIDAR

Ir a cursos prenatales es una pérdida de tiempo
No podría estar más alejado de la verdad. Al contrario, gracias a un maravilloso curso prenatal que tomamos mi esposo y yo cambió toda mi visión del embarazo. Fue un cambio de 180 grados en torno a lo que pensábamos que era o debía ser esta etapa, lo que me dio una calma y una seguridad inmensas. Ahí aprendí, por ejemplo, que una cesárea programada no es lo mejor y que la fórmula para bebés no es lo que la ciencia moderna creó en pro de nuestra especie, como solía creer. Sirven sólo para facilitarnos la vida, pero a costa de mucho. Ve a tus cursos, infórmate y entra a esta etapa con la seguridad que te da la información.

Éstas son mis recomendaciones principales durante el embarazo:

- *Toma jugos de verduras*, te nutrirán y mejorarán tu salud y la de tu bebé.

- *Evita cualquier alimento ultraprocesado* porque representan un riesgo para tu salud, desde padecer problemas de presión arterial, hasta retener líquidos. Los alimentos ultraprocesados —todos los que ves en el supermercado con más de cinco ingredientes impronunciables— están cargados de químicos —algunos no comestibles—, grasas no saludables y azúcares —en grandes cantidades y de la peor calidad.

- *Hidrátate.* Beber agua natural es indispensable y necesario para tener un embarazo saludable. Recuerda que tu bebé está nadando en líquido, y aunque no parezca tener una relación directa, es importante que estés bien hidratada. Tomar agua a primera hora de la mañana y en ayunas es de los mejores hábitos que puedes tener durante el embarazo, y en general en tu vida; así evitarás las infecciones urinarias y el estreñimiento. También puedes beber agua de sabor casera (en la sección de recetas encontrarás algunos ejemplos, p. 367), té de menta, manzanilla y frutales. Lo que no debes tomar es café, o no pasar de una taza al día, ni tés con cafeína, refrescos, concentrados de jugos, jugos comerciales o sólo de fruta. Las leches vegetales caseras, no comerciales, son otra excelente opción, de las cuales te ofrezco algunas recetas en la sección de bebidas de este libro (p. 365).

- *Muévete.* Si nunca has hecho ejercicio realmente, intenta caminar.
- *Medita.* Reducirás tus niveles de estrés, descansarás mejor y te conectarás con tu bebé. La meditación y la visualización son un paso importante en esta etapa.
- *Descansa.* Estás gestando una vida y eso demanda energía. Una mujer embarazada necesita gozar de un sueño reparador durante la noche, y en la lactancia dormir cada vez que se pueda. Así que, en la medida de lo posible, descansa.
- *Come fibra.* Es sumamente importante evacuar mínimo una vez al día, así evitarás malestares. Come muchas verduras crudas, ensaladas, licuados, jugos, y si crees necesitar más fibra, toma dos cucharadas de chía en medio vaso de agua antes de la comida o antes de dormir. Si vas a utilizar fibra comercial, es necesario revisar los ingredientes para asegurarte de que no contenga azúcar, endulzantes artificiales ni conservadores.
- *Cuida tu flora intestinal.* Tu intestino está repleto de bacterias beneficiosas que realizan funciones básicas, como regular el sistema inmunológico, digerir parte de los alimentos que consumes y desintoxicar tu cuerpo continuamente. Consume alimentos fermentados, como chucrut y vinagre de manzana, y evita preferentemente la cafeína en cualquiera de sus formas, así como los edulcorantes artificiales, ya que tanto el café como los químicos en esos sobrecitos desequilibran nuestro microbioma.

Recomendaciones de alimentación

Una mujer embarazada debe alimentarse sanamente, al igual que una persona no embarazada. Come de forma natural, sin químicos ni aditivos, con moderación, variado, y permitiendo que tu cuerpo descanse de la digestión. Tal como describe Michael Pollan, "come comida, no mucha, y en su mayoría plantas".[3]

Carbohidratos

Los carbohidratos han llegado a tener mala fama gracias a la industria de la comida rápida y la comida chatarra, pero existen carbohidratos saludables, los naturales. Si bien no recomiendo abusar de éstos tampoco, sí son una excelente fuente de nutrientes. Come *granos enteros*, como avena de grano entero, arroz integral y quinoa, o sin gluten, como la harina de coco y de almendras. Come *tubérculos*, como betabel, zanahoria, camote y yuca. Come *frutas*, empezando por las moras (fresas, zarzamoras, frambuesas, moras azules, etc.) y todas las demás, kiwi, manzana, uvas, mango, plátano, melón, sandía, pera, toronja, mandarina, aguacate, piña, granada, chirimoya, carambola, mamey y un largo etcétera. La cuarta fuente de carbohidratos saludables que te recomiendo es toda la rica variedad de *verduras*, como col rizada, espinaca, arúgula, brócoli, coliflor, rábano, pimiento morrón, col morada, col verde, chile poblano, nopal, calabacita, etc. Rota tus alimentos y estas fuentes saludables de carbohidratos como complemento de tu alimentación para obtener una gran variedad de nutrientes.

Grasas

Las grasas saludables son fundamentales para la vida y, por ende, para tener un embarazo sano. Es más, puedo decirte que la época cuando más problemas hormonales tuve, manifiestos en problemas de la piel y periodos menstruales irregulares, fue justamente cuando evitaba las grasas a toda costa y sólo comía claras de huevo.

Las grasas saludables son los bloques de construcción del colesterol y de la producción hormonal; no hay manera de vivir sin ellas y estar sanos. Los ácidos grasos esenciales, como el eicosapentaenoico (EPA) y docosahexaenoico (DHA), por ejemplo, son elementales para el desarrollo cerebral del bebé en el útero, además de que ciertos estudios demuestran que las madres que consumieron suficientes ácidos grasos DHA redujeron el riesgo de parto prematuro y tuvieron bebés con un peso más saludable.[4]

Consulta con tu médico y sigue tu propio criterio para determinar qué grasas saludables te sientan mejor en este momento. Entre las mejores fuentes de grasa saludable se encuentran el aguacate, los productos de coco (aceite extravirgen, crema, agua y la carne fresca o deshidratada sin azúcar añadido), el aceite de oliva extravirgen (de primera extracción en frío, en envase de vidrio oscuro), las aceitunas, el ghee o mantequilla clarificada, el huevo y el salmón (que son proteína animal, pero tienen un alto contenido de ácidos grasos omega-3), y las nueces (principalmente macadamia, de la India, de nogal y de Brasil).

Por otro lado, las fuentes de grasa que debes evitar son los aceites altos en omega-6: margarina, aceite de oliva "light", grasas trans (todo lo que diga hidrogenado o parcialmente hidrogenado entre los ingredientes de un producto contiene grasas trans), aceite de cacahuate, de soya, de canola, de semilla de algodón y de maíz, entre otros.

En lo personal, no considero los lácteos parte de la dieta diaria, sino una excepción. Hay fuentes vegetales que pueden sustituir fácilmente la leche y el yogurt de vaca —como las leches vegetales y el yogurt de coco (pp. 369, 370 y 311)—, por lo que no veo la necesidad de consumirlos. Sin embargo, si quieres seguir comiendo lácteos, hazlo con moderación, pues son un inflamatorio conocido, y que sean de fuentes orgánicas, de animales de libre pastoreo y libres de hormonas. Ten cuidado con los quesos, las leches y los yogurts comerciales; están cargados de hormonas y antibióticos, y créeme que en esta etapa en particular (aunque no es bueno en ninguna) no quieres tener hormonas ni antibióticos de más.

Proteínas

Si tu alimentación es vegetariana, está basada en plantas, es paleo, cetogénica o cualquier otra, necesitas consumir proteína para vivir, pero esto no quiere decir que deba ser exclusivamente animal, como muchos creen. De todas maneras, si quieres consumir proteína animal, por favor que sea orgánica y de excelente calidad. Come pequeñas cantidades, apoyándote más en la proteína vegetal.

Te recomiendo comer salmón que no sea de granja, que venga de Alaska y sea realmente de captura (busca los sellos de certificación), y huevos orgánicos, de animal de libre pastoreo. Creo que la proteína animal, cuando es limpia y realmente de calidad, puede ser un buen complemento de la comida. (No olvides que las verduras deben ser la base de tu alimentación, no la carne.) En cuanto a la proteína vegetal, te recomiendo comer algas, nueces, tempeh, miso, semillas, germinados y, para quienes las digieren bien, leguminosas.

Lo que debes evitar durante el embarazo son el huevo y el pescado crudos, los quesos frescos, los mariscos o pescados altos en mercurio (como el marlín y el atún) y los embutidos. De hecho, es mejor si te despides de estos últimos de por vida: además de que la OMS los declaró carcinógenos, pueden estar contaminados de muchas formas.[5] Nunca te harán bien, pero menos embarazada.

Suplementos y complementos

Antes de consumir cualquier suplemento o complemento, consulta con tu médico si realmente necesitas tomar alguno y cuál, al igual que para determinar tus dosis. En general se recomienda tomar vitamina B_{12}, para el hierro; DHA, que puedes conseguir tanto de fuente animal como vegetal (de algas); vitamina C, aunque yo prefiero consumirla directamente de frutas y verduras, y enzimas digestivas.

Las emociones se manifiestan

Así como el feto aprende sobre sabores y olores durante el embarazo, los pensamientos, las emociones, los sentimientos y las situaciones que vive su madre —y ésta en relación con su padre— importan e influyen en él. Hay muchos factores en juego en la formación de una nueva vida, y la figura paterna, por ejemplo, claramente no tendrá un papel tan relevante en la inclinación que adopte el niño en su alimentación, pero a través de la seguridad, la compañía, la complicidad, la ternura, la comprensión y el amor que le dé a su pareja, tendrá ese contacto directo con su hijo.

La literatura científica determinó hace décadas que los padres ejercen un influjo abrumador sobre los atributos físicos y mentales de los niños durante su desarrollo.[6] El feto que todos imaginábamos pasivo y sin mente a partir de los textos tradicionales de pediatría, resulta ser un niño activo que vive aprendiendo, un ser humano consciente que reacciona y tiene una vida emocional activa a partir del sexto mes.[7] El feto puede ver, oír, experimentar, degustar y, de manera primitiva, aprender. Como consecuencia, lo que un niño siente y percibe en el útero comienza a modelar sus actitudes y las expectativas que tenga para sí mismo en el futuro. La forma como el pequeño se vea a sí mismo —como alguien feliz o triste, agresivo o tranquilo, seguro o ansioso— dependerá parcialmente de los mensajes que haya recibido mientras estaba en el útero.[8]

Obviamente, no se trata de que, si la madre se enojó un día durante el embarazo, el niño nacerá enojón. No. Pero podemos controlar la repetición de esas emociones y el poder de los mensajes, de los patrones de sentimiento profundos y constantes. Por ejemplo, el estrés o la ansiedad crónica, así como una intensa ambivalencia con respecto a la maternidad, pueden dejar una honda marca en la personalidad de un nonato. Su contraparte, las emociones intensificadoras de la vida, como la alegría, la gratitud y la felicidad, pueden contribuir significativamente al sano desarrollo emocional y físico de un niño.

Las emociones se entretejen en su pequeño cuerpo. La placenta protege al feto, evitando que se filtren a través del cordón umbilical muchos neurotransmisores y hormonas tóxicos para su desarrollo, como el cortisol y las catecolaminas, producto del estrés, la angustia y el miedo severo. Pero este cuadro empeora rápidamente porque, cuando la madre experimenta tales emociones, también se reduce el flujo sanguíneo que llega al bebé, lo que disminuye la llegada de nutrientes necesarios. El efecto entonces no sólo es emocional, sino físico, pues se produce un cambio en el coeficiente intelectual del niño, predisponiéndolo a un mayor riesgo de padecer problemas mentales y de comportamiento, ansiedad, déficit de atención, irritabilidad y hasta cólicos. De igual manera, cuando la madre se enfurece, su ritmo cardiaco se acelera y eleva su presión arterial, provocando que los vasos sanguíneos se contraigan, lo que se traduce en menos oxigenación para el bebé.[9]

Esto no sucede con un enojo esporádico o con varios enojos aislados, sino cuando se vuelve una situación crónica que lleva a una segregación significativa y frecuente de hormonas dañinas pues, con el tiempo, éstas logran finalmente cruzar la placenta, afectando potencialmente el sistema nervioso del bebé, además de transmitir una dosis de adrenalina que aumenta su ritmo cardiaco, su presión arterial y hace entrar al bebé en un estado de alerta, afectando su comportamiento futuro. Un estudio reveló que, cuando los padres se gritan, el bebé se agita físicamente, indicando que esta clase de energía en definitiva lo afecta.[10]

Por el contrario, cuando la madre experimenta emociones que la hacen sentir tranquila, en armonía y feliz, el bebé también lo siente y se puede desarrollar en un ambiente seguro y agradable. Esta clase de emociones produce endorfinas, la cuales se encargan de rodear al bebé de bienestar, permitiendo que experimente sensaciones favorables, como un ritmo cardiaco estable y buena oxigenación.

Durante el embarazo, así como se debe cuidar la alimentación, es fundamental cuidar la salud emocional. Obviamente, es difícil lograr que las emociones sean placenteras todo el tiempo; la vida es un subir y bajar, pero la idea es no quedarnos estancados en una emoción, sobre todo si no provee beneficios para la madre ni para el bebé.

Es muy importante vivir un embarazo consciente, en el que se tenga la firme intención de querer un bebé, sintiendo verdaderamente las ganas de invitarlo a estar en tu vida, de dejarlo ser quien quiera ser, de emocionarte con todo lo relativo a él, y sin expectativas, ni siquiera por su género. Aún más, que ansíes cambiar tu vida por su llegada, seguro de que deseas la entrega que la paternidad presupone, pues vas a tener una vida completamente diferente, aunque será por mucho una vida mejor.

> ### AFIRMACIONES DURANTE EL EMBARAZO
>
> El embarazo es una etapa mágica que nos inyecta el deseo de convertirnos en mejores personas o en una mejor versión de quienes somos. En este sentido, las afirmaciones que hagamos tanto para el embarazo como para el parto ayudarán a materializar nuestros deseos.
>
> Es normal que tengamos ciertos miedos, inseguridades y hasta desconfianza durante el embarazo y el parto, sobre todo con el primer hijo, pero las afirmaciones son una herramienta excelente para programar al cerebro. Por ejemplo, prueba diciendo: "Tengo un embarazo sano y llego a término, teniendo un parto natural respetado, rápido y exitoso". Escribe afirmaciones que consideres cercanas a ti, o incluso busca algunas en internet y repítelas varias veces al día.

¿Parto natural o cesárea?

En la actualidad, pareciera que se encontró una "mejor e innovadora" forma de tener bebés: la cesárea innecesaria. Antes que nada, quiero dejar claro que no pretendo juzgar de ninguna manera a quien elige no tener un parto natural, simplemente quiero empoderar a quienes no conocen las bondades y maravillas que conlleva.

Hoy en día, lo común es que la llegada al mundo se dé en una sala estéril, con un parto inducido que suele acabar en una cesárea "planeada" (en lugar de darse por alguna emergencia, como era su propósito original), con procesos invasivos, posiciones incómodas para la madre, subrayando lo antinatural que se ha vuelto este proceso.

Muchos médicos insisten en que una cesárea es lo mejor en la mayoría de los casos, pero no siempre es necesaria y esto está cambiando el rumbo de la salud de la humanidad en general.[11] Es más, mi papá es pediatra y perinatólogo, y siempre me recomendó tener a mis hijos por cesárea. ¿Por qué? En primer lugar, porque los médicos en verdad creen y están totalmente convencidos de que es la forma más segura de tener un bebé porque es la que pueden controlar mejor. No es que todos los ginecólogos sean malas personas o busquen algo que te haga daño, simplemente te dicen lo que aprendieron en la facultad, su forma de pensar y los intereses que persiguen —incluso, económicos—, pero sí deberían estar abiertos a darles otras opciones a las futuras mamás. Tal vez suene alarmista, pero cada vez se vuelve más evidente la necesidad de hacer algo al respecto; como dice el doctor Michel Odent: "Para cambiar al mundo, es preciso cambiar la forma de nacer".[12]

Es importante comenzar de nuevo a promover el parto vaginal y respetarlo como proceso natural. Piénsalo. ¿Por qué parir? Porque eres mujer, porque puedes, porque tienes ese regalo increíble que no se les da a todos, porque te empodera, porque estás diseñada para eso, porque tendrás una maravillosa recuperación y el bebé una gran experiencia, sumada a los beneficios de salud —empezando por su flora intestinal— que el parto natural le ofrece.

El embarazo y el parto no son una enfermedad, una condición médica ni implican necesariamente una cirugía mayor. Parir es simplemente parte del ciclo reproductivo de las mujeres y si tú deseas tener uno, es necesario que tu médico respete tu decisión o exista una razón de peso para que indique lo contrario. Investiga, busca apoyo y conoce los pros y contras de tu decisión, ya sea inclinada al parto o a la cesárea. Esto te ayudará a saber qué quieres realmente. La decisión del parto no es del médico, sino de la pareja, de los futuros padres, mientras sea lo mejor para la madre y el bebé.

> ## PUEDES ACOMPAÑARTE DE UNA DOULA
>
> Doula significa "mujer que sirve" en griego, y hace referencia a una mujer que, después de experimentar sus propios partos, se pone al servicio de otras mujeres gestantes para acompañarlas. Antes era una figura común, y ahora se está recuperando su presencia en las salas de parto. Las mujeres verdaderamente necesitamos apoyo en estas etapas, particularmente de otras mujeres que puedan comprendernos.
>
> Si tienes manera de acercarte a una doula, creo que es una buena decisión. Yo tuve la fortuna de contar con una maravillosa mujer que me acompañó en mis dos partos y fue un gran apoyo para mi esposo, para mis bebés y obviamente para mí.

Tener un bebé por parto o por cesárea no te hace mejor ni peor mamá, pero quizá no estés considerando el panorama completo. La OMS está preocupada por el aumento en el índice de cesáreas que se realizan actualmente. Según sus informes, no deberían superar el 15%, sin embargo, son muchas más, sobre todo en Latinoamérica. En países como México y Brasil, uno de cada dos partos es por cesárea.[13] ¿Qué lleva a los médicos y a las mujeres en estos países a optar por una cirugía con un riesgo ocho veces mayor que el de un parto natural? Sorprendentemente, entre los principales factores se encuentran la comodidad y la ganancia económica de los equipos médicos,[14] a lo que yo agregaría la falta de información de las mujeres gestantes sobre el parto, sus beneficios y el impacto que tiene en la salud física y emocional de su bebé, así como la tardada recuperación de la cesárea y sus posibles complicaciones.

El parto natural o vaginal ayuda a que el bebé expulse mejor el líquido amniótico de sus pulmones, estimulando su función respiratoria, y provee su primera colonización de bacterias beneficiosas al pasar por el canal de parto, encendiendo su sistema inmunológico (el cual se desarrollará más con la lactancia) y actuando como primera vacuna.[15] Esto no quiere decir que las personas nacidas por cesárea estén condenadas a tener problemas respiratorios o mala salud, simplemente no es lo ideal. Durante el parto natural, el bebé también genera hormonas, como la adrenalina, que lo mantendrán en estado de "alerta" durante sus primeras horas de vida, facilitando la primera lactancia, además de aportarle energía y calor. En el caso de cesárea, el bebé tiene más riesgo de sufrir insuficiencia respiratoria y no puede estar de inmediato con su madre porque tienen que seguirla operando.[16]

LA FUTURA MADRE DECIDE

Es tu parto, es tu cuerpo y es tu bebé. Entiendo que la decisión es de la pareja, pero la protagonista ahí eres tú. Puedes escoger cada vez más lo que quieres en tu parto: si no quieres medicamentos, si quieres moverte libremente, si quieres parir en agua, si no quieres que te rompan las membranas, qué clase de luz quieres en el cuarto, si te hacen una episiotomía o no, que no te estén revisando a cada rato los centímetros de dilatación (algo tan molesto), que al nacer haya un contacto directo piel con piel entre el bebé y tú, retrasar la pinzada de cordón, que tu pareja ayude con el corte del cordón umbilical, comenzar la lactancia lo antes posible, que no le hagan todos los procedimientos rutinarios al bebé, que no lo bañen, que no lo inyecten, si lo circuncidan o no, etcétera.

LA FUTURA MADRE DECIDE

Infórmate sobre todas las opciones que tienes para este momento. Seguramente encontrarás algo que se ajuste a lo que deseas. Cada vez hay más mujeres que exigimos nuestro derecho de parir en confianza, con nuestras preferencias y con el respeto debido a nuestro proceso natural.

Son muchos los beneficios de un parto natural, y no sólo para el bebé, sino para la madre: las mujeres se libran de una cirugía de riesgo en la que tienen que llenarlas de medicamentos, los cuales invariablemente terminan en la leche materna y en el bebé; existe un riesgo menor, pues pierden la mitad de la sangre que en una cesárea y las posibilidades de infección uterina son bajas; mantiene niveles de glucosa adecuados y esto ayuda a que la placenta reciba más oxígeno; pueden tener un contacto inmediato con el bebé; la hospitalización es menor y, obviamente, al no someterse a una intervención quirúrgica, la recuperación es más rápida y el gasto es menor.[17]

¿Cuáles son, entonces, las causas reales para practicar una cesárea? No tantas: tener placenta previa total a término, posición fetal transversa con dilatación completa, prolapso de cordón, desprendimiento de placenta, eclampsia o síndrome HELLP, tumor de gran tamaño en el útero bloqueando el cérvix al alcanzar la dilatación completa, verdadero sufrimiento fetal confirmado, verdadera desproporción cefalopélvica (el bebé es demasiado grande para la pelvis materna) —algo que no se determina a "ojo de buen cubero"—, primera erupción de herpes activo al comienzo del trabajo de parto o ruptura uterina.[18] Como te darás cuenta, no son lo más común.

Las mujeres que tienen a sus hijos por cesárea son igual de maravillosas que las madres que parieron en agua, por ejemplo, o quienes lactan y quienes no, las que hacen colecho y las que no, las que cargan a sus hijos con un portabebés y las que no, etc. Todos los padres, no sólo las madres, hacemos lo mejor que podemos con la información que tenemos en cada momento; por eso quiero expandir ese conocimiento, pues por algo estás leyendo este libro ahora.

Recuerda que no se valen la culpa por lo que hiciste en el pasado, ni los juicios ni tomarlo personal. Es cuestión de tomar una decisión informada y consciente. Conozco a muchas mujeres que tuvieron cesáreas porque su médico se los recomendó por comodidad, para decidir el día del parto y que todo fuera programado, cuando el parto se da cuando el bebé está listo para nacer. No es cuestión de si es más o menos cómodo para nosotros. Un bebé no viene a incomodarte la vida, pero debes estar consciente de que viene a cambiar todo, absolutamente todo, y si no estás dispuesto a aceptar eso y con esa clara mentalidad, tal vez deberías replantear la paternidad para otro momento en tu vida. Tener hijos no es cualquier cosa; es un acto de devoción. Los niños no son un elemento decorativo ni se tienen para "completar" la familia; por eso hay que adaptarnos a ellos y no al revés.

Parto vaginal después de cesárea

¿Crees que no puedes parir de forma vaginal porque ya tuviste una cesárea? Infórmate. Claro que es posible, incluso después de dos o tres cesáreas.[19] Tengo amigas que lo han logrado. Esto no era posible antes porque el corte era grande y vertical, pero ahora ya no es así, es un corte pequeño y horizontal, el cual permite una cicatrización uterina más resistente. El propio Colegio Americano de Ginecobstetras dice que una mujer hasta con dos cesáreas es candidata para un parto vaginal.[20] De hecho, es más seguro tener un parto vaginal después de una cesárea que someterte a otra operación.[21] La tasa de éxito de un parto vaginal luego de una cesárea oscila entre 60 y 80% en hospitales, mientras que en casa o en centros de parto, el índice es de casi 90 por ciento.[22]

Capítulo 4

Lactancia

Ahora es momento de ver cómo encaminar los hábitos de tu hijo hacia la salud óptima. Después de la etapa quizá "idealista" del embarazo, viene la inmensa tarea de ser padre para toda la vida. Nuestro primer hijo siempre nos muestra la nueva vida y la nueva dinámica que tendremos de ahora en adelante. Es el momento en que aflora todo lo que es único en ti: tu historia, tus fortalezas, tus miedos. A partir de este instante nacen en realidad los tres, hijo, madre y padre, pues serán nuevas personas de ahora en adelante. Puedes leer al respecto, pero nada se asemejará siquiera un poco a la realidad de la paternidad.

Esto sucede en todos los aspectos relacionados con los hijos, incluyendo la lactancia. En mi caso, estaba tan ocupada recabando información sobre el tipo de parto que habíamos elegido —respetado y en agua—, pensando cómo contar las contracciones, cuándo llamar al ginecólogo, a la doula y al pediatra, que realmente asumí que la lactancia sería algo natural para lo que no necesitaba muchos datos. Había escuchado de La Liga de la Leche[1] y de los clubes de lactancia, pero pensaba que eran para quienes no sabían nada de nada. Y, ¡zas!, resultó que yo era una de esas personas.

Yo pensaba que lactar era poner al niño en el pecho y todo funcionaría por arte de magia. ¿Engancharlo bien? ¿Cambio de pecho?

¿Periodos de crecimiento acelerado? ¿La crisis de los tres meses? ¿Lastimarme? ¿Sangrar? ¿Dolor, ardor, cicatrices? ¿Col para la inflamación? ¿Crema para los pezones? ¿Pezoneras? ¿Por qué escurrir? Nada de esto estaba en mi radar.

Antes, las mamás tenían muy presentes las respuestas a estas preguntas porque todas las mujeres amamantaban a sus hijos sin pensar en otra opción. *No había* otra opción. Hemos diluido ese empoderamiento femenino y ese apoyo insustituible de mujer a mujer, polarizando el deseo de continuar con este proceso natural. Entiendo perfectamente por qué muchas mujeres creen que no pueden hacerlo, no quieren o abandonan la lactancia después de un tiempo, pero estoy segura de que en su mayoría es por falta de información real, desconocimiento de las ventajas para la madre y para el bebé, y del proceso en sí.

Yo también pensé en dejarlo en algún punto. Es normal que esta idea nos cruce por la mente varias veces en el transcurso de la lactancia. Entre el cambio de vida, las desveladas, las hormonas, el descubrimiento de la maternidad y la desinformación, es todo un reto seguir lactando, y más si tu profesional de salud o las personas a tu alrededor te dicen "Mejor dale mamila y quítate de problemas". Pero la sabiduría femenina está ahí y tiene miles y miles de años; sólo es cuestión de desenterrarla un poco y —¿por qué no?— ponerla "de moda" de nuevo.

"La lactancia materna ofrece a los bebés el mejor comienzo posible en la vida", dice el doctor Tedros Adhanom Ghebreyesus, director general de la OMS.[2] No se trata sólo del alimento, sino de todos los organismos vivos que contiene la leche y que actúan como la primera vacuna para el bebé, protegiéndolo contra enfermedades potencialmente mortales. Desafortunadamente, con otro tipo de "sustituto de lactancia" no sucede. La leche materna es un tejido vivo y, por ende, cambiante, el cual contiene células madre, hormonas, enzimas y más de 300 componentes distintos.[3] En ningún laboratorio se puede igualar esto.

La lactancia es un regalo para toda la vida y es crucial durante el primer año de vida en más de un sentido, ya que los infantes nunca crecerán tanto y tan rápido como en esta etapa. Estamos de acuerdo en que la alimentación siempre es importante, pero durante este periodo, el bebé necesita los nutrientes suficientes y adecuados para el correcto desarrollo de sus tejidos, órganos y funciones. La leche materna es realmente la única opción saludable y el mejor alimento para los bebés, pues además de ofrecerles todo lo que necesitan para vivir y crecer, favorece los vínculos afectivos al incluir el olor, el calor y la presencia de la madre, provocando que el niño crezca más seguro y con mayor estabilidad emocional.[4] Por su parte, la madre pierde calorías y grasa, se reduce su riesgo de cáncer de mama y de ovarios, y favorece la contracción del útero para recuperar su tamaño normal.[5] Ganancia pura.

La leche materna también es el mejor comienzo en cuanto a hábitos: los bebés comen únicamente lo que necesitan —no en exceso ni en la cantidad que determine una tabla— y conocen el dulzor que tiene la comida natural, no el dulzor exagerado de las fórmulas, por lo que se educa adecuadamente su paladar. Si desde bebé no aprende a identificar sabores tan intensos, será sencillo introducir más adelante alimentos naturales que pueda disfrutar, como un plátano, un mango o un dátil. El doctor Benjamín Caballero, director del Centro de Nutrición Humana, de la Escuela de Salud Pública Johns Hopkins Bloomberg, y un experto en factores de riesgo de la obesidad infantil, considera que los pediatras deberían estar sumamente preocupados por el tema del alto contenido de azúcar en los alimentos para bebés, ya que el sabor dulce en particular promueve el consumo de altas cantidades de todo lo que sepa dulce.[6]

El beneficio extra para los padres que optan por la lactancia es que no tienen por qué preocuparse, pues la leche misma va cambiando conforme pasa el tiempo para cubrir las necesidades del niño, tiene la temperatura ideal, no hay nada que esterilizar, no implica un gasto, no hay nada que hacer y está lista, siempre lista.

El secreto para una lactancia exitosa

Es un proceso natural, pero de pronto ya no nos parece tan sencillo porque hemos perdido la práctica tras la popularidad de la fórmula. Los grupos de los cursos prenatales y los clubes de lactancia te ayudan mucho para informarte tanto de los beneficios como de las consideraciones que debes tener al respecto, así que te recomiendo que los busques. Pero, ante todo, lo mejor que puedes hacer es encontrar un profesional de la salud pro lactancia. Muchos dicen serlo, pero no es así. Si a la primera duda o al primer percance menor te manda fórmula o te dice que completes con fórmula, entonces no es pro lactancia. No creo que los médicos lo hagan con mala intención; finalmente es una "simple e inofensiva mamila", ¿cierto? Sin embargo, es una decisión importante relativa a la salud de tu hijo. El pediatra es el gurú de los padres, sobre todo con el primer hijo, y si tu médico te dice una cosa, difícilmente dudarás o dejarás de hacerla. Por eso es imperativo que sea realmente pro lactancia, pues de ellos dependerá la continuación de la misma. Lo que *sí* hace un médico pro lactancia es:

- Darte desde el principio información sobre lactancia (libros, publicaciones oficiales, etc.) para asegurar que no los tome por sorpresa.
- No sugerirá únicamente seis meses de lactancia. La OMS —la autoridad en estos temas— sugiere mínimo dos años o más de lactancia, así que tu médico debería recomendar que lo hagas al menos durante 12 o 18 meses.[7]
- Sugerirá grupos de apoyo para la lactancia.
- Está a favor del parto respetuoso, sin intervención.
- Promueve el contacto inmediato piel con piel entre la mamá y el bebé, sea parto vaginal o cesárea necesaria.
- Se asegurará de enseñarte el enganche correcto del recién nacido al pecho.

- Su equipo de trabajo incluye consultoras de lactancia para asesorar a las madres o recomienda ayuda externa.
- En las consultas de seguimiento se asegurará de que la lactancia no se haya interrumpido y te dará información para continuarla.
- En casos de poco crecimiento del bebé, la suplementación con fórmula no será su primera opción.
- Se asegurará de tranquilizar a la madre sobre los mitos de la lactancia.

LACTANCIA FUERA DE CASA

No tengas pena de amamantar en público. Hay varias formas de hacerlo discretamente, pero por ningún motivo sientas que estás haciendo algo indebido o con morbo. Es increíble que, en una sociedad donde la pornografía mueve cientos de millones de dólares, se condene mostrar parte de un seno al momento de lactar. No es más que una doble moral.

Cuando veas a una mujer amamantando, apóyala, ayúdala, no la juzgues y tómalo como algo normal. (Con la clase de escotes que están de moda, no veo por qué no hacerlo.) No es más que un bebé comiendo de su madre.

Si te da pena descubrirte, tampoco es necesario. Hay playeras largas, holgadas y fáciles de mover, y no necesitas más. Yo lo he hecho en dos lactancias extendidas y es lo más sencillo del mundo.

No hagas caso de los mitos: ni tú ni yo ni nadie tiene "mucha o poca leche"

Producimos dos tipos de leche, el calostro o preleche, y la leche materna. El calostro se produce durante los primeros tres o cuatro días después del parto. Es tan increíblemente valioso, que sale muy poco, así que no esperes que en los primeros días tu leche salga a chorros.

No sucede así porque no es necesario, así que no pienses que no tienes leche. Un bebé comienza teniendo un estómago del tamaño de una aceituna, luego del tamaño de una nuez y más adelante del tamaño de un huevo.[8] Tienes la leche suficiente para ese estómago, cuya composición se adapta a las limitaciones fisiológicas del tubo digestivo, del metabolismo intermediario y de la función renal del bebé.[9] De esta manera, aunque el bebé coma poco, necesitará hacerlo seguido, ayudando a que produzcas más leche. De ninguna manera sustituyas el calostro por algún suero en el hospital cuando des a luz. Asegúrate de que sea lo primero que tome el bebé para obtener todos sus beneficios y que inicie adecuadamente tu lactancia. La leche materna como tal se producirá entre el cuarto y el sexto día después del parto, y continuará hasta poco después de que dejes de amamantar por completo.

Tampoco creas que no tienes buena leche. Siempre que comienza el bebé con la succión, la primera leche que sale tiene una apariencia blancuzca o transparente, y muchos dicen que es leche "aguada", pero es totalmente normal. Al final de esa misma toma ya saldrá más espesa y blanca. La leche de cada mamífero tiene diferentes características, y así es la nuestra. No tiene por qué parecerse a la leche de vaca para ser "buena".

¿SABÍAS QUE...?

Entre más pasa el tiempo, la leche materna provee más calorías porque tiene más grasa. Es sólo un mito que la leche se vuelva "agua" en algún momento. Además de que, aun cuando el niño consuma otros alimentos, la leche materna seguirá siendo importante para reforzar su sistema inmunológico y su desarrollo cerebral.[10]

Éstas son las principales recomendaciones de lactancia para tener un bebé sano:

- *Que el calostro sea su primer alimento.* El éxito de la lactancia depende mucho de que se comience durante la primera hora de nacido, sin sueros, sin nada más que tu calostro.[11] Aunque la cantidad que tome el bebé te parezca poca, lo mantendrá nutrido, pues el calostro tiene dos gramos de grasa, cuatro gramos de lactosa y dos gramos de proteína por cada 100 mililitros.[12] Además, ayudará a la eliminación del meconio (la primera evacuación negra), prevendrá la ictericia y hará que su estómago se vacíe rápidamente, promoviendo la continuación de la lactancia.[13]

• *Lactancia exclusiva durante los primeros seis meses.* La leche materna está compuesta principalmente por agua, proteínas, carbohidratos, grasas, minerales, vitaminas, hormonas y enzimas.[14] Tu bebé no necesita nada más para mantenerse nutrido. La palabra "exclusiva" implica que solamente será lactancia. Nada más. Es decir, ni una mamila, una papilla, tés, nada que no sea leche materna. Cada onza que completas con fórmula es una onza que ya no produces. Cuando comienzas a completar, es el principio del fin de la lactancia. Así de fácil. La producción equivale a la demanda. Más adelante introduce alimentos complementarios, seguros y nutricionalmente adecuados, pero continúa con la lactancia materna hasta los dos años mínimo. En el siguiente capítulo (pp. 117-130) explicaré lo referente a la ablactación, pero es fundamental que no tengas prisa por introducir alimentos antes de tiempo.

LOS BENEFICIOS DEL COLECHO [15]

Casi todos los niños del mundo duermen acompañados; ha sido lo normal desde el inicio de la humanidad, precisamente para protegerlos. Que los pequeños duerman en su propio cuarto es una tendencia que comenzó hace un par de siglos en las sociedades occidentales, pero constituye una separación prematura y forzada. Ya hay muchos profesionales de la salud e instituciones sanitarias que recomiendan retomar la vieja costumbre de dormir con los niños.

LOS BENEFICIOS DEL COLECHO

En primer lugar, el colecho facilita la lactancia nocturna, pues la madre tiene acceso inmediato al bebé, lo que reduce el riesgo de que se vuelva hipoglucémico. También se pueden cubrir otras necesidades del bebé: por ejemplo, cuando está incómodo, tiene frío o miedo, y necesita contacto, además de cuidar su sueño, pues cuanto antes respondamos a esas necesidades, menor será el tiempo que el niño esté despierto, por lo que se sentirá seguro y tranquilo. Esta práctica reduce también la incidencia de muerte súbita del lactante y tiene beneficios psicológicos y emocionales.

El colecho no es malo para la pareja, como se ha hecho creer, pues los padres incluso duermen mejor y no dejan de estar juntos. Tampoco es cierto que el bebé se acostumbra y que "jamás lo vas a sacar de la cama". Son mitos. Si tu temor es que tus hijos se vuelvan dependientes o que algo raro les pase, aclaremos que los niños son dependientes por definición; sin embargo, si les das más seguridad y la confianza de que estás con ellos, se independizarán más rápido cuando llegue su momento. Está demostrado que los niños que durmieron en colecho con sus padres tienen una personalidad más independiente y son menos miedosos en todos los sentidos. Así que disfrútalo porque el tiempo pasa volando.

- *Lactancia a libre demanda.* Amamanta a tu hijo cada vez que quiera, siempre que lo pida. Es cuestión de respetar las necesidades del bebé sin querer imponerle un horario. El hambre es una necesidad y somos madres, está dentro de nuestra responsabilidad nutrir y alimentar cuando exista esta necesidad. Mientras más pequeños sean, menos deben —ni pueden— esperar para satisfacer cualquier necesidad que tengan.

NO LO HAGAS "TAQUITO"

Si bien envolver a los niños es una práctica muy conocida y hasta se considera que les brinda seguridad y evita que se asusten a sí mismos, según la Academia Americana de Pediatría (AAP, The American Academy of Pediatrics), en determinados casos y contextos puede ser inseguro para el bebé porque aumenta el riesgo de dislocación y displasia de cadera, asfixia y muerte súbita, así como desarrollar problemas respiratorios y ocasionar una pérdida de temperatura corporal por la restricción de movimiento, o un aumento de temperatura, lo que tampoco es recomendable.[16]

- *Cuida tu alimentación e intenta relajarte.* Antes que nada, no olvides que, así como sucedía durante el embarazo, los alimentos que comes durante la lactancia influyen en la digestión de tu bebé, lo mismo que tu estrés y tu estado emocional. Muchas personas creen que cuando estás amamantando no puedes comer muchas cosas y debes llevar una dieta muy especial y restrictiva, pero no es así. Los dos primeros meses tal vez son los más importantes en este sentido, pero casi todos los niños tienen cólicos, sean lactantes, se alimenten con fórmula, comas chile o comas aire. Relájate y come con moderación nada más; dos meses realmente no son nada. Lo que sí te recomiendo evitar durante mucho más tiempo es la cafeína, los lácteos, los refrescos y, obviamente, las bebidas alcohólicas.

"ME AGARRA DE CHUPÓN"

Claro, ¡qué honor! Al chupón también le llaman "pacificador" por una razón. Si no eres tú, su madre, quien lo calme y le dé consuelo, entonces ¿quién podría hacerlo? Los bebés llegan a un mundo con tantos estímulos, que se estresan. Ellos también quieren paz y tranquilidad. Los patrones de succión del niño varían de acuerdo con sus necesidades: tiene una succión nutritiva y otra de consuelo,[17] que es justamente la que consideras que está mal. No te preocupes, la lactancia provee alimento, pero también consuelo, amor, cariño, contacto y seguridad. Es tan importante el alimento físico como el emocional, así que déjalo que te considere su chupón.

• *Disfrútalo, es un gran poder femenino.* En lo personal, no creo que haya mayor poder que parir y lactar cuando realmente quieres hacerlo. Tristemente, a veces no lo disfrutamos porque pensamos que es muy demandante, pero ya sabemos que tener un hijo te cambia la vida, y de eso se trataba, ¿no? Lo que puedo decirte es que, frente a las ventajas de dar pecho (entre las que se encuentra un gran ahorro económico), no me imagino tener que calentar la leche a la mitad de la noche, esterilizar mamilas, probar un mundo de fórmulas para ver cuál le sienta mejor, usar medicamentos para gases o estreñimiento, o sufrir por no traer contigo la leche cuando el bebé la está pidiendo. Eso sí me parece demandante.

Periodos de crecimiento y otras etapas

Como mencioné antes, la demanda de leche de tu bebé es lo que indica a tu cuerpo que mantenga una producción sostenida. A pesar de ello, existen situaciones en las que los bebés parecen no estar satisfechos o parecen estar incómodos cuando succionan. Este comportamiento preocupa mucho, y si no estás al tanto de estos episodios puedes caer en el error de empezar a suplementar con fórmula e incluso detener la lactancia, asumiendo situaciones que realmente no están pasando: que no se llena, le cae mal, tienes mala leche, ya no le ayuda al bebé, necesita algo más... De aquí sale la mayoría de los mitos en torno a la lactancia.

Se les llama etapas, crisis, brotes o escalones de crecimiento, y son periodos, momentos o situaciones en que el bebé parece no estar conforme con la producción de leche de su madre.[18] Por suerte, la mayoría de los bebés experimentan estas situaciones a una edad similar, lo que nos permite saber más o menos qué hacer y qué esperar:

A las 3 semanas. Los bebés suelen ser bastante regulares los primeros días de vida; comen y duermen en ciclos considerablemente constantes, sin embargo, casi comenzando la tercera semana de vida experimentan esta etapa de crecimiento acelerado en la que aumentan su demanda y ahora quieren estar pegados al pecho de manera continua, comiendo incluso cada 30 minutos. Además, lloran mucho y parecen un tanto desesperados, y regurgitan leche en cantidades considerables, pero quieren seguir succionando. Esto nos descontrola y solemos pensar que algo anda mal, pero es normal. Una vez que aumente la producción de leche después de este par de días succionando mucho, el niño volverá a hacer tomas más espaciadas y la lactancia tomará un curso más tranquilo. Son días muy intensos, pero pasan.

A las 6 semanas. Hacia el mes y medio de vida se da otro de estos periodos. De nuevo, el niño necesita más leche y sabe perfectamente cómo obtenerla: aumenta su demanda y el número de tomas. El niño se pone nervioso, llora incluso cuando está tomando leche, estira o tensa sus piernas, y a veces jala el pezón —auch. Esto se da porque cambia un poco la composición de la leche y su sabor varía significativamente y de forma transitoria. La leche ahora tiene un sabor más salado y a algunos niños no les gusta mucho el cambio, mientras que a otros les pasa totalmente desapercibido. Al igual que en la crisis anterior, después de algunos días (alrededor de cinco), el bebé recupera el patrón de lactancia anterior.

A los 3 meses. Ésta es de las más alarmantes, la que más nos enloquece y estresa, y puede hacer que tomemos decisiones drásticas, como abandonar la lactancia. El bebé ya no demanda alimento tan a menudo y nos hace dudar si no tiene hambre o ya no le gusta nuestra leche. Este momento además coincide con que ya no sentimos los senos tan hinchados, se sienten casi vacíos y no escurrimos leche, haciéndonos creer que ya no producimos la leche necesaria. Ahora sus tomas son caóticas, se distrae o llora por cualquier cosa. También evacua menos. Pero lo que está sucediendo es que ahora los bebés ya son expertos en el arte de succionar y en una toma de escasos minutos pueden extraer toda la leche que necesitan. Además, a partir de los tres meses se producen grandes cambios en su cerebro: las conexiones neuronales se multiplican y esto les abre un mundo de sensaciones, por lo que todo les llama la atención. ¿Qué tiene que ver esto con el cambio en tus senos? Que tu cuerpo también se acostumbró a la lactancia, y en lugar de tener la leche almacenada, la produce cuando siente un minuto o dos de succión. De ahora en adelante, así será.

A los 6 meses. Ésta es la etapa de menos estrés en estos periodos. A veces no se siente, pero hay ciertos casos en que sí. Puede semejar las crisis anteriores, pero con menor intensidad.

Microdespertares y angustia por la separación

También hay otras etapas en las que el bebé se muestra más demandante o se despierta más por las noches.[19] Equívocamente, pensamos que la lactancia es la culpable y, al contrario, es la solución más rápida y efectiva para todos sus males:

- *A los 4 o 5 meses.* Los bebés se empiezan a despertar más durante la noche. Aumentan la demanda de tomas porque incorporan fases de sueño que al nacer no tenían. Ahora necesitan ayuda para volverse a dormir porque se mantienen más tiempo en un estado de sueño ligero. En estas ocasiones, la lactancia es lo más rápido para conseguir que se queden dormidos, dado que la leche contiene elementos que los ayudan a relajarse y a dormir mejor y más tiempo. Estos microdespertares tienden a disminuir conforme el niño madura su sueño solo y paulatinamente, logrando dormir toda la noche cerca de los tres años, a veces antes, a veces después.

¿SABÍAS QUE...?

A principios del siglo xx se puso de moda la lactancia artificial. Hasta ese momento, los niños se alimentaban de su madre o de nodrizas, ya que todos los intentos por crear una alimentación artificial fracasaban. El índice de mortandad de los niños que alimentaban con estos "intentos fallidos" era tan elevado, que la naciente pediatría decidió abordar el problema científicamente, regulando la composición de la leche hasta lograr que tuviera algunas pocas y sencillas características de la leche materna, y regulando además la cantidad y el horario de las tomas.[20]

- *A los 8 meses.* El bebé se despierta angustiado, llorando en plena noche, urgido por succionar, y después de hacerlo se calma. Aquí inicia la llamada "angustia por la separación", en la que el bebé empieza a comprender que es un ser independiente de su madre, lo que le produce angustia e inseguridad. Antes podía estar con todos, pero ahora ya no, todo es con mamá y llora si no la tiene. Esta crisis requiere paciencia y respeto, dejando que las cosas tomen su curso de nuevo sin forzarlo.

EL SUEÑO DE LOS BEBÉS LACTANTES

Los niños no duermen mal ni tienen trastornos del sueño (en la mayoría de los casos). Si tu hijo tiene menos de tres años y se despierta en la madrugada, es completamente normal. Los niños no están diseñados para pasar la noche durmiendo de corrido, sino para mantener alertas a sus padres o cuidadores.[21] Es pesado, pero mientras más lo aceptes, menos duro se hará. Sólo no intentes nada que tenga que ver con dejarlo llorar, amenazarlo o dejarlo solo. No tiene caso; los lastima, les da a entender que no cuentan contigo y no les enseña a dormir.

La falta de sueño es extenuante, lo sé. Ha sido algo particularmente difícil para mí. Uno simplemente no funciona bien; pero lo que debemos hacer es relajarnos y tratar de facilitarnos la vida para que nos adaptemos mejor a las necesidades del bebé. Ten presente que, así como es normal esta etapa, también es pasajera y, siendo sinceros, vale totalmente la pena.

La fórmula para tener un bebé sano es no darle fórmula

La realidad es que las fórmulas para bebés son un inmenso negocio y ésta es una de las principales razones de que se hayan normalizado a este grado en la maternidad moderna. Es sorprendente que algo que se consideró una combinación de ingredientes con una calidad inferior a la de la leche materna, pensada para alimentar a huérfanos en casos extremos, se convirtiera de pronto en la "mejor" opción para madres sanas y niños sanos.[22]

De entrada, "es importante señalar que la leche de vaca por sí sola es inapropiada para niños menores de un año, ya que el tipo y cantidad de nutrimentos no son los más adecuados para esa edad".[23] Esto es algo que puedes encontrar en letra muy pequeña en la etiqueta de las latas de fórmula.

Cuando la madre está absolutamente imposibilitada para lactar y no hay forma de conseguir leche materna segura, obviamente la fórmula es una ayuda asombrosa, pero cuando no es el caso, la fórmula no debería ser la primera opción para alimentar a un bebé. La fórmula se pensó igual que la cesárea, como una excepción, una medida de emergencia, pero de repente se convirtió en un negocio tan rentable, que en la actualidad "compite" como remplazo de la lactancia cuando no tienen comparación. Le agreguen lo que le agreguen, nunca se acercará a un líquido vivo, cambiante y capaz de adaptarse a las necesidades específicas de un ser humano en pleno desarrollo.

LA FÓRMULA ES MÁS AZÚCAR QUE NADA[24]

Con la fórmula, el bebé está consumiendo entre tres y seis cucharadas de azúcares añadidos al día. Tal vez te parezca poco, pero imagina esa cantidad para el cuerpo de un bebé. Sírvelas en una mamila revueltas con agua y verás que no es poco para nadie, y menos para él. La OMS establece que los bebés no deben consumir azúcar ni sal añadida porque pueden interferir con su desarrollo del gusto, además del impacto que tienen en su salud. Entre los tipos de endulzantes que se presentan en las fórmulas infantiles se encuentran: sacarosa, oligofructosa, maltodextrina, jarabe de maíz, sólidos de maíz, fructosa y miel de abeja. Obviamente, los bebés siempre van a preferir lo que tenga el sabor más dulce por encima de cualquier otra cosa. Es una debilidad evolutiva, y la industria lo sabe perfectamente bien.

No se trata de señalar a quien no pudo o no quiso amamantar en su momento. Al contrario, creo que necesita más apoyo y empatía quien no logró hacerlo. No pretendo hacerte sentir menos ni culpable, sino promover que aumenten los índices de lactancia, evitar que las modas mermen la salud de nuestros hijos y se repitan los casos de madres que decidieron no amamantar por recomendación de otros o por comodidad. (Aun si tu lactancia ya terminó, puedes ser un factor de cambio para tus amigas, primas, hijas, etcétera.)

En todas partes se escuchan frases como "De verdad no tenía leche y me dijo el doctor que mejor le diera fórmula" —la naturaleza no desperdicia, y no es lo mismo un tiraleche o tu mano, que la succión de un bebé—, "Es que el doctor me dijo que ya no le diera porque ya no servía mi leche", "Mi mamá me dijo que iba a malacostumbrar al niño a los brazos y mejor le diera fórmula para que se fuera desapegando", "Me dijeron que se me iban a colgar los senos", "Me dijeron que ya no era necesario", "Me dijeron que era vergonzoso si el niño llegaba caminando y hablando a tomar leche", "Me da pena lactar", "Me dijeron que por eso no dormía, porque se quedaba con hambre", "Me dijo mi mamá que, como ella no tuvo leche, yo tampoco" o la que han incluido actualmente en el repertorio: "Me dijeron que eso es para quien no tiene dinero para comprar fórmula". Cada una sólo representa la falta de información de los padres.

No se trata de emitir juicios, sino de conocer todos los aspectos de la lactancia y sentir el apoyo de la gente a tu alrededor, empezando por el pediatra, ya que muchas veces es quien menos fomenta la lactancia. México es el país con menor índice de lactancia de toda Latinoamérica. Mientras que a nivel mundial la tasa de lactancia materna no disminuye (y en muchos países incluso ha subido en la última década), el promedio de lactancia materna exclusiva en México durante los primeros seis meses de vida del bebé es de sólo 14.4%.[25] Y nada es coincidencia: tenemos los niños más obesos del mundo también.

Revisa la lista de ingredientes de las fórmulas y te darás cuenta de que incluye jarabe de maíz o azúcares. En un estudio se analizaron las etiquetas de nueve fórmulas para lactantes, encontrando que el porcentaje de azúcar era de 41% en promedio, en contra de lo establecido por la norma de orientación alimentaria.[26] Ésta es la razón de que muchos de los niños alimentados con fórmula suban más de peso y se vean más "rellenitos". El problema es la concepción que tenemos de esto: vemos infantes de menos de un año con llantitas y nos parecen "sanitos" y hermosos, pero la salud no se mide en kilogramos, ni a esa edad ni nunca. Un lactante por lo regular será más delgado porque se alimenta sólo con lo justo y con los nutrientes necesarios. El hecho de abandonar la lactancia y usar sustitutos no sólo ha sido causa de malnutrición, infecciones y enfermedades en algunos casos, sino que está asociado con la gran pandemia de sobrepeso y obesidad.[27]

Éstas son las principales desventajas de la alimentación con fórmula:[28]

- *Menor calidad nutricional.* Existen importantes diferencias con la leche materna, sobre todo en la cantidad y la calidad de sus macro y micronutrientes.
- *Es difícil de digerir.* La leche de vaca no posee lipasa, la enzima necesaria para metabolizar y digerir las grasas, por lo que los bebés pueden sufrir más cólicos, gases y estreñimiento.
- *Dificultades en la preparación.* No se debe descuidar la importancia de una adecuada relación entre cantidad de polvo y agua, pues a mayor cantidad de polvo, más exceso de nutrientes, lo que puede provocar diarrea, deshidratación y sobrecarga renal; a menor cantidad de polvo, mayor desnutrición.
- *Carencia inmunológica.* En la leche procesada, hervida, condensada y en polvo se destruyen los elementos bioactivos, lo que hace que la leche de fórmula sea inerte inmunológicamente. Como resultado, los bebés alimentados con fórmula sufren más riesgo de diarreas, enfermedades respiratorias, otitis y alergias.
- Riesgo de contaminación:

  o Uso de agua contaminada.
  o Manipulación con las manos sucias.
  o Lavar mal los utensilios.
  o Secar las manos o los utensilios con trapos de cocina sucios.
  o Descomposición de la leche sin refrigerar.
  o Gérmenes cultivados en los chupones y las mamilas porque no se esterilizan bien o frecuentemente.

- *Potencial alergénico.* Las proteínas y otras sustancias extrañas al metabolismo del bebé pueden actuar como potentes alérgenos y sensibilizarlo para toda la vida.
- *Mayor costo.* La suma del precio del producto, los accesorios necesarios y el tiempo que se requiere para su preparación.
- Los bebés alimentados con fórmula no tienen la capacidad de regular la ingesta por el uso de la mamila.
- *Azúcares añadidos.* Entre sus ingredientes se encuentra al menos un tipo de azúcar, lo que asocia las fórmulas con los índices elevados de sobrepeso y obesidad.

Las excepciones reales

Siempre he pensado que, si hay ganas, no hay pretextos, y si hay pretextos, no hay ganas. Sin duda habrá situaciones en que no se pueda, y esto se entiende; se llaman excepciones, pero no todo lo es. No confundas un pretexto con una excepción. Como dije antes, mi intención no es juzgar a nadie. Es respetable tener toda esta información y de todas maneras decidir no lactar, pero lo que no se vale es que alguien sí quiera y crea o le hagan creer que no puede sólo porque no sabe qué hacer.

Aclararé un punto de entrada: es prácticamente imposible que una madre no tenga la capacidad de producir leche. Existen muy pocas patologías maternas que podrían afectar realmente la producción, como enfermedades venéreas graves, cirugías, un hipotiroidismo no tratado, la resistencia a la insulina, la hipoplasia mamaria (glándula mamaria insuficiente por crecimiento irregular), entre otras.[29] La mayoría de los casos en que se afecta la producción de leche se debe a un estímulo inadecuado del bebé, que a su vez puede tener diversas causas: por ejemplo, un mal agarre, una succión disfuncional, introducción temprana de chupones y mamilas, o amamantar con horarios muy estrictos.

MUY IMPORTANTE: NO LE DES LECHE VEGETAL

Aun cuando la fórmula no es lo ideal, debes tomar en cuenta que jamás, bajo ninguna circunstancia puedes usar leches vegetales para sustituir la leche materna. *No cumplen en lo absoluto con los requerimientos nutricionales del bebé.* Las únicas opciones recomendadas por la OMS para alimentar a un lactante son la leche materna, la leche materna extraída, la leche materna donada y, por último, la fórmula. Las leches vegetales pueden complementar —lo que no significa sustituir la leche materna ni la fórmula— la alimentación de un niño mayor de 10 meses.[30]

La hipogalactia (la producción insuficiente de leche materna) se presenta en un porcentaje muy bajo y en situaciones inusuales, como el caso de:[31]

- Baja de producción después de una mastitis.
- Cirugía de reducción mamaria.
- Hipotiroidismo no diagnosticado, mal medicado o no medicado.
- Retención de placenta posparto.
- Desnutrición materna.
- Hipoplasia mamaria.
- Uso de ciertos fármacos que pueden inhibir la producción de leche.
- Déficit congénito de prolactina.
- Síndrome de Sheehan (necrosis de la glándula hipófisis por falta de riego sanguíneo durante el parto, debido a la pérdida de sangre).

Yo nunca tuve que usar fórmula, sin embargo, como sucede comúnmente, el primer mes de lactancia de mi primer hijo fue muy complicado y sí llegué a considerarlo. Entre sangrados, llagas, dolores, mala información, falta de motivación de los demás, la presión de que mi bebé no llegara a la tabla de peso del médico y un sinfín de cosas más, consideré darle fórmula. Yo realmente quería seguir amamantando, pero me la pasaba llorando y mi bebé también. Mi esposo me recordaba todo el tiempo que esto era pasajero, que era lo mejor y siempre el inicio es más difícil, así que investigué por todas partes, me uní a grupos de apoyo, tomé cursos, llamé a todas mis amigas y conocidas, hice lo que fuera para poder amamantar exitosamente. Me puse de todo para los sangrados, revisé el agarre de mi hijo, no le puse horario para las tomas, no le di chupón, no le di mamila y aun así me iba fatal.

Mi médico, por supuesto, me aconsejó que lo dejara por la paz, al menos una o dos semanas en lo que me curaba, y le diera fórmula mientras tanto. ¿Qué hice entonces? Lo que siempre te recomiendo: investigar. Leí todo lo que encontré sobre el mundo de las fórmulas para bebés y esto fue justamente lo que más me motivó para no hacerlo. De ninguna manera me iba a sentir segura con un producto que ni siquiera sus propios fabricantes recomiendan para bebés tan pequeños; de ahí la leyenda de advertencia que debe incluir cada lata de fórmula.[32] Así que, la respuesta era sencilla: seguir intentando. Finalmente, entre usar la secadora del pelo para secar mis llagas y untar como bálsamo mi propia leche, logré cicatrizar un poco y seguir una feliz —aunque en ese momento dolorosa— lactancia.

En efecto, lo que más debemos recordar es que, por difícil que sea, todo pasa y todo mejora. Al mes y medio, el proceso empezó a acomodarse, cicatricé y tuve una lactancia extendida gratificante en todos los sentidos, que además fue mucho más sencilla con mi segundo hijo.

Ésta es mi historia, pero cada madre es libre de tomar su decisión personal respecto a la lactancia y a las fórmulas. Mi única insistencia es que lo hagas informada, consciente de lo que ganas o pierdes, y a lo que te enfrentas con una y otra. No decidas a partir de mitos, de miedos, de la ignorancia compartida, de los intereses creados de otros, de la publicidad que reina en la actualidad, pues al final lo que está en juego es la salud óptima de tu hijo. Considera dentro de tu decisión que tus hijos también tienen derechos, y amamantar debería ser uno de ellos. Tienen derecho a vivir sanos y la lactancia materna es una pieza clave para que esto sea posible.

El último recurso

Si tu única opción es darle fórmula, considera esta información referente a la mayoría de las fórmulas comerciales que puedes encontrar fácilmente en cualquier supermercado o farmacia. Para empezar, se hacen a base de leche de vaca. Ahondaré más en el capítulo 6 (pp. 131-196) acerca de los lácteos y el impacto que tiene la caseína en nuestro organismo, pero considera que los lácteos comerciales, incluyendo los de las fórmulas para bebés, provienen de animales inyectados con hormonas, medicados con antibióticos, alimentados con granos transgénicos y estresados por el hacinamiento. Todo eso se va a su leche, y eso es con lo que alimentas a tu hijo, provocando posiblemente alergias, inflamación, cólicos, gases e intolerancias, ya sean inmediatas o futuras. Por eso parece que la fórmula les cae "bien" a algunos bebés, pues los síntomas no se manifiestan de igual manera en todos.

Si la idea entonces es darle una fórmula a base de soya o arroz, lamento decirte que éstas tampoco salen bien libradas. Se eliminan ciertos detalles problemáticos de la leche de vaca, pero se agregan otros. En los alimentos ultraprocesados siempre hay trucos: aditivos, conservadores, ingredientes que no quieres para ti ni para nadie.

La mejor opción es darle fórmula el menor tiempo posible, respetando que en su primer año de vida la leche debe ser su principal fuente de alimento. Transcurrido este año, comienza a sustituir la leche de fórmula por leche de vaca orgánica (entera, ya que necesitan la grasa), la cual podrás eliminar hacia los dos años. Debes asegurar una alimentación muy saludable y natural, y si quieres, entonces empezar a ayudarte con leches vegetales.

En segundo lugar, opta por leches de fórmulas orgánicas, idealmente con un contenido bajo de azúcar y sin jarabe de maíz. Existen varias marcas en el mercado, pero se consiguen en tiendas orgánicas o en internet. Es un esfuerzo mayor, pero vale la pena; aunque siempre, por encima de todo, lo ideal será lactar.

LACTANCIA Y TRABAJO

No son enemigos ni opuestos. Es muy poco tiempo el que te toma extraer leche para dejarla lista. Seguramente debe haber facilidades que tu empresa otorgue a las mujeres lactantes, y si no, asesórate sobre lo que debe hacer la empresa para facilitar y promover la lactancia. Si no levantamos la voz, difícilmente se hará un cambio en este sentido.

Capítulo 5

Ablactación

La ablactación es la introducción de sólidos en la dieta del bebé, pero implica justamente eso, una mera presentación, una probadita de lo que vendrá después, nada más. A veces, nuestro concepto de ablactación dista mucho de esa introducción. Siempre pensamos que ya puede comer de todo, y no es así. Cuando nos frustramos en esta etapa es precisamente por pensar de esa manera. Relájate y acepta cuando tu hijo ya no quiera seguir comiendo, cuando no quiera probar algo y cuando quiera comerse todo. Es muy fácil que nos compliquemos más las cosas por no confiar en su naturaleza.

Antes que nada, es importante comprender que el objetivo de la alimentación complementaria es *preparar* al niño para el momento en que deje de lactar o tomar fórmula, es decir, que aprenda a comer de forma normal, sentado, con utensilios, no todo hecho puré, pudiendo masticar, sin verse forzado a nada, sin la televisión distrayéndolo ni sus padres abriéndole la boca o dándole cucharadas rápidamente para que coma más.

Necesitamos cambiar nuestra mentalidad respecto a esta etapa. Ningún niño debe comer por la fuerza —a menos de que tenga un grado severo de desnutrición, y me refiero a que esté realmente al borde de la inanición—, pero menos un bebé, pues su nueva alimentación es meramente *complementaria*. Le estás presentando los alimentos, los cuales no son su fuente principal de nutrientes. Así que, por favor, por el bien del bebé, no le des grandes cantidades de papilla que no tiene ni la mitad de calorías que la leche (sea materna o fórmula) ni te sientas mal porque sólo quiso un par de cucharadas.

Lo más importante de la ablactación no es el consumo en sí, sino que el bebé desarrolle una relación positiva con los alimentos. Todos sus sentidos deben estar involucrados en el proceso: necesita ver la comida, olerla, tocarla, conocer su temperatura y su textura, y luego llevarla a la boca, siempre voluntariamente, a partir de su propia necesidad de comer. Esta mezcla sensorial es necesaria para su aprendizaje y para que tenga un desarrollo normal, pues genera nuevos receptores y nuevas conexiones cerebrales que tendrán repercusiones en su relación con la comida y con la vida misma.[1] Deja que coma con las manos; aprender modales en la mesa pertenece a otra etapa.

Ante todo, en esta etapa ten presentes las siguientes consideraciones:

- *Papás relajados, niño relajado.* Cuando le das de comer a tu bebé, también le transmites tu estado de ánimo, así que ambos necesitan estar relajados para que se dé una situación satisfactoria y no se produzca un estrés innecesario.
- *¿Cuánto debes darle de comer?* Lo que tu hijo decida. No lo obligues a comer una cantidad de alimento prestablecida porque te dijeron que "así debía ser". Esto no funciona así. No es un régimen estricto. Todos —incluyendo a tu bebé— comemos en relación con el hambre que tenemos, y los niños no requieren mucho para estar satisfechos.
- *¿Cuándo está listo para comer?* Esto varía, incluso culturalmente, y a veces está condicionado por el uso de la fórmula, ante la falta de nutrientes. Sin embargo, se ha establecido una generalidad a los seis meses de edad. Mi recomendación es empezarlo entonces.
- *¿Cómo te das cuenta de que está listo?* En este momento, el bebé ya se puede sentar solo. No necesita que le pongas almoha-

das ni fuerces su postura de alguna manera, ya no digamos amarrándolo. No. Esto precisamente es lo que determina si el niño está listo para empezar a comer otros alimentos o no. No empieces antes, sin importar quién te lo recomiende. Desafortunadamente, algunos profesionales de la salud dicen que puedes comenzar antes, a veces desde los tres o cuatro meses, por la falsa creencia de que el niño dormirá mejor con una papilla porque le cae más pesado, pero no hay nada más lejos de la realidad. Sólo interfiere con su lactancia y lo indigesta. Espera a que pueda sentarse.

PAPILLAS COMERCIALES

Cuando recurras a éstas, te recomiendo primero que nada asegurarte de que no contengan ningún otro ingrediente que no sea la fruta, la verdura o el ingrediente principal que le estés dando. Es decir, que en la lista de ingredientes diga puré de plátano, puré de manzana, puré de ciruela, jugo de limón. Nada más. Así evitarás darle algo cargado de azúcares añadidos y aditivos alimentarios.

En segundo lugar, es ideal que le des papillas que no estén pasteurizadas a altas temperaturas. Ya hay papillas pasteurizadas en frío o a altas presiones (HPP, High Pressure Processing), las cuales conservan su calidad nutrimental durante más tiempo. La única desventaja es que necesitan estar refrigeradas.

Opta por consumir sólo las que sean de frutas y verduras para no complicarte con la calidad de la proteína animal.

- *Los alimentos ultraprocesados no son opciones viables.* Esto incluye casi todos los productos: las papillas pasteurizadas a altas temperaturas, las galletas comerciales, la avena instantánea, los cereales de caja, etc. Además de que no contienen nutrientes, son una bomba de problemas por todos los conservadores, los azúcares, las harinas refinadas y los colorantes que tienen, entre muchos aditivos más. Mejor no te condenes a leer etiquetas y dale a tu bebé alimentos naturales y saludables: frutas y verduras frescas, granos enteros que puedes comprar a granel, semillas, proteínas de calidad (animal o vegetal) y agua natural.

- *No le des embutidos.* Son todo menos un alimento saludable. Para mí, los embutidos entran en la misma lista de "un rotundo *no*" a la que pertenecen los refrescos (y muchas otras cosas que intentan pasar por comida hoy en día), pues no representan nada más que toxicidad para el organismo. Como te comenté antes, la oms declaró que el consumo de carne procesada causa cáncer colorrectal, así que evita desde ahora darle salchichas, jamón (incluso del que diga "pavo"), carne en conserva, cecina, carne seca, carne enlatada y salsas a base de carne.[2]

ESTO ES LO QUE PASA CUANDO OBLIGAS A UN NIÑO A COMER

- La hora de la comida se asocia con una situación estresante, lo que le hace tener una relación disfuncional con la comida.
- Reprime o desborda sus emociones, y se crea un vínculo familiar negativo.
- Bloquea la comunicación y la confianza al generar estrés y ansiedad, lo que disminuye su autoestima.
- Relaciona la comida con imposición y confunde la cooperación con la obligación.

Características generales de la introducción a sólidos:

- *El bebé debe tener curiosidad y sentirse feliz para probar.* Debe intentar tomar un vaso entrenador con algún líquido muy ligero para aprender coordinación.
- *No tengas prisa porque tu hijo coma otras cosas.* El que pruebe otros alimentos no significa nada: ni que es mayor, ni que va a dejar la lactancia o a tomar menos fórmula, ni que va a dormir

mejor. Nada de esto tiene que ver. Lo importante en la alimentación complementaria no es qué come ni la cantidad, sino aprender que existe una diversidad de alimentos.

- *El alimento debe estar en su estado natural.* De preferencia que sea orgánico y libre de químicos y aditivos tóxicos.
- *Si tu bebé todavía escupe la comida, aún no está listo para los sólidos.* Ya no debe tener este reflejo al comenzar con la ablactación.
- *Vuelve a introducir más adelante algún alimento que no le haya gustado.* Es posible que tu bebé cambie de opinión después.
- *Remoja las leguminosas.* Recuerda que debes remojar todas un día antes de su preparación con una pizca de sal de mar o jugo de limón para facilitar la digestión.
- *No lo llenes con preparaciones bajas en calorías.* El arroz con papas y pollo tiene más calorías que una papilla de chayote con espinacas. Los niños pequeños no comen ensaladas ni nada bajo en calorías. Después de los 12 o 18 meses, los niños empiezan a rechazar la comida y lo que más rechazan son los alimentos bajos en calorías. Por eso casi siempre son las verduras. Ahora bien, no por esto dejes de ofrecérselas. Sigue poniéndolas en su plato.
- *Lo ideal es que los alimentos estén sólo machacados y no tengas que hacer una comida totalmente diferente para el bebé.* Si un día cocinas pollo asado con verduras para tu familia, toma unas cuantas verduras y machácalas para el bebé (no puré.)

Cuando el bebé cumple seis meses, llegamos con el pediatra muy emocionados porque pensamos que ya habrá menos tomas de leche, el bebé dormirá mejor o ya está creciendo e independizándose (y pronto podremos siquiera bañarnos sin interrupciones), pero no es así. Lo que hace el médico es darte una tarjetita con cantidades y ejemplos de preparaciones, lo cual te deja un tanto preocupado, pensando cómo vas a preparar eso y cómo vas a lograr que se lo coma.

En lo personal, no recomiendo seguir estas indicaciones al pie de la letra porque son exhaustivas y me parece que destrozan la iniciativa del bebé, su curiosidad, justamente lo que debemos aprovechar en esta etapa, en la que desea probarlo todo. Es imposible que haya una fecha concreta correcta para introducir cierto alimento en la comida de *todos los niños*. Esto empobrece la dieta: si limitas la alimentación de tu hijo a lo que dice la lista, excluyes toda una variedad de alimentos increíbles. Y lo que es más, si introducimos muy pocos alimentos, y espaciados, tendremos pocas opciones para cuando los niños se vuelvan selectivos.

Los bebés primero quieren sólo leche. En la segunda fase, que dura alrededor de un año, el niño siente curiosidad por probar sabores y texturas diferentes constantemente. En su experimentación, el bebé se lleva también malas sorpresas con alimentos que le caen pesados, tienen mal sabor para su gusto, son picantes, están calientes o son amargos, y ahí es cuando empieza a volverse selectivo en su alimentación, rechazando cada vez más lo que no conoce. Por último, llegamos a la etapa en que escogen conscientemente lo que les agrada.

La segunda etapa, cuando su curiosidad manda, es la más importante. Si utilizamos esta etapa para presentarle una mayor variedad, tendremos un menú mucho más amplio; pero si entorpecemos esta dinámica o la volvemos más lenta, acabaremos con la iniciativa del bebé y será casi imposible extender su lista de alimentos cuando ya sea selectivo, una etapa que, además, dura casi toda la infancia.

Alimentación complementaria a demanda

El método de introducción a sólidos que yo te propongo, mismo que he llevado con mis dos hijos, es la forma que considero más natural y más en línea con la biología y el futuro de la alimentación. Si has leído acerca de la crianza con apego, seguramente has visto el término *baby-led weaning* (BLW), el cual hace referencia a una introducción a sólidos guiada por el propio bebé. También se conoce como "alimentación autorregulada", "alimentación autorregulada por el bebé" o "destete dirigido por el niño" (su traducción más literal), y es un método antiguo que muchas madres reconocen haber practicado sin necesidad de ponerle un nombre, pero cuyo término acuñó Gill Rapley, partera y enfermera pediátrica, y madre de tres hijos.[3]

En lo personal, estoy convencida de que así alimentaban a los bebés antiguamente, cuando no había médicos que recomendaran papillas, permitiendo que el infante alcanzara algunos pedazos de fruta, pan o comida de la mesa, y jugara con ellos, se los llevara a la boca y, finalmente, descubriera que se podían comer.

DÉJALOS COMER SOLOS*

Claro, es un desorden porque comen menos, tardan más y se ensucian. Esto muchas veces no nos gusta como padres, pero debemos estar dispuestos a permitir estos pequeños inconvenientes. Si por rapidez y comodidad (y sobre todo para que coma más) optamos por darles de comer en la boca, es probable que lo lamentemos al cabo de un par de años, pues los niños de dos o tres años ya no tienen el mismo deseo espontáneo de comer solos.

*Ojo, que lo hagan solos no quiere decir que lo hagan sin supervisión.

Ventajas

Es muy cómodo, no desperdicias nada y no hay que comprar ni planificar menús especiales porque el bebé comparte los alimentos de la mesa familiar. Además, es una forma muy respetuosa con el bebé, con su ritmo de desarrollo y sus gustos personales. La alimentación complementaria se vuelve una forma de aprendizaje y no algo que "invite" a sustituir con comida las tomas de leche, puesto que su filosofía es permitir que el bebé juegue y aprenda a placer con los alimentos, dado que sacia su hambre y se nutre gracias a la leche materna.

Otro de los puntos a favor más importantes es que la alimentación complementaria a demanda se basa en la capacidad del bebé para autorregularse. Al igual que con la lactancia materna a demanda, el BLW confía en el criterio del niño al momento de elegir qué alimentos prefiere, en qué cantidad, en qué orden, cuánto tiempo va a emplear para comerlos, etc. De este modo, permitimos que el bebé desarrolle sus mecanismos de control de la saciedad y no coma en exceso, disminuyendo la probabilidad de desarrollar obesidad o diabetes en el futuro. Al igual que con la lactancia, el bebé come lo que quiere y necesita sin importar la cantidad.

Es muy difícil medir lo que come un niño con el BLW porque unos trozos acaban en el suelo, otros en el babero, otros sí se los come, agarra alimentos del plato de mamá, de papá o de cualquier otro miembro de la familia. El único indicador de que ha comido lo suficiente es su propia satisfacción. ¿No te parece esto lo más normal o natural?

De las cosas más prácticas que ofrece el BLW es que no se separan los alimentos por grupo, como se hace comúnmente: darle cereales a tal hora, evitar fruta en la noche o empezar el día con verduras. En cambio, el bebé tiene a su disposición casi todos los grupos de alimentos en una sola comida, igual que los niños mayores y los adultos. De este modo se combinan y aprovechan mejor los nutrientes, y sobre todo, permite incluir al niño en las comidas familiares, con lo que también aprende que es un momento para charlar, relacionarse y disfrutar de la compañía del resto de la familia. El bono es que les permite a los padres algo maravilloso: comer también, mientras él lo hace.

Desventajas

Sólo es una: el tiradero. Pero esto es fácil de sortear. Hay manteles, baberos, sillitas y hasta mandiles para evitarlo en la medida de lo posible. Finalmente, ensuciar es parte de jugar con la comida, y por fortuna los niños son 100% lavables. Puedes sentarlos a comer sólo en pañal cuando haga calor y así evitar que se manchen la ropa.

Claro, también aventará cosas al piso (si tienes perro, como nosotros, le encantará), te pueden caer a ti y a todo, y sí, puede llegar a ser complicado mantener aseada esta escena, pero no es nada grave. Cuando antes se decía: "No juegues con la comida", ahora lo que quieres es que sí juegue, que la reconozca, la huela, la chupe, la saboree, la escupa, la mastique y la regrese. De eso se trata, de conocer.

Alimentación autorregulada versus papillas

No se trata de determinar qué es mejor o peor; es sólo que las papillas no tienen realmente un fundamento sólido. Se les empezaron a dar a los bebés hace décadas, cuando se puso de moda alimentarlos con fórmula. En aquella época, las fórmulas para bebés eran menos elaboradas y estaban menos adicionadas que ahora, así que los bebés empezaban a mostrar una inmensa carencia de nutrientes rápidamente. Ante esto, les empezaron a dar alimento hacia los tres o cuatro meses, y simplemente lo más lógico era hacer todo papilla y dárselas con una cucharita porque a esa edad no pueden comer por sí mismos.

Ahora ya no es así. Sabemos que debemos pasar seis meses de lactancia exclusiva, que nuestro bebé está increíblemente nutrido y podemos esperar a que pueda comer solo para darle alimentos diferentes, como recomienda esta metodología, la cual a la larga se equipara más con lo que pretendemos para su alimentación y sus hábitos. Sin embargo, si quieres hacer papillas, adelante, no le va a pasar nada. Sólo es diferente; no significa que esté mal.

Ya sea que machaques o hagas puré el alimento, te recomiendo seguir la parte central de la alimentación autorregulada: que el bebé sea quien vaya guiando su propia alimentación. Se trata de que confíes en ti y en tu bebé. Cada niño es diferente: habrá quien no quiera comer nada, quien quiera comer de todo, el que a veces sí coma y a veces no, quien hoy coma más que ayer, el que desayuna mucho y no cena nada, o incluso el niño que prefiere la comida sólida a la leche. No importa cómo sea tu hijo, no lo compares y acéptalo como es. No pelees contra esta situación. Los niños siempre están cambiando y tú te debes adaptar a eso. Te recomiendo seguir investigando también y leer el libro de Gill Rapley, *El niño ya come solo*.[4]

Implementar el proceso

Ahora, ¿de qué se trata? A grandes rasgos, el BLW consiste en brincarte las papillas y llegar directamente a los alimentos sólidos. Se trata de introducir la comida como un juego, adaptando las formas de los trozos que le ofreces para que las pueda agarrar con la mano y manejar por él solo, permitiéndole desarrollar las distintas habilidades que necesitará para comer, como la coordinación ojo-mano, la masticación, la deglución, la pinza con los dedos, etcétera.

¿Qué darle al bebé? En general, se le puede ofrecer cualquier comida saludable, natural, introduciendo los alimentos de uno en uno para descubrir alergias e intolerancias. No hay un plan estricto que debas seguir, pero sí ten muy presentes los alimentos que *no* puede comer a esta edad:[5]

- *Sal.* No se recomienda antes del año porque sus riñones son muy pequeños todavía.
- *Azúcar.* Para evitar caries dentales y no crear hábito.
- *Miel.* Por el riesgo de contraer botulismo.
- *Pescados grandes.* Por los altos niveles de mercurio.
- *Mariscos.* Por sus altos niveles de cadmio.
- *Carnes crudas o huevo crudo.* Por el riesgo de intoxicación.
- *Frutos secos enteros.* No se recomiendan antes de los tres años por el riesgo de atragantamiento y siempre deben consumirse con la supervisión de un adulto.

- *Algas.* Por la altísima cantidad de yodo.
- *Alimentos ultraprocesados.* Contienen sal, azúcar, aditivos y calorías vacías, y aportan muy poco.
- *Leche de vaca.* No se recomienda beberla antes del año.
- *Derivados lácteos.* No se recomiendan antes de los 10 meses.

A los 6 meses. Te recomiendo una comida sólida al día nada más. (Yo elegí el desayuno para darme cuenta a lo largo del día si algo le hacía daño.) Recuerda que es complemento de la leche. Por ejemplo, puedes darle verduras cocidas al vapor, trituradas (revisa que quede bien aguado), como zanahorias, jitomate (sin piel y sin semillas), aguacate, brócoli, calabaza, chícharos o calabacitas; fruta, como manzana, pera o plátano, o cereales, como quinoa, arroz y avena. Ofrécele un poco de agua en la comida, en un vaso entrenador. Finalmente, confía en tu hijo y no tengas miedo. Lo que está haciendo es natural y parte de su instinto básico.

A los 7 meses. Puedes probar con dos comidas diarias, el desayuno y la comida, por ejemplo. La leche sigue siendo a demanda, no lo olvides. Puedes darle más verduras cocidas al vapor y ahora a la plancha, como coliflor y pimientos; fruta, como melón, papaya, ciruelas pasa, sandía y limón, o cereales, como trigo, pan sin sal y pasta integral.

A los 8 meses. Empieza a hacer tres comidas al día. En unas come más, en otras menos. No te preocupes. También comienza a ofrecerle platillos más elaborados, no sólo alimentos por separado. Ya le puedes dar a probar proteína animal (si quieres que la consuma), un poco sazonada con cebolla y ajo. Sigue variando las frutas; podrías probar con higos y mamey ahora. No tengas miedo de darle aguacate con aceite de oliva o ghee, puesto que las grasas de este tipo son muy importantes para su desarrollo cerebral.

A partir de los 9 meses. Quizá ahora ya coma platillos más elaborados. Puedes probar caldo de verduras con quinoa, arroz con aguacate, caldo de frijoles con trozos de tortilla de maíz nixtamalizado, entomatadas con aguacate o nopales con cebolla, todo machacado con un tenedor.

LO QUE MÁS TEMEMOS DEL BLW ES EL ATRAGANTAMIENTO

Dicen que el peor enemigo del niño en su desarrollo es el miedo de sus padres. Esto es inevitable. Nos da miedo la primera vez que come sólidos, la primera vez que lo dejamos con alguien, la primera vez que camina, y así seguiremos. Ese miedo es nuestro. Pero cuando impide que nuestro hijo se desarrolle, cuando nuestra precaución acaba siendo perjudicial, tenemos trabajo que hacer.

Comprendo el miedo, pero considera que atragantarse y ahogarse no son lo mismo. El riesgo de atragantamiento, siendo honestos, existe desde que un niño tiene la capacidad de llevarse cualquier cosa a la boca, pero las posibilidades de que lo resuelva bien aumentan si sabe manejar sólidos dentro de su boca. Me encanta la analogía que hace en este sentido el doctor Jesús Garrido: la solución para que un niño no se ahogue en el mar si vive en la playa no es que se mantenga lejos hasta los 25 años, sino que aprenda a nadar cuanto antes.[6] Del mismo modo, desde que un niño muestra su capacidad e interés por llevarse todo a la boca, la solución es permitirlo para que aprenda a manejar esos sólidos sin ahogarse.

Así como no le enseñamos a nadar abandonándolo 10 minutos a ver qué pasa, no lo dejamos solo comiendo sólidos sin vigilancia. Así como no le enseñas a nadar en alta mar, tampoco empezamos dándole algo de comer que lo pueda ahogar. Hay alimentos blandos que se deshacen con facilidad y otros que no pueden deshacerse más que masticando un buen rato. Evidentemente, hasta que no tenga dientes (concretamente, muelas) con los que pueda masticar, no va a poder triturar alimentos duros. Comienza con alimentos muy blandos que se deshagan con facilidad con los dedos, que no tengan hebras que puedan atorarse en su garganta y que el bebé pueda molerlos con las encías y la lengua, como el plátano, el aguacate, la papaya y la manzana cocida.

LO QUE MÁS TEMEMOS DEL BLW ES EL ATRAGANTAMIENTO

A veces los niños hacen ruidos como si se estuvieran atragantando, y es que están aprendiendo a manejar los sólidos para regresarlos. Si llegara a pasar, siempre debes ayudar al niño a expulsar lo que está ocupando la vía. Lo que yo hago en este caso es meter un dedo en su boca y extraerlo. Cuando no puedes ver qué obstruye o es difícil de extraer, voltea al niño boca abajo para que la gravedad le ayude a sacarlo y dale palmadas en la espalda. De cualquier manera, es aconsejable que todos los padres tomen un curso de primeros auxilios.

Recomendaciones en la etapa de ablactación

No lo dejes llorar nunca, por ningún motivo, y menos de noche. Si un bebé o un niño llora, siempre debes consolarlo y ayudarlo a calmarse. Sí, estoy rotundamente en contra del doctor Estivill y su temible libro *Duérmete, niño*. Ya está más que comprobada científicamente la naturaleza del sueño infantil, su evolución y lo altamente nocivo que es dejar llorar a los niños para que aprendan a dormir como los adultos queremos que lo hagan. Dejar a los niños sólo les enseña que nadie los va a auxiliar cuando lloren, crecen inseguros y los efectos emocionales que conlleva duran toda la vida. Dejar llorar no educa para dormir. Los niños no se duermen, sólo no lloran. Los niños generan una cantidad inmensa de hormonas de estrés durante el llanto porque tienen miedo. No, no te manipulan; es normal que pidan atención, compañía y seguridad, y proveerles esto es nuestro papel como padres.

Acostúmbralo a tomar agua natural. Cuando sea momento, después del año, o cuando haga mucho calor o el médico te lo indique, dale agua. Y cuando deje la leche, no le des otra cosa de beber. El agua natural es la única bebida saludable irremplazable, esencial para todas las funciones corporales. Es importante mencionar que las necesidades de líquidos pueden cambiar según el grado de actividad física que tenga el niño. Los síntomas más comunes de la deshidratación son: cansancio, trastorno del sueño, dolor de cabeza y dolores musculares. Si comienzas a hidratar correctamente a tus hijos desde un principio, los beneficios serán muy evidentes: mejorará su metabolismo, ayudará a la depuración de su organismo, ayudará a regular su temperatura corporal y a prevenir o aliviar el estreñimiento. No les des refrescos, jugos procesados, aguas de sabor industriales, bebidas energizantes o cualquier tipo de bebida azucarada, ya que un momento de sabor no compensa las consecuencias del consumo habitual de estas bebidas: falta de concentración, hiperactividad y ansiedad, caries, pérdida del apetito, aumento de peso, mala digestión y diabetes, entre otras.

Sólo dale alimentos frescos y naturales. Es lo más saludable y lo más fácil. No tienes que elaborar mil comidas y combinar; sólo dale frutas y verduras naturales. Evita los alimentos empacados y ultraprocesados.

No le des cereales ni galletas de caja, ni siquiera si dicen "para bebé". Casi todos contienen ingredientes que no son buenos para niños ni para bebés. Son tan pequeños, que en verdad cualquier cosa ultraprocesada les hace mucho daño.

Capítulo 6

Alimentación real para los niños

Llevar una alimentación saludable con tus hijos será más fácil entre más temprano adopten buenos hábitos para su vida —particularmente a lo largo de sus primeros siete años—; sin embargo, no quiere decir que ya no puedas modificar sus hábitos después. Todos tenemos la capacidad de cambiar siempre.

Si bien sé que no existe una verdad absoluta en lo referente a tipos de alimentación, sí estoy convencida de que sólo existe una clase de alimentos reales: los que provee la naturaleza y no una fábrica, los que son perecederos y no inmortales. Éstos son los alimentos que verdaderamente nutren. Casi todos los alimentos que se consumen en la actualidad no son reales, son sustancias comestibles que simulan ser alimento, pero no son lo mismo y tienen efectos adversos en el organismo y en la salud.

No tenemos que ir muchos años atrás para llegar a un punto en el que no existía la pregunta "¿Qué sí debemos comer?" Todos en el mundo sabían lo que era realmente comida, ya fuera cruda o cocida de alguna manera. ¿Qué nos pasó? En algún momento se nos olvidó el propósito de la comida (nutrir, no llenar) y nos confundió tanto anuncio prometedor en los empaques de los productos. Así como sucedió con la cesárea y la fórmula para bebés, pensamos que la industria tenía algo mejor que ofrecer que la propia naturaleza de la que venimos y formamos parte, derivando sólo en el enriquecimiento de industrias y la proliferación de enfermedades.

En la actualidad, las enfermedades relacionadas con la alimentación y los hábitos alimenticios son más comunes que nunca, y el bienestar de los seres humanos, tanto adultos como niños, está en juego. Podemos recuperar la salud a través de la alimentación, utilizando nuestro sentido común y nuestro instinto, pero lo mejor que podemos hacer por la humanidad es enseñarles a las siguientes generaciones cómo no perderla desde un principio, cómo no alejarse de su naturaleza. Invierte en los hábitos alimenticios de tus hijos y la salud estará de su lado el resto de su vida.

Los productos son más que un mal hábito

Si tuviera que darte una sola recomendación para mejorar la alimentación de tus hijos, la tuya y la de toda tu familia, sería: olvídate de los productos ultraprocesados. El diseño de estos productos está pensado con el fin de que se consuman más; está basado en la evidencia científica de que existe un punto climático donde la concentración de azúcar y de los otros compuestos permite que tenga un fuerte impacto en los centros cerebrales del placer.[1] No creas que sólo le atinaron al sabor. No. Todo está perfectamente planeado para que tenga la justa combinación de los tres grandes: grasa, azúcar y sal, generando deseos incontrolables de consumo que llegan a dominar los mecanismos innatos de control del apetito y hasta el deseo racional de dejar de comer. Imagina eso en el cerebro de un niño. Si tu hijo sólo come galletas o refrescos, no es por ser goloso o porque no sepa comer saludable, sino porque se diseñaron para que cualquiera que pruebe este tipo de cosas difícilmente se resista a ellas después.

El principal problema es que estos productos están a la mano de nuestros hijos en todas partes, con sus múltiples colores y ganchos (dibujos, regalos, calcomanías, coleccionables, etc.), las estrategias perfectas para que ellos se comporten como adictos a la hora de "motivarnos" —por decirlo de alguna manera— a comprarlos. ¿Acaso no has sido presa de esa fila en el supermercado, cuando ya vas con prisa, el niño ya se quiere ir y por arte de magia aparecen todos estos productos para que tu hijo los pida insistentemente y cedas por el momento ya de por sí "difícil" de la fila? Nada es casualidad; todo está bien planeado. ¿Y para qué? ¿Porque lo nutre? No. Para vender más.

Es muy importante tomar conciencia sobre la imperiosa necesidad de recuperar nuestra autonomía como familia y de cuestionar la calidad de los alimentos que compramos y consumimos, porque sé que lo vemos como algo normal, que nos parece exagerado insistir en que los ultraprocesados nos envenenan día con día, pero desafortunadamente así es. Son la causa principal de la epidemia de sobrepeso, obesidad y diabetes de hoy que, con todas sus consecuencias, afecta a la población mexicana y del mundo.[2]

OLVIDA LAS SOPAS INSTANTÁNEAS

Entiendo perfectamente lo que es tener prisa y querer darle de comer a tu familia en menos de dos minutos. También soy mamá, trabajo y les doy clases a mis hijos. Sólo quiero decirte que este tipo de sopas no son opciones de verdad ni saludables, ni siquiera para esas tremendas prisas. (La desconfianza debería ser inmediata: es muy confuso que en el mismo empaque diga que no se debe usar microondas para su preparación y al mismo tiempo incluya las instrucciones para prepararla en microondas.)

Sólo un paquete puede contener 1 190 miligramos de sodio aproximadamente, además de glutamato monosódico (excitotoxina que exacerba las células nerviosas, desencadenando problemas de aprendizaje, aumento de apetito y sobrepeso) y TBHQ (conservador, subproducto de la industria del petróleo).[3]

Cuando los alimentos se procesan, no sólo se eliminan muchos de sus nutrientes importantes, sino que pierden su textura y sabor.

Lo que queda es un "seudoalimento" insípido y aburrido que no le llamaría la atención a nadie. Es por eso que los fabricantes adicionan, fortifican, agregan saborizantes y nutrientes, y los "maquillan" con colorantes para que se vean lindos y llamen nuestra atención para comprarlos. Ésta es la forma en que se llenan de aditivos los ultraprocesados, y la mayoría tienen la finalidad de que el producto no se eche a perder pronto, que las grasas y los aceites no se vuelvan rancios o desarrollen un mal sabor.

¿No te parece raro que, si los niños están en desarrollo, si están creciendo, si son más vulnerables y su sistema inmunológico apenas se está fortaleciendo, su menú en la mayoría de los restaurantes sea el menos saludable, el que más comida chatarra incluye, el que tú no pedirías para ti? ¿No te parece normal cuestionarte por qué los alimentos para niños son tan altos en azúcar, grasa y sal? Las empresas están manipulando al niño y al padre como comprador, y se están beneficiando de la biología de los niños y de su alta predisposición hacia lo dulce y lo llamativo. No sólo es un mal hábito comer ultraprocesados de forma regular, sino que perpetúa los malos hábitos hacia su futuro.

COMIDA CHATARRA, COMIDA RÁPIDA, COMIDA ULTRAPROCESADA

La comida chatarra hace referencia a los productos (alimentos y bebidas) que son poco o nada nutritivos en comparación con los alimentos naturales, ya que eliminaron la mayoría de los beneficios de sus ingredientes en el proceso de fabricación. Además, tienen grandes cantidades de sal, grasa y azúcar, y cuentan con una serie de aditivos químicos, como colorantes y saborizantes.

La comida rápida hace referencia a la descripción anterior, pero muchas veces se maneja como si sustituyera una comida completa (hamburguesas, nuggets, etc.), junto con los mismos aditivos y el bajo o nulo contenido nutrimental.

> ### COMIDA CHATARRA, COMIDA RÁPIDA, COMIDA ULTRAPROCESADA
>
> Los alimentos ultraprocesados cumplen con todo lo anterior, pero también pueden ser ingredientes, como un pan de caja comercial, aderezos, comida congelada (pizzas, pasteles, etc.) o cualquier cosa que ya viene en un empaque con una enorme lista de ingredientes y una larga vida de anaquel. Cualquiera de los tres es una mala decisión para tu salud y la de los tuyos.

La industria lo sabe: consumidor de niño, consumidor de adulto

Cuando leas esta sección, seguramente tendrás las mismas interrogantes que todos: si los alimentos procesados son tan malos, ¿por qué los permiten las autoridades correspondientes? Porque siempre hay intereses de por medio en los que nuestra salud y la de los niños no están incluidas. Es una industria muy rentable, inmensa y en crecimiento, pero su modelo de negocio es que los productos se consuman cada vez más, incluso a costa de la salud y del planeta, por encima de regulaciones, normas y estándares de nutrición.

Lo triste es que a muchos les parece exagerado y extremista sólo comer alimentos reales, naturales, sin químicos, sin pesticidas, llenos de nutrientes vivos y darle esa clase de alimentación limpia a los niños. Pero, ¿por qué esto es lo raro? ¿No sería normal que nuestro sistema de alimentación nos sanara y fortaleciera en lugar de lo contrario?

Nadie puede cambiar por sí solo este sistema de alimentación, pero podemos comenzar haciendo conciencia, reflexionando sobre lo que ponemos en nuestra boca y en la de nuestros hijos, sobre el poder de decisión que tenemos. Con cada compra que hacemos, pedimos más de lo mismo, al igual que cada compra que ya no hacemos imprime una dirección hacia lo que buscamos para nuestra salud y nuestra calidad de vida.

Como sociedad, debemos cuidarnos y sobre todo proteger a los más indefensos, a los niños, exigiendo que en las escuelas se ofrezcan sólo alimentos saludables, que los menús infantiles en los restaurantes no sean lo más barato y lo menos saludable, catalogando a los niños como un mercado que sólo come lo no saludable y demeritando su gusto por lo natural. Como familia, debemos evitar la publicidad dirigida a este sector de mercado tan ingenuo, y claro, exigir que se regule. Hay muchas cosas que no podemos cambiar, así que enfócate en lo que sí depende de nosotros, lo que sí podemos cambiar hoy, como restringir por lo menos los comerciales que ven los niños en casa, ya que la calle está inundada de esta guerra de colores, mensajes y regalos para comprar y seguir comprando; promover opciones saludables para los niños en las fiestas y reuniones; identificar los alimentos ultraprocesados, y no comprárselos. Estoy segura de que juntos podemos hacer que todo esto cambie.

CONSECUENCIAS DE QUE LOS NIÑOS COMAN MUCHOS PRODUCTOS ULTRAPROCESADOS

- Adicción a sabores intensos
- Problemas en su desarrollo físico, mental y emocional
- Anemia
- Desequilibrio en su estado de ánimo: depresión y euforia
- Bajo rendimiento escolar
- Sueño nocturno interrumpido
- Mayor riesgo de padecer diabetes e hipertensión
- Obesidad
- Falta de concentración e hiperactividad
- Agotamiento físico y mental

El gran enemigo con su dulce guerra

El azúcar realmente se ha convertido en un gran enemigo a raíz de este sistema de alimentación basado en productos y no en comida.

Sabemos que el azúcar roba minerales valiosos al organismo y lo acidifica, provocando inflamación; que está vinculado directamente con diabetes, cáncer y problemas hormonales de todo tipo, y es altamente adictivo. Sin embargo, su consumo sigue en aumento. No me extraña, considerando que está en todos lados, escondido hasta donde no te imaginas y en grandes cantidades.

¿Crees que tus hijos no comen azúcar porque no está en tu mesa? ¿Qué me dices del cereal con harina refinada y cuatro tipos de azúcar distintos, más la leche, más las galletas de la mañana, el refresco o el agua de sabor industrial y el pan de caja industrial que usaste para hacerle un sándwich, más la mayonesa? Hay muchos tipos de azúcares dentro de todo tipo de alimentos procesados, y este dulce veneno no tiene una ingesta diaria recomendada, sino un máximo tolerado: la Asociación Americana del Corazón (AHA, American Heart Association) indica que el máximo tolerado para los niños es de tres a cuatro cucharadas.[4] Sólo el ejemplo que acabo de darte suma alrededor de 28 cucharadas de azúcar.

Las repercusiones de una alimentación como ésta son tremendas. No creas que el azúcar sólo hará que tu hijo suba unos "kilitos", no. Lo encaminará hacia desarrollar diabetes infantil, cáncer, problemas de piel, problemas dentales severos, hipertensión, mala concentración, hiperactividad, ansiedad, estados de ánimo exaltados, depresión y mala digestión, entre muchos otros padecimientos, incluyendo daño pancreático.[5]

Es un riesgo excesivo y no hay ninguna necesidad de recurrir a este tipo de productos. El cuerpo obtiene todo el azúcar que necesita de fuentes naturales, en frutas y verduras, y cuando se combina con fibra, vitaminas y minerales adicionales, el azúcar natural se procesa de otra manera y se asimila saludablemente.

Escondido a simple vista

El azúcar añadido está en casi 74% de cualquier alimento empacado. Desde la pasta, hasta las salsas y los aderezos, aun si dice "natural o saludable" en su etiqueta, u orgánico. Por ejemplo, esas barritas para desayunar pueden tener hasta 29 gramos de azúcar, un tazón de cereal de caja incluso más y un jugo de fruta no se diga.

Lo ideal es evitar los azúcares añadidos como si fueran lo peor de los alimentos porque de hecho lo son. Los fabricantes utilizan más de 50 nombres diferentes para el azúcar, por lo que al leer las etiquetas no es tan simple ubicarlo:[6]

- Azúcar amarillo
- Azúcar de Barbados
- Azúcar de caña
- Azúcar de castor
- Azúcar de dátil
- Azúcar de oro
- Azúcar de palma
- Azúcar de palma de coco
- Azúcar de pastelería
- Azúcar de uva
- Azúcar demerara
- Azúcar en polvo
- Azúcar granulado
- Azúcar invertido
- Azúcar moreno
- Azúcar turbinado
- Caramelo
- Cebada de malta
- Concentrado de jugo de fruta
- Cristales de florida
- Cristales de jugo de caña
- D-ribosa
- Dextrina
- Dextrosa
- Edulcorante de maíz

- Etil maltol
- Fructosa
- Galactosa
- Glucosa
- Jarabe
- Jarabe de algarrobo
- Jarabe de arce
- Jarabe de arroz
- Jarabe de caña
- Jarabe de *ceratonia siliqua* (algarrobo)
- Jarabe de maíz
- Jarabe de maíz de alta fructosa (JMAF)
- Jarabe de malta
- Jarabe de malta de cebada
- Jarabe de mantequilla
- Jarabe de sorgo
- Jarabe refinado
- Jugo de caña
- Jugo de caña deshidratada
- Jugo de caña evaporado
- Jugo de fruta concentrado
- Jugo de frutas
- Lactosa
- Malta de cebada
- Malta diastática
- Maltodextrina
- Maltol
- Maltosa
- Manosa
- Melaza
- Melaza de arroz
- Melaza negra
- Miel

- Néctar de agave
- Sacarosa
- Sirope dorado
- Sólidos de glucosa
- Sólidos de jarabe de maíz
- Sorgo dulce
- Sucarat
- Sucrosa

Es difícil sortear tantos tipos, ¿cierto? Y cada vez se suman más nombres a la lista. Por eso, mientras más alejes a tus hijos de los ultraprocesados y las bebidas azucaradas, más fácil será alimentarlos sanamente.

¿Azúcar natural o añadido?

El azúcar siempre es azúcar. Nunca será saludable, en ninguna de sus formas, y menos en exceso. Hay varios tipos, y algunos son peores que otros, sin embargo, considera que, aun si no eliges el peor, sino alguna forma "más saludable" para agregar al postre de tus hijos —como el azúcar mascabado, que no está refinado e incluyo en algunas preparaciones de este libro—, tu decisión sigue siendo que tu familia consuma azúcar.

Lo importante es tener claras dos clasificaciones esenciales para la salud: hay azúcar natural y azúcar añadido. La primera es la que contienen por sí mismos los alimentos no procesados, como la leche (lactosa), la fruta (fructosa), los granos integrales (almidones) y algunos productos naturales que puedes utilizar como endulzantes (dátiles, por ejemplo).[7] La segunda clase se agrega a los alimentos durante su fabricación, como son los edulcorantes y casi todos los nombres de endulzantes artificiales que encuentras en la lista anterior. Este azúcar también se produce para añadirlo después a algo, con un mayor o menor grado de refinamiento (de ahí que, entre los azúcares granulados, sea preferible usar mascabado). Como mencioné antes, el azúcar añadido es el más dañino y peligroso porque lo encuentras por doquier en cantidades excesivas.

Los azúcares naturales se encuentran regularmente en pocas cantidades en los alimentos y tienen un aporte real de nutrición, pues contienen vitaminas y minerales como parte de su composición natural, además de fibra (en el caso de las verduras y las frutas) y grasas saludables (por ejemplo, en el aguacate y el coco). Estos azúcares también proveen más energía y de forma estable, ya que su asimilación es lenta.[8] Por eso no vemos la misma alteración en los niños, ese espasmo de aceleración cuando comen un mango, que al comer dulces, chocolates y helados.

¿SABÍAS QUE...?

Disminuir realmente la cantidad de azúcares añadidos que consume un niño puede mejorar su salud en 10 días nada más, al reducir sus triglicéridos 33 puntos y bajar hasta 53% su nivel de glucosa.[9]

Cuando usas alimentos naturales como endulzantes —miel de abeja natural, miel de maple orgánica (no jarabe de maple) o dátiles—, no se promueve un rápido almacenamiento de grasa, como sucede con las opciones procesadas, y no le das a tu hijo calorías vacías, sino energía real, y evitas que se acelere y sufra el inevitable bajón súbito que viene después.

Lo que más me gusta de los endulzantes naturales es que les quitan a los niños el antojo de algo dulce. Puedes sustituir poco a poco los ultraprocesados y la comida chatarra azucarada con postres como los que se encuentran en las recetas al final del libro (p. 342). Sólo considera que, aun si usas endulzantes naturales y no refinados, su consumo en niños y adultos debe ser moderado.

Las bebidas comerciales son el principal problema

Ese adorado, pero dañino, azúcar aparece más en la industria de alimentos y bebidas, particularmente en refrescos. México es el mayor consumidor de refresco en el mundo, con una ingesta por persona 40% superior a la que se registra en Estados Unidos.[10] ¿Puedes creerlo? Ya les ganamos en obesidad infantil y en consumo de refresco.

Las bebidas azucaradas en general son terriblemente dañinas porque se presenta una menor saciedad con las calorías consumidas en líquido. Por eso, te puedes tomar un jugo de naranja hecho con 10 naranjas, pero no te puedes comer esas mismas 10 naranjas en una sentada. Cuando está en su forma líquida, el cerebro no registra la cantidad de calorías ingeridas de la misma manera que si hubiera masticación, por lo que se generan picos de insulina, pues la asimilación del azúcar es más rápida. Esto a largo plazo promueve resistencia a la insulina.[11]

El azúcar es un problema real para la salud infantil actual, pero no es la única razón por la que resulta terrible ver a un niño tomar refresco, particularmente de cola, así como otras bebidas azucaradas. Para mí es lo mismo que verlo tomar café. Algunas bebidas incluyen una buena cantidad de cafeína, y la industria también sabe que es 100% adictiva. Yo nunca les daría café a mis hijos, y no sólo porque los acelere, sino porque no es para niños: les irrita el estómago, los vuelve propensos a la obesidad, conlleva problemas dentales y óseos (el ácido cítrico y el fósforo eventualmente provocan el deterioro del esmalte y de la estructura ósea dental), puede empeorar los problemas cardiacos y nerviosos subyacentes, y por si fuera poco les provoca adicción,[12] la cual, vinculada con la del azúcar, arrasa con las buenas intenciones que quieras inculcarles para su salud. Más que un mal hábito, tomar refresco es una adicción difícil de dejar.

Podrías pensar que "Sólo es uno" o "No pasa nada, sólo toma de vez en cuando", pero no son sólo los refrescos, sino todas las bebidas industrializadas que le das a tu hijo. De acuerdo con un estudio de la Escuela de Medicina de la Universidad de Yale, presentado ante la Asociación Americana de la Diabetes (ADA, American Diabetes Association), se determinó que el impacto provocado por el consumo de bebidas azucaradas en el cerebro de los niños y los adolescentes es mayor y distinto del que causa en los adultos. A los primeros les afecta más en las áreas de toma de decisiones y de motivación, mientras que en los adultos este efecto es menor.[13] Que tú no sientas o no puedas percibir un cambio en tu cuerpo al consumirlas, no quiere decir que los niños tampoco.

Si a eso le agregas que no tienen absolutamente nada de aporte nutrimental, los niños se están volviendo adictos a algo que no aporta nada a su salud. ¿Y sólo porque "sabe" bien? Eso no es suficiente para mí, y recuerda que no es un criterio adecuado para que tomen sus decisiones futuras respecto a lo que comen o no.

Podrás pensar que es una exageración, que "todos" consumen estas bebidas. Pero que todos lo hagan no quiere decir que esté bien, y que sea lo común tampoco significa que sea algo normal. Lo normal es lo natural, y lo natural es todo en lo que la intervención del hombre es mínima, por no decir nula. Dale agua a tu hijo; es necesaria, no opcional, y también puedes agregarle sabor naturalmente (ve algunos ejemplos en la sección de bebidas, p. 365). Los niños no deciden lo que se compra ni lo que se les sirve; lo decidimos nosotros.

Esas inofensivas "aguas de sabor" industriales que parecen una buena opción frente a un refresco resultan ser un terrible fiasco, pues un solo envase cubre 80% de la cantidad de azúcar tolerado para todo un día, como indica la Asociación Americana del Corazón.[14] Además, contienen edulcorantes no calóricos que a nivel mundial no se recomiendan para el consumo infantil.

> **¿SABÍAS QUE...?**
>
> Las bebidas azucaradas son una de las principales fuentes de calorías consumidas por los niños. Si sacas los refrescos y las bebidas industriales de su dieta, seguramente eliminarás la mayor parte del exceso de ingesta de azúcar y químicos que consumen en un día.

La mayoría de las aguas de sabor industriales, al igual que los refrescos, contiene colorantes, los cuales se asocian con problemas de comportamiento e hiperactividad en los niños.[15] Contienen tres o cuatro cucharadas de azúcar en una porción de 300 mililitros, que es ya su máximo tolerado para todo un día. ¿Cómo pueden tomar algo tan dulce y no sentir asco? Porque estas bebidas también incluyen mucho sodio —y tampoco es bueno para el niño— para diluir el sabor. Además, contienen sucralosa y acesulfame K, edulcorantes no calóricos, no aptos para menores.

> **LOS EDULCORANTES NO CALÓRICOS NO ESTÁN RECOMENDADOS PARA NIÑOS[16]**
>
> Se determinó así a nivel mundial porque aún no se conocen todas las repercusiones que pueden tener en el organismo y mucho menos en el de los niños. La Secretaría de Salud en México no recomienda que los niños consuman endulzantes no calóricos. Búscalos en las listas de ingredientes porque, aun si no los compras en sobrecitos, se encuentran en más de 6 mil productos, como refrescos y bebidas *light*, dulces y chicles sin azúcar, medicamentos para niños, pasteles, cereales de caja, pan de caja, etc. Tienen varios nombres, entre ellos, aspartame, acesulfamo-K, sacarina, sucralosa, maltodextrina, fenilalanina y neotame.
>
> Estos endulzantes químicos, al no tener "calorías" y agregarse sin tanto miramiento, mantienen el gusto de los niños por los sabores intensamente dulces, lo cual no permite que haya un cambio de hábitos en su alimentación. Alteran, además, su microbioma intestinal y eso es algo que no nos podemos dar el lujo de hacer porque es lo mismo que jugar con su sistema inmunológico (empiezan las alergias, la inflamación y los problemas inmunológicos).

> **LOS EDULCORANTES NO CALÓRICOS NO ESTÁN RECOMENDADOS PARA NIÑOS**
>
> Entre estos aditivos se ha encontrado que el aspartame tiene el efecto más dañino de todos, seguido del acesulfame de potasio, la sucralosa y la sacarina. El aspartame se considera carcinógeno y es responsable de más reportes de reacciones adversas que el resto de los alimentos y aditivos alimentarios combinados. El acesulfame-K se ha relacionado con tumores renales.

¿Quieres saber qué ingredientes contienen esas bebidas además de altas cantidades de azúcar? Benzoato de sodio, asociado con cambios en la conducta de los niños, provocando hiperactividad y déficit de atención; sucralosa, edulcorante no calórico; caramelo IV, que es carcinógeno; amonios y sulfuros, que al calentarse producen subproductos llamados 2-metilimidazol y 4-metilimidazol (2-MI y 4-MI), los cuales causan cáncer, y EDTA (ácido etilendiaminotetraacético), particularmente tóxico para el riñón.[17]

No son tan inofensivas, ¿verdad? Y si tampoco sustituyen el refresco, mucho menos el agua. Puedes catalogar su problemática casi igual que el refresco, sólo que sin gas y con un nombre que causa confusión en el consumidor. Pero no, no es agua, no hidratan y no son buena opción para los niños.

Bebidas isotónicas para el niño "deportista"

Darles a los niños bebidas isotónicas para reponerse no es una opción, a menos de que sean mega-superdeportistas. Sus ingredientes son agua, jarabe de maíz de alta fructosa, azúcar, saborizantes y colorantes. Es muy común ver niños saliendo del partido de futbol con una bebida energética para "reponerse", pero lejos de hacerlo, están poniendo en riesgo su salud. Con agua natural y una fruta es suficiente. Estas bebidas distan mucho de tener el beneficio que mencionan:

la bebida más comercial de este tipo contiene 36 gramos de azúcar por envase, lo que equivale a 7.2 cucharadas, y el ingrediente principal es jarabe de maíz de alta fructosa, el cual tiene mayores impactos metabólicos que la glucosa. A veces pensamos que, por hacer una hora de ejercicio al día, el niño ya es deportista, pero no es así. Estas bebidas son para deportistas adultos de alto rendimiento, aunque se vendan para el público en general.[18]

Aunado a esto, es importante mencionar que nunca se deben administrar electrolitos de manera adicional cuando una persona —sea adulto o niño— no esté deshidratada, es decir, estando en condiciones normales, pues ya existen electrolitos en los alimentos y el agua. Si se suministran sin que el cuerpo tenga un requerimiento adicional, y además con cantidades tan elevadas de azúcar, se genera el efecto opuesto al que se pretende: se provoca un desequilibrio, deshidratando a la célula en lugar de hidratarla.[19]

Si tus hijos entrenan las mismas horas que un deportista de alto rendimiento o que esos futbolistas profesionales que promocionan estas bebidas, entonces podrán tomar un poco, pero no frecuentemente.

¿Chatarra o comida?

Es chatarra o es comida, pero no puede ser las dos. No alimenta, no nutre y su abuso compromete la salud de tu hijo cuando se da de manera constante. ¿Sólo el abuso? Sí, pero si a ti se te complica dejar el refresco que tomas diario, imagina a un niño que no tiene el criterio y el juicio para decidir "Sólo voy a tomar un día". Ellos sí pueden llegar a abusar de productos perfectamente diseñados para volverlos adictos desde la primera probada, ya que requieren de menos estímulos y se enganchan más con la publicidad y el sabor.

Se conocen como "alimentos", pero realmente son productos con poco o nulo valor nutricional que aportan grandes cantidades de azúcar, grasa, sal, saborizantes, colorantes y aditivos dañinos para su salud y su desarrollo. Son tan populares porque tienen una publicidad agresiva dirigida a los niños (vemos sus anuncios en todos lados), además de su sabor adictivo —razón de que su cerebro les haga pedir más cuando lo ven— y de su precio accesible gracias a que sus ingredientes son baratos, están ampliamente disponibles y no se echan a perder. La industria te hace pensar: "Sabe rico, cuesta poco, lo compro donde sea y el niño se lo come feliz, ¿qué más puedo pedir?" Lo que deberíamos pedir es que estos productos nutran a los niños, que no los enfermen y que los hagan sentir bien, no hiperactivos o con molestias. Debemos pedir lo mejor para nuestra familia, no botanas, comida rápida, cereales y muchas cosas más llenas de químicos que les provocan síntomas de trastorno por déficit de atención, tendencia a padecer depresión y ansiedad, alteraciones neuronales, diabetes tipo 2, anemia, retraso en su desarrollo físico, alergias, problemas de aprendizaje, enfermedad cardiaca, problemas hepáticos y renales, obesidad, comportamientos erráticos, agresividad, y muchos más.[20] No creo que quieras nada de esto para tu hijo.

Es normal que creas que algo es saludable porque el empaque dice que lo es y además trae una foto de avena, frutas y verduras. ¿Cómo no va a ser saludable? Dice que es lo máximo y es bueno para su salud, ¿por qué no lo sería verdaderamente? La respuesta es fácil: por la publicidad. Más adelante hablaré al respecto (p. 164), pero considera que publicidad o no de por medio, ningún alimento ultraprocesado deja de ser chatarra. Por ejemplo:

- Las leches de sabor chocolate, fresa o vainilla (sean de vaca o de soya) que te parecen buena opción porque son "leche" y además caben en su mochila para el almuerzo de la escuela, están repletas de azúcar, aditivos no aptos para su consumo y, en ciertos casos, endulzantes químicos no calóricos.
- Las barritas energéticas y de proteína comerciales pueden parecer un gran complemento para una dieta saludable, pero por lo regular contienen proteína de soya, azúcar refinada, grasas hidrogenadas y otros aditivos nocivos.

- Las aguas vitaminadas son básicamente agua con azúcar y ciertos minerales y vitaminas que no representan un beneficio real por su alto contenido calórico.

- Los yogurts para beber contienen azúcares —por lo general, jarabe de maíz—, edulcorantes, colorantes y conservadores derivados del petróleo.

- La comida para microondas contiene conservadores químicos, no tiene nutrientes realmente, pero sí una buena dosis de aditivos tóxicos.

- Los embutidos convencionales (no orgánicos) ya están considerados carcinógenos, están cargados de nitritos y otros conservadores químicos relacionados con diversas enfermedades, y la mayoría de las veces ni siquiera sabes de qué están hechos realmente.

- Los cereales de caja son harina refinada, no cereales de grano entero, son un conjunto de químicos, aditivos y azúcar, con vitaminas y minerales adicionados porque si no, no podrían considerarse un alimento.

Muchos de los productos chatarra contienen harina refinada (pan de caja, bizcochos, cereales, aderezos, chocolates, etc.), la cual se metaboliza casi igual que el azúcar en el organismo.[21] Esto quiere decir que da lo mismo comer azúcar, una rebanada de pan blanco hecho con harina refinada o arroz blanco porque se convierten en azúcar. Debemos comer granos en su estado completo y natural, y no, no engordan mientras no se consuman en exceso.

Como guía, ten presentes estos puntos para distinguir los productos de los alimentos reales:

- Los hizo el hombre, no la naturaleza.
- Contienen jarabe de maíz, endulzantes artificiales, azúcar blanca, jugo de caña o azúcar morena.
- Los fríen en aceites refinados de canola, soya, maíz y cáñamo.
- Su principal ingrediente es la harina refinada.

- Tienen más de cinco ingredientes en su lista.
- Contienen aditivos que no consigues de forma individual, como glutamato monosódico, tartrazina, nitratos, etcétera.
- Aunque tengan la leyenda de "orgánico", contienen más de cinco ingredientes o tienen jugo de caña orgánico, concentrado de frutas, etcétera.
- Son proteína animal o lácteos industrializados que provienen de ganado lleno de hormonas, químicos, aditivos, alimentado con transgénicos, sin contar con el gran maltrato que sufren estos animales, el cual genera hormonas de estrés que también te comes.
- Cualquier cosa que veas en los supermercados, fuera de la fruta y la verdura natural, no es comida real.

Los aditivos alimentarios

Éstos son prácticamente cualquier sustancia que se añade a un alimento. Existen más de 3 mil aditivos alimentarios hechos por el hombre en diferentes alimentos ultraprocesados.[22] El organismo no está diseñado para digerir tantos químicos y aditivos alimentarios, y menos el de un niño. Revisa los ingredientes de los productos que compres para identificar los nombres que no reconoces; es sumamente importante saber qué estás comprando y sobre todo qué está comiendo tu hijo, pues muchos de estos aditivos se relacionan con alergias, migrañas y fatiga, inhiben la metabolización de las grasas y acidifican el organismo, promoviendo otras enfermedades.[23]

Cuando compras queso, esperas que sea leche y sal, o cuando compras una lata de garbanzos esperas que sólo haya garbanzos adentro, pero en realidad no es así. Cuando compramos, resulta que ese queso tiene conservadores, colorantes y otras cosas, que los panes tienen desde jarabe de maíz hasta grasas trans, lo mismo que esos inofensivos garbanzos.

¿QUÉ ES EL BROMATO DE POTASIO?

Este aditivo se utiliza para aumentar del volumen de algunos panes. Se sabe que causa cáncer en animales, e incluso pequeñas cantidades podrían causar problemas en seres humanos.[24]

Estos ingredientes se agregan con la finalidad de que los productos duren más en el anaquel (conservadores), sean baratos (jarabe de maíz), tengan mejor apariencia (colorantes), mejor sabor (saborizantes artificiales), no puedas dejar de comerlos (glutamato monosódico) o se puedan comercializar como "sin azúcar" (edulcorantes químicos no calóricos). Como verás, entre todos estos fines no se encuentra el principal: beneficiar la salud.

Un estudio hecho en 2010 reveló cuán grande es el impacto que un comienzo nutricional deficiente puede tener en los niños.[25] Quienes llevaron una alimentación principalmente basada en alimentos procesados a los tres años de edad tuvieron menor coeficiente intelectual entre los ocho y nueve años de edad. Por cada medida elevada de alimentos procesados, los participantes tuvieron un descenso de casi dos puntos en su coeficiente intelectual. Obviamente, sucedió lo contrario con los niños que llevaron una alimentación más saludable, con niveles de coeficiente intelectual más altos. No podemos tomar todo esto a la ligera. Los productos se venden porque son un negocio, y a pesar de esta clase de investigaciones, las empresas de alimentos y bebidas adicionan los productos para niños, ofreciéndoles algo que está muy lejos de ser saludable. Es de vital importancia que reconozcamos los aditivos y nos alejemos de ellos en la medida de lo posible. Puedes empezar con los más comunes y problemáticos.

Jarabe de maíz de alta fructosa (JMAF)

Es el principal indicador de que se trata de un alimento ultraprocesado. Entre sus consecuencias se encuentran el aumento de colesterol

LDL ("malo") y el posible desarrollo de diabetes. Este jarabe se metaboliza principalmente en el hígado porque es el único órgano capaz de manejar un azúcar tan potente y se convierte directamente en grasa, lo que provoca obesidad y enfermedades relacionadas con ella.[26]

SALUD SIN ALIMENTOS ULTRAPROCESADOS

Cuando evites los alimentos ultraprocesados y sólo se consuman alimentos enteros y naturales en tu casa, tus hijos tendrán más energía —pero con medida, no como hiperactividad—, se reducirán los episodios de enfermedades —de cualquier tipo—, perderán el exceso de peso si esto era un problema, descansarán mejor, reducirás gastos por enfermedades, tendrán una mejor concentración, cambiará su paladar hacia sabores más naturales y menos intensos, disminuirán sus niveles de colesterol, mejorará su función respiratoria, dormirán mejor y su estado de ánimo será mucho más estable. Alimentar con comida real a tus hijos tiene grandes beneficios.

Se usa mucho porque es una maravilla para la industria: es barato, soluble y su almacenamiento y transporte son sumamente fáciles, al igual que su uso, pues lo pueden agregar en refrescos, aderezos para ensaladas, dulces, gomitas, miel de abeja industrial, panes, aguas de sabor, galletas, embutidos, jugos de frutas, helados, yogurts, jarabe para la tos y en todo lo que te puedas imaginar, hasta en los frijoles de lata. Es el endulzante principal en muchos restaurantes también, sobre todo de comida rápida.[27] (Considera esto al pedir una naranjada que creías inofensiva para tu hijo en algún restaurante.)

Los niños de hoy tienen más tendencia a ser obesos que cualquier otra generación anterior. La diabetes tipo 2 solía ser llamada "diabetes del adulto" porque la resistencia a la insulina se adquiría luego de cierta edad. Ahora, niños de tan sólo 10 años tienen un diagnóstico de diabetes tipo 2, y se atribuye mucho al jarabe de maíz de alta fructosa.[28]

Si compras productos, lee las etiquetas detalladamente. Puedes encontrarlo como fructosa, JMAF, sólidos de jarabe de maíz, glucosa-fructosa, azúcar de maíz, *high fructose corn syrup* (HFCS) o, literalmente, jarabe de maíz alto en fructosa. No olvides que no tiene nada que ver si el producto es dulce o salado. Búscalo junto con otro tipo de fructosa que tampoco es saludable, el néctar, jarabe o miel de agave. Por más cruda o vegana que la promuevan, es casi fructosa pura, y aunque hace tiempo se ponderaba por su índice glucémico bajo, ya sabemos que es sólo por la concentración inusual de fructosa: 90% frente a 10% de glucosa.[29] El jarabe de maíz alto en fructosa tiene hasta 80 por ciento.

Glutamato monosódico (GMS)

El glutamato se usa como potenciador del sabor, es decir, para que algo que no sabe rico sepa increíblemente delicioso. Es una excitotoxina, una sustancia que estimula excesivamente a las células, hasta el grado de dañarlas o matarlas. Esto puede desencadenar y empeorar problemas de aprendizaje y sobrepeso. También se encuentra en muchísimos productos y tiene varios nombres, entre ellos, levadura autolizada, caseinato de calcio, ácido glutámico, proteína hidrolizada, glutamato monopotásico, caseinato de sodio, proteína texturizada, extracto de levadura y nutrientes de levadura, o con el código E-621, pero cada vez se agregan más a la lista, así que es difícil rastrearlo.[30]

Básicamente, es una sal sódica obtenida a partir del aminoácido glutamina. Se utiliza como aditivo saborizante o potenciador de aroma y ya tiene casi medio siglo de uso en los alimentos. Casi todos los productos lo tienen: consomés en polvo, sazonadores comerciales, comida chatarra, productos ultraprocesados, productos congelados, mezclas de especias, sopas instantáneas de sobre y de lata, aderezos para ensaladas y productos a base de carne o pescado. Este aditivo siempre anda por ahí, y estamos tan acostumbrados a este tipo de potenciadores de sabor que, cuando comemos algo que no lo incluye, no nos gusta mucho o nos parece insípido.

Sin embargo, su influencia en nuestro sentido del gusto no es el mayor problema, sino su capacidad de desencadenar y empeorar problemas de aprendizaje, Alzheimer y Parkinson.[31] Incluso la Administración de Alimentos y Medicamentos de Estados Unidos considera que las reacciones a corto plazo, conocidas como "conjunto de síntomas del glutamato monosódico", se dan principalmente en grandes consumidores o personas con asma.[32] No creas que, si hoy lo consume tu hijo, mañana mismo le va a dar algo. No, todo es lento y acumulativo, y el problema es que no hace mucho ruido hasta que esa acumulación se manifiesta en sobrepeso y obesidad, cansancio, debilidad y somnolencia, hormigueo y entumecimiento, dolores de cabeza frecuentes, depresión, taquicardia, náuseas, problemas de la vista y, en ciertos casos, dolores en el pecho.[33]

¿SABÍAS QUE...?

El aumento en el consumo de alimentos ultraprocesados está directamente asociado con el incremento del peso corporal promedio, y México encabeza la lista de países latinoamericanos con mayor consumo de este tipo de productos: 212.2 kilogramos por persona.[34]

Saborizantes artificiales

Son los que no están en el producto, pero a eso sabe. Por ejemplo, compras una paleta de hielo azul y dice "sabor vainilla". Obviamente, no trae extracto de vainilla porque éste no es azul, sino un saborizante (además de colorantes, claro). Lo mismo sucede cuando compras palomitas "sabor mantequilla" o "sabor a queso", o leche "sabor fresa"; no quiere decir que tenga mantequilla, queso o fresas, sino sustancias químicas que emulan dichos sabores.

Existen más de 1 500 saborizantes artificiales, los cuales siempre aparecen en las etiquetas como "saborizante artificial", pues las combinaciones por lo regular están patentadas.[35] Esto es particularmente preocupante porque no hay forma de saber qué estamos consumiendo realmente. Podría ser una combinación de cientos de los mismos, y la mayoría de ellos son perjudiciales. Evítalos. Si algo dice "fresa", debería incluir fresas en los ingredientes. Pero si dice y no la trae, no es alimento, no es natural y puede afectar la salud de tu familia.

Aceites hidrogenados o grasas trans

Si bien se conocen como grasas trans, su verdadero nombre obedece a grasas vegetales parcialmente hidrogenadas, que es como los encontramos comúnmente en las listas de ingredientes. Estas grasas se forman cuando se agrega hidrógeno al aceite líquido para transformarlo en una grasa sólida, y se hace con el propósito de extender la vida de anaquel de los alimentos, es decir, su única ventaja es económica, y no para ti.

Aunque todos los especialistas del tema coinciden en que son perjudiciales para la salud, pues promueven la inflamación, elevan los niveles de glucosa y de colesterol LDL ("malo"), y aumentan el riesgo de enfermedades cardiacas, derrames cerebrales y varios problemas inmunológicos, se utilizan en casi todos los productos ultraprocesados.[36]

Las grasas trans no cumplen ninguna función nutricional dentro de los alimentos procesados en los que se encuentran, como galletas y panes de caja comerciales, margarinas, cereales de caja, comida frita, palomitas para microondas, pizzas congeladas, comida rápida, chocolates y muchos otros. Si la dieta de tus hijos está basada en este tipo de productos, lamento decirte que los consumen constantemente. Evita todos los productos que contengan algo "hidrogenado" o "parcialmente hidrogenado" entre sus ingredientes.

Por otro lado, la mayoría de los aceites comerciales en la actualidad también presentan un riesgo para la salud familiar. Los aceites vegetales de semillas, leguminosas o frutos secos, como el de canola, soya, maíz y semilla de algodón, o mezclas de ellos, han tenido una gran publicidad detrás haciéndolos pasar por saludables; sin embargo, existe un problema de contaminación muy fuerte porque son inestables en altas temperaturas, convirtiéndose en productos de oxidación.[37] Se han encontrado más de 100 productos peligrosos de oxidación en una sola pieza de pollo frito con estos aceites.[38] Sí, de esos pollos que compras en franquicias.

Estos aceites son exageradamente procesados: la pulpa de la semilla y el aceite se someten a un baño de hexano, un solvente que se produce al refinar petróleo crudo. ¿Te parece algo con lo que quieras cocinar en tu casa? Las impurezas restantes se eliminan tratando el aceite con sosa cáustica (hidróxido de sodio) o sosa comercial (carbonato sódico). Finalmente, se decolora y desodoriza para eliminar sedimentos y compuestos volátiles.[39] *Sí, todo esto traen* los aceites que compras para cocinar en tu casa y los que usan en los restaurantes para freír los nuggets y las hamburguesas de tus hijos. Olvídate de estos aceites comerciales (canola, cáñamo, soya, maíz, semilla de algodón, semilla de uva) y mejor utiliza aceites de frutos para cocinar, como oliva, aguacate y coco.

¿SABÍAS QUE...?

Uno de cada dos niños nacidos después del año 2010 está en riesgo de desarrollar diabetes.[40]

Organismos modificados genéticamente (OMG)

El Instituto Nacional de Ecología de México indica que son organismos vivos que se crean mediante la fusión del ADN de diferentes especies, sean plantas, animales, bacterias o virus, que no pueden ser producidos en la naturaleza o por medio del mestizaje tradicional.[41] En otras palabras, los transgénicos son organismos "hechos por el hombre" y no existirían de otra manera. Los crearon para que tuvieran mejor sabor, una vida más prolongada y soportaran duras condiciones de cultivo.

En Estados Unidos, 90% de todo el maíz cultivado es transgénico y más de 95% de toda la soya también.[42] ¿Sabes lo que eso significa? Que los alimentos provenientes de ese país que encuentras comúnmente en los supermercados sin el sello "USDA Organic" —u otro que asegure que el producto es orgánico— probablemente contienen componentes transgénicos. Ya hay productos que, si bien no son orgánicos certificados, sí tienen una etiqueta que indica "Non GMO" o "Sin OMG", lo cual significa que están libres de OMG o tienen menos de 0.9%. Para evitar los alimentos modificados genéticamente debemos evitar los cultivos transgénicos más conocidos y frecuentemente utilizados, como el maíz, la canola, la soya y el azúcar derivada del betabel, a menos de que presenten la leyenda "USDA 100% Organic".[43]

Seguramente consumes OMG directa o indirectamente, pues la mayoría de los granos con que se alimentan las vacas de engorda son genéticamente modificados. Además, la mayoría de los alimentos que contienen OMG son los ultraprocesados. ¿Cuántos de los productos de tu alacena y refrigerador contienen jarabe de maíz de alta fructosa, soya o aceite de soya parcialmente hidrogenado? Todos ésos contienen OMG.

Desde su introducción a mediados de los años noventa, el número de alergias ha aumentado drásticamente, así como el índice de autismo y los problemas digestivos y reproductivos. Todo parece indicar que no son saludables, y hay una creciente preocupación por los niños, ya que sus sistemas están en desarrollo apenas y no son lo suficientemente fuertes para lidiar con alimentos así.[44]

Conservadores

Una constante en las investigaciones alimentarias es que casi todos los conservadores están relacionados con problemas de salud, desde simples alergias hasta cáncer, pero sobre todo con alteraciones en el comportamiento, particularmente en niños.[45] Éstos son los más comunes, búscalos en las listas de ingredientes:

Nitritos y nitratos (códigos E-249 hasta E-252)

Son conservadores que se obtienen por síntesis química a partir del ácido nítrico. También sirven para elaborar la sal nitro o sal cura, que es una mezcla de sal refinada de mesa con nitritos y nitratos para curar carnes. Fungen como agentes antimicrobianos, evitando la degradación de los alimentos por microorganismos y bacterias. Se encuentran principalmente en el tocino, los embutidos, las carnes curadas, ahumadas o procesadas, etc. Es lo que les da su color y su sabor.[46]

Desde 1970 se dio aviso de que los nitritos pueden reaccionar en nuestro organismo y formar nitrosaminas, una rara y nada agradable familia de sustancias químicas asociadas directamente con el desarrollo de cáncer colorrectal, estomacal y pancreático. El Programa Nacional de Toxicología de Estados Unidos considera cerca de 17 nitrosaminas como agentes carcinógenos, sin embargo, todavía se encuentran en las carnes procesadas. Los chorizos, jamones, salchichas, longanizas, chistorras, mortadelas, salamis, etc. que sueles darles a tus hijos no son realmente productos nutritivos, como su publicidad quiere hacerte creer. Ni siquiera las salchichas que dicen ser de pavo o pollo. Ninguna. Para tu sorpresa, lee los ingredientes de estos productos: muchos dicen "carne de ave", mas no especifican de qué tipo; algunas contienen entre 10 y 15 aditivos sumando hasta dos tercios de sus ingredientes. Los fabricantes dicen que es una manera práctica de consumir carne, pero realmente son productos ultraprocesados de limitado valor nutricional.[47]

DISMINUIR EL CONSUMO DE SODIO

Los mexicanos llegamos a consumir hasta más del doble del sodio recomendado. Es por esto que debemos saber el contenido de estos productos para no rebasar las recomendaciones y prevenir problemas de salud, ya que la alta ingesta de sodio está directamente asociada con padecimientos, como enfermedad cardiaca e hipertensión. Actualmente, 31.5% de la población mexicana tiene un diagnóstico de presión alta y sólo la mitad estaba diagnosticada.[48]

BHA (E-320), BHT (E-321) y TBHQ (E-319)

El hidroxianisol butilado (BHA) y el hidroxitolueno butilado (BHT) son antioxidantes sintéticos derivados del petróleo. No se degradan con el calor, así que se utilizan en los productos horneados, fritos o que alcanzan altas temperaturas. Afectan el sistema neurológico y alteran el comportamiento, aunado a que son potencialmente carcinógenos.[49]

El terbutilhidroquinona (TBHQ) también es un derivado del petróleo y se utiliza a menudo en la comida rápida. Si se acumulan cinco gramos en el organismo se puede tornar sumamente tóxico. También podemos encontrarlo en barnices, lacas y plaguicidas, así como cosméticos y perfumes para reducir la tasa de evaporación y mejorar la estabilidad del producto.[50]

Me imagino que estamos de acuerdo en que no suenan nada apetecibles y no son algo que nos gustaría dentro de nuestros hijos, pero el TBHQ, por ejemplo, está presente en la mayoría de los alimentos ultraprocesados.

Y ten cuidado, aparentan ser un tipo de "antioxidante", pero es importante comprender que se trata de un *producto químico sintético con propiedades antioxidantes*, no un antioxidante natural, y aunque llame la atención que lo sea, se refiere a evitar la oxidación de grasas y aceites, alargando la vida útil del producto, no la del consumidor. Revisa las etiquetas de alimentos en tu casa, así como de los productos para bebé y los alimentos para perro; seguramente encontrarás uno o varios de ellos.

> **BENZOATO DE SODIO (E-211)**
>
> Este aditivo alimentario está asociado con problemas de comportamiento, como hiperactividad y distracción significativa. Es muy común en productos o alimentos ácidos, como aderezos para ensalada, refrescos, concentrados de frutas y verduras en escabeche, entre otros. Un estudio de la Agencia de Estándares Alimenticios de Gran Bretaña (FSA, Food Standards Agency) al respecto hizo que se diera aviso de inmediato a los padres de familia, advirtiéndoles sobre limitar el consumo de aditivos de sus hijos si notaban algún efecto en su comportamiento.[51]

Colorantes alimentarios artificiales

Se obtienen a partir del alquitrán de hulla y el petróleo. Les dicen colorantes artificiales, alimentarios o sintéticos, y son terribles aditivos que hacen que tu hijo se impaciente, se ponga ansioso y se distraiga. Estos aditivos sólo tienen un propósito: hacer que los productos se vean lindos. La industria sabe que el producto les llamará la atención a los niños entre más brillantes sean sus colores y te pedirán que lo compres. No hay ninguna otra razón para agregarlos.

En Europa se pidió acertadamente desde el año 2010 que los alimentos con colorantes artificiales incluyeran un mensaje para advertir al público de que pueden provocar hiperactividad en los niños, problemas de atención y comportamiento, reacciones alérgicas y hasta cáncer.[52] Con esta medida en pro de la infancia y de los consumidores, las empresas comenzaron a modificar la composición de sus productos. Finalmente, el gobierno británico pidió que se eliminaran estos aditivos por completo porque no proveen nada más que estética y debilitan el sistema inmunológico.[53]

¿CREES QUE TU HIJO ES HIPERACTIVO Y LO QUIEREN MEDICAR?

Considero importante que empieces por lo más sencillo y obvio: elimina el azúcar, los colorantes y los aditivos de su alimentación, pues alteran su comportamiento. Revisa su entorno, ya que a veces situaciones escolares, como *bullying*, estrés por su desempeño, maestros muy demandantes, etc., generan ansiedad y ésta se manifiesta en un comportamiento caótico.

Esto no ha sucedido en México, así que seguimos enfrentándonos a productos de baja calidad y mucho colorido, desde barritas, hasta yogurts. Créeme, tus hijos comen muchos más colorantes de los que piensas, pues se esconden en todas partes (salchichas, leches, aguas de sabor industriales, refrescos y muchos más).

Y no creas que tu pequeño debe ingerir grandes cantidades de estos aditivos para que realmente lo perjudiquen; de hecho, la cantidad de colorantes en una sola porción de ciertos alimentos ultraprocesados y comida chatarra es mayor a la cantidad que ha demostrado afectar el comportamiento de los niños. Los niños que consuman una dieta de productos pueden ingerir fácilmente 100 miligramos de colorantes artificiales en un solo día.[54]

¿SABÍAS QUE...?

Hoy en día, los niños pesan cinco kilogramos más que hace 30 años.[55] Para la masa corporal de un niño es mucho. ¿Por qué cada vez hay más obesidad? Porque encontramos productos chatarra en cualquier lugar, tan baratos, con tanto diseño y publicidad para engancharlos, que es imposible que los niños no caigan presas de ello.

Algo que se ha pasado por alto es que la mayoría de los análisis de colorantes examinan cada uno, es decir, de forma individual, mientras que varios alimentos contienen mezclas de colorantes y otros ingredientes que pueden producir efectos adicionales o hacer que una combinación sea mucho más dañina que la mera suma de los efectos individuales. Además de consideraciones sobre daños a los órganos, cáncer, defectos de nacimiento y reacciones alérgicas, las mezclas de colorantes provocan hiperactividad y otros problemas de comportamiento en algunos niños.[56]

Detectar los colorantes artificiales en los alimentos no es tan sencillo como parece, pues no todos son colores brillantes tan obvios, como en los aderezos, los embutidos, las sopas, los yogurts, las papas fritas y los dulces enchilados, entre otros. Si bien estos aditivos aparecen en las listas de ingredientes, las cantidades reales que se usan no. Si, por ejemplo, le diste a tu hijo macarrones con queso comerciales o cereal de caja comercial para el desayuno, ya consumió más de 30 miligramos de colorantes, y ésa es la cantidad que causa problemas de comportamiento en algunos niños.

En 1994, investigadores descubrieron que 73% de un grupo de niños con trastorno por déficit de atención con hiperactividad (TDAH) respondió de manera favorable a una dieta de eliminación en la que también se evitaron los colorantes artificiales.[57] Es un porcentaje tan alto, que evidentemente tiene relación directa.

Éstos son los nombres y efectos individuales de los colorantes más utilizados en la industria alimentaria:

- *Rojo allura, rojo carmín, rojo amaranto, rojo azorrubina, rojo cochinilla, eritrosina, E-122*: Es el colorante más utilizado en la industria; se encuentra en caramelos, helados, postres y sopas, y se ha asociado con hiperactividad, asma, urticaria, insomnio, alergias y hasta cáncer. Las investigaciones han mostrado que el rojo 40 podría acelerar la aparición de tumores en ratones, mientras que desencadena clara hiperactividad en los niños.[58]
- *Amarillo ocaso, tartrazina, quinoleína, amarillo anaranjado, amarillo limón, E-102*: El amarillo limón es el colorante que produce más reacciones. Se ha asociado con hiperactividad, hipersensibilidad, asma, urticaria, rinitis, insomnio y hasta cáncer. Se agrega

a refrescos, budines, mieles, salmueras, gomitas, mostazas, gelatinas, repostería y pastelería en general, así como a algunos cosméticos y productos de cuidado personal (jabones líquidos, lociones, desinfectantes de manos, perfumes, esmaltes de uñas y más). Varios de los medicamentos más comunes (antiácidos, vitaminas, jarabes para la tos) contienen tartrazina, lo que les da un color amarillo o naranja. El amarillo 5 en particular se considera contaminado con varios productos químicos carcinógenos, y se asocia con hiperactividad, hipersensibilidad y otros efectos de conducta en los niños.[59]

> **¿SABÍAS QUE...?**
>
> Cada año, la industria de los ultraprocesados agrega 15 millones de libras de colorantes artificiales a los alimentos.[60]

- *Azul patente, indigotina, azul brillante, E-131*: Se asocia con hiperactividad, problemas de comportamiento, náuseas y hasta cáncer. El azul 2 se ha vinculado con la formación de tumores cerebrales. Se encuentra en productos horneados, bebidas, polvos para postres, dulces, cereales, medicamentos, alimentos para mascotas y otros productos.[61]
- *Verde 3, verde rápido, E-143*: Este colorante se asocia con hiperactividad, asma, reacciones cutáneas, insomnio y hasta cáncer. Lo podemos encontrar en ciertos medicamentos, cosméticos, productos de cuidado personal, dulces, bebidas y helados, entre otros.[62]
- *Negro brillante, E-151*: También se asocia con hiperactividad, problemas de comportamiento y hasta cáncer. No se permite su uso en países nórdicos, Estados Unidos, Canadá y Japón. Se ha indicado la posibilidad de que pueda afectar a algunas personas alérgicas a la aspirina y también a los asmáticos. Se convierte en tóxico por acción del calor.[63]

- *Aluminio, gris, E-173*: En grandes cantidades es tóxico para los riñones y potencializa el Alzheimer. Se obtiene a partir de la bauxita en polvo o de microláminas de aluminio. Tiene un característico color metálico y se usa solamente en superficies y como decoración en pastelería.[64]

ACORDEÓN DE ADITIVOS ALIMENTARIOS QUE NO QUIERES EN LA ALIMENTACIÓN DE TU FAMILIA

- *Glutamato monosódico y otros saborizantes artificiales.* Estos potenciadores de sabor tienen la capacidad de hacer que hasta el cartón tenga buen sabor. Están directamente relacionados con el aumento de peso y provocan somnolencia, fatiga y desorientación.
- *Edulcorantes artificiales.* Su uso está prohibido en alimentos y productos para niños. Generan aumento de apetito y desórdenes digestivos, además de promover el aumento de peso.
- *Jarabe de maíz de alta fructosa.* Es clara evidencia de que se trata de un alimento ultraprocesado, promueve la obesidad, aumenta el colesterol LDL, contribuye al desarrollo de diabetes, provoca daño hepático y promueve la inflamación crónica.
- *Néctar o jarabe de agave.* Altera los niveles de glucosa y de triglicéridos.
- *Bromato de potasio.* Se sabe que causa cáncer en animales, e incluso pequeñas cantidades podrían causar problemas en los seres humanos.
- *Nitritos y nitratos.* Están en todos los embutidos y las carnes curadas, y se consideran carcinógenos. Se asocian con el sobrepeso y promueven la inflamación crónica.
- BHA, BHT y TBHQ. Provocan reacciones alérgicas, alteran el comportamiento de los niños y se consideran neurotóxicos.
- OMG. Se asocian con alergias de todo tipo y problemas digestivos y reproductivos.
- *Colorantes artificiales.* Provocan reacciones alérgicas, hiperactividad y déficit de atención en los niños.
- *Aceites vegetales refinados y grasas trans.* Promueven la inflamación crónica, la acumulación de grasa y el aumento de la presión arterial.

Siempre ten presente que los productos ultraprocesados están hechos para vender, para abaratar ingredientes y costos, para estar disponibles y hacer que te enganches con su sabor y publicidad. Sus empaques no dicen la verdad, y menos los que están dirigidos a niños. Espero que entre todos dejemos de apoyar a las empresas que hoy están lucrando a costa de la salud de nuestros hijos.

La industria de la mentira: la publicidad

La publicidad es la enorme mentira que la industria alimentaria necesita para mantener la confianza del consumidor. El etiquetado es la única orientación que tenemos para tomar una decisión de compra y consumo. Cuando uno ya sabe que algo no es saludable, la salud se vuelve una responsabilidad individual. Sin embargo, considera el peligro que representan para la salud pública los productos que parecen saludables, se venden como saludables, se promueven como tales, saben como si lo fueran y realmente no tienen nada para serlo.

¿POR QUÉ SIEMPRE HAY PERSONAJES DE CARICATURAS EN LOS PRODUCTOS PARA NIÑOS?

En todas partes de la industria de alimentos y bebidas utilizan personajes, promociones y todo tipo de estrategias para atraer a la población infantil. Dichas estrategias han sido y son altamente efectivas. Está comprobado que existe una fuerte asociación entre el uso de personajes y caricaturas en los productos alimenticios y una mayor demanda por parte de los niños. También se ha visto que los productos de menor calidad nutricional son los más promocionados de esta manera, como las aguas de sabor, las leches, las galletas y las papas fritas, entre otros.[65]

Desafortunadamente, no tenemos oportunidad de ganarle a la publicidad con sus estrategias. La norma oficial de etiquetado (NOM-051-

SCFI/SSA1-2010) dice que la información no debe inducir a ningún error y debe ser clara; sin embargo, muchas veces no lo es.[66] Considera que la publicidad es una ilusión y te dice sólo lo que quieres oír para que compres un producto. Dime de qué presume y te diré de qué carece. La publicidad puede hacernos creer que un producto posee características que en realidad no tiene sólo con el uso de palabras rimbombantes, aprovechando nuestra ignorancia de los procesos y los ingredientes.

La publicidad y los empaques de los productos siempre dirán lo que conviene. Por ejemplo, la norma oficial mexicana de etiquetado exige anunciar el contenido de "azúcar" cuando se trata de azúcar de caña, así que fácilmente pueden incluir la etiqueta "sin azúcar" si el producto no la contiene, sin importar que tenga otros endulzantes iguales o peores, como el jarabe de maíz.[67]

¿CÓMO LEER LA LISTA DE INGREDIENTES?

Se enlistan por peso y en orden descendente, así que el primer ingrediente es lo más abundante en el producto y así sucesivamente. Si un producto que quieres comprar "sin azúcar" indica jarabe de maíz en su lista de ingredientes como primer o segundo ingrediente, claramente el contenido de azúcares es alto. Procura que los primeros dos ingredientes de lo que consumas sean naturales, o mejor aún, consume alimentos sin listas.

Muchas veces creerás estar comprando lo que dice la publicidad porque se parece en el exterior, pero puede ser algo completamente distinto al momento de evaluar su impacto en la salud. Si los empaques describieran realmente de lo que está hecho un producto, dirían:

- No somos alimento, somos azúcar.
- Los nombres raros en la lista de ingredientes son conservadores derivados del petróleo.
- No puedes pronunciar muchos de los ingredientes porque son químicos.

- Llenamos de color la vida de tus hijos, pero no somos naturales.
- Estoy fortificado y adicionado porque ya no parecía alimento.

Cambiemos nuestros conceptos distorsionados por la publicidad

Yo sé que todos hablamos de excepciones para buscar la manera de comer comida chatarra: "Poquito", "De vez en cuando", "Una vez al día" o "Una vez cada dos días", etc. ¿Hay que ser flexibles cuando se trata de veneno, tóxicos, disruptores hormonales y nutrición? ¿En verdad pensamos así? Nos defendemos de esto diciendo que no hay que ser "tan estrictos", "tan exagerados"; finalmente, "Nadie se ha muerto por una vez al día" o "Hay que disfrutar la vida", "Me gusta y qué" o "Le gusta a mi hijo y me lo pide". Cada vez que decimos algo así buscamos la manera de poder incorporar comida chatarra a una alimentación saludable, y lamento decirte que no es posible. Llevas una alimentación saludable o no la llevas. Es así de fácil, y esa clara distinción es lo que debes compartirle a tu hijo.

Los alimentos apoyan la salud o no lo hacen. Si no lo hacen, entonces no deben interpretarse como parte aceptable de una alimentación saludable. Deben ser llamados tal cual son, comida chatarra o una decisión no saludable, no un premio ni un "Lujo para el fin de semana". Los niños no entienden la incongruencia de no comer esto todos los días porque hace mucho daño, pero que sí esté bien hacerse daño de vez en cuando. (Puede tener consecuencias mayores. Ahora lo ve en la comida, pero más grande tendrá otras opciones para poder aplicar lo aprendido y envenenarse a veces.)

La idea de que se puede disfrutar comida chatarra con moderación quedó refutada nuevamente con la publicación de otro estudio, según el cual consumir sólo un alimento chatarra al día durante un mes es suficiente para desencadenar síndrome metabólico en personas saludables.[68]

Al consumir chatarra promovemos que nos den más comida basura, como si nuestra familia y nosotros mismos no importáramos. Y seguimos felices comprando, comiendo y enfermándonos para gastar entonces en otra industria, la farmacéutica, que también es feliz con lo mismo, pues su negocio no es la salud —eso los dejaría en quiebra—, sino la enfermedad.

Así que, si piensas que ése es el equilibrio y ésa es la flexibilidad que buscas, déjame decirte que sigues bajo el influjo de la publicidad y de sus sabores elaborados para volverte adicto. Somos una sociedad adicta e hipnotizada. La industria alimenticia debe hacerse responsable por sus efectos en la infancia, por la publicidad confusa y engañosa de los productos y seudoalimentos que promueve con tantas estrategias para llegar a ellos, y debe minimizarse o erradicarse. Nuestros hijos no deben ser el blanco fácil de los grandes corporativos por su grado de vulnerabilidad, por su inocencia.

Necesitamos cobrar conciencia sobre esta distorsión de conceptos y dejar de buscar el equilibrio adecuado para hacernos daño y luego curarnos unos días, y hacernos daño otra vez y luego curarnos otros días. Debemos asumir nuestra responsabilidad porque realmente no es de nadie más.

¿Y las excepciones? Claro que hay excepciones, pero deben seguir siendo comida natural, no tienen por qué ser tóxicos y basura. Puedes consumir esporádicamente postres con azúcar mascabado, con miel de abeja, pizza hecha en casa, pasteles y postres que tú mismo hayas cocinado y sepas que tienen ingredientes reales y de calidad. Me refiero a ese tipo de cosas. Seguramente te desanimaste al leerlo, pero éstas son las excepciones reales en una alimentación saludable, y siguen siendo excepciones porque también tienen un efecto por su alto grado calórico. Cuando decimos que algo es natural no necesariamente significa que nos hace bien, sólo que es natural, como debiera serlo todo.

Cuando hayas cambiado de mentalidad, dejarás todo esto atrás y empezarás a tomar decisiones saludables. No es cosa de cambiar todo al mismo tiempo, pero de entrada puedes empezar evitando los restaurantes de comida rápida. A partir de entonces, seguirán las sustituciones en casa y cada vez será más fácil. Pero lo que debe quedar claro desde un principio es tu decisión de hacerlo.

¿Qué es lo que realmente queremos transmitir a los niños?

Es muy importante aclarar lo que queremos transmitirles a los niños y asumir la responsabilidad de que se alimenten de tal o cual forma, sobre todo viviéndolo, viendo el ejemplo, no sólo escuchándolo. Ellos entienden todo y quieren estar sanos para jugar; es su mayor motivación. Por eso, cada que quieras explicarles algo que no comerán de nuevo, te recomiendo que siempre sea de forma positiva, con humildad y aceptando que no lo sabías antes, por eso hasta ahora se hará así. Empatiza con su reacción natural, explicando lo que le puede pasar con cada uno de los aditivos, por ejemplo: "Si te doy colorantes, vas a andar muy inquieto y no te vas a sentir bien, te pueden salir ronchas y granitos, te puedes lastimar tus órganos internos, y los necesitas para crecer y estar fuerte".

Lee las etiquetas de los productos junto con ellos para que vean que tu decisión se basa en información convincente, que de verdad desconocías. Explícales que el cambio será paulatino porque entiendes cómo se sienten. Si crees que puedes desesperarte, mejor detente en ese momento y sigue otro día. No relaciones el cambio con algo negativo porque no lo es, al contrario. No hables de todo lo negativo, sino de lo bien que les irá con los resultados. Ponte a su nivel. Los niños entienden todo, pero hay que saber explicarlo:

La comida casera siempre es mejor. Por lo regular pensamos que ir a un restaurante o a un lugar de comida rápida es una experiencia divertida, que ahí sí se come rico y además nos sirven y recogen el tiradero. El daño que hacen por el simple gusto y sabor que te proporcionan los químicos, no me parecen un evento familiar positivo. No estoy en contra de salir a comer, cosa que también disfruto y me gusta de vez en cuando, pero tanto mi familia como yo preferimos comer en casa y estamos de acuerdo en que la mejor comida es la casera. Yo sé cómo la preparo, cómo la sirvo, qué ingredientes uso, y está hecha a mi gusto. Desafortunadamente, hasta los mejores restaurantes del mundo tienen malas prácticas detrás del telón.

En la casa siempre hay frutas y verduras disponibles. Para que consumir algo se vuelva un hábito, hay que comerlo muchas veces y debe estar disponible. Si los niños siempre ven verduras en la comida, si les ofreces colaciones de frutas, ensalada como acompañamiento para la comida de todos (aunque ahora no la coman ellos) y, sobre todo, ven que los padres las comen y las disfrutan, las van relacionar con una parte básica de la alimentación. Esto vale más que decir miles de veces "Come verduras". No creas que de un día para otro el niño va a comer brócoli crudo. Recuerda que tomó tiempo para que caminara bien, dejara el pañal y durmiera toda la noche. Modificar su alimentación también requiere tiempo.

La comida rápida y los dulces no son premios, son excepciones. Este punto es fundamental. No se trata de que el fin de semana sí se comen dulces o van por comida rápida por haber tenido una semana de comida saludable. No se debe relacionar la comida con premios, y menos ese tipo de productos que no son realmente comida. Hay excepciones que se pueden hacer, pero no son parte de la vida diaria. Es mejor que tus hijos sepan que van a un restaurante porque no tienes ganas de cocinar el fin de semana, o porque tú relacionas esta actividad con la convivencia, pero no lo manejes como un premio por haber comido saludable y aburrido. Si haces esta asociación, el cambio de hábitos será naturalmente difícil porque estás distorsionando el concepto, cambiando sólo su comportamiento, no su mentalidad acerca de la comida saludable y su salud y bienestar.

Comer saludable es lo "normal". No comer saludable es lo "anormal" o raro. Quítale la idea de que por comer sano es un bicho raro. Tristemente, esas concepciones se basan en el promedio, pero muéstrale a tu hijo cuál es su realidad y que ésta debería extenderse.

"Dieta" es la definición de lo que consumimos diariamente. Dieta no significa comer 1 200 calorías al día y contar gramos y porciones. Me llamó la atención que, en una reunión, un niño me preguntara si estaba "a dieta" porque me serví ensalada. Eso quiere decir que "estar a dieta" es una frase frecuente en su entorno, la cual asocia de forma incorrecta con comer saludablemente.

La salud de los niños es responsabilidad de los padres, no de la industria ni de los restaurantes. ¿Por qué les dan tantos dulces en las fiestas? ¿Por qué no hacen menús más saludables para los niños en los restaurantes? ¿Por qué la escuela no da clases de nutrición? ¿Por qué venden tanta chatarra en las escuelas? Estoy de acuerdo con que eso debería cambiar, pero el cambio vive en nosotros, los padres, no en ellos, los negocios. Si tú cambias, eventualmente todo cambiará. Cuando llenes la piñata de tu hijo con productos saludables y casi nada de dulces; cuando vayas al restaurante y pidas fuera del menú infantil; cuando hables con la escuela y la reportes porque no es legal vender comida chatarra, cuando todo eso pase, entonces cambiará.

Lo que sí deben comer

La única bebida saludable y necesaria para todos: el agua

No es difícil tenerla como algo fundamental, dado que es vital. Sin agua morirías en escasos días. Sin agua, los niños comienzan a deshidratarse rápidamente, y remplazarla por esas bebidas azucaradas sale peor porque el daño se empieza a acumular. No hay nada que sustituya al agua natural, ni siquiera otras opciones naturales, como el agua de coco, el jugo de verduras ni nada por el estilo. Tomar agua natural no es opcional.

El agua es vida, no es un gusto adquirido. Es muy triste escuchar a algunos niños decir que no les gusta el agua, pero seguramente tomaron la idea de alguien cercano que se expresó así o que nunca la toma. Nuestro cuerpo está compuesto en su mayoría de agua (80%, para ser preciso), por lo que nuestra prioridad número uno debería ser integrarla en la alimentación diaria. Este líquido preciado representa 75% de la composición del cerebro, 83% de la sangre, 79% del corazón, 82% de los riñones, 68% del hígado, 80% de los músculos y 22% de los huesos.[69] Sin ella, muchas funciones del organismo no se pueden llevar a cabo bien y ahí comienzan los problemas.

Nos ayuda a mantenernos alerta, a producir melatonina (la hormona reguladora del sueño) y serotonina (el neurotransmisor que controla los estados emocionales y el apetito); es fundamental para la eliminación de toxinas; ayuda a nuestros sistemas óseo, digestivo e inmunológico; provee energía a las células, y ayuda con la absorción de nutrientes, entre muchas otras cosas.[70]

¿Te das cuenta de que no es opcional? Lo que más deben aprender los niños es a tomar agua. No sólo si tienen sed o están jugando, sino regularmente. No permitas que otras bebidas desplacen el consumo de este líquido vital.

No hay una cantidad exacta que deban consumir los niños porque depende del lugar donde vivan, del nivel de actividad física, de su alimentación —ya que las frutas y verduras también hidratan—, pero para darte una idea, considera lo siguiente:

Edad[71]	Mililitros al día
2 años	1 100-1 200
3 años	1 300
4-8 años	1 600
Niños de 9-13 años	2 100
Niñas de 9-13 años	1 900
Adolescentes hombres y más de 14 años	2 500
Adolescentes mujeres y más de 14 años	2 000

Frutas y verduras

Las frutas y las verduras son componentes esenciales de una dieta saludable para chicos y grandes, y un consumo diario suficiente podría contribuir a la prevención de muchos padecimientos importantes, como enfermedades cardiovasculares y cáncer. Se calcula que cada año podrían salvarse 1.7 millones de vidas si se aumentara el consumo de frutas y verduras.[72]

La Organización Mundial de la Salud y la Organización de las Naciones Unidas para la Alimentación y la Agricultura recomendaron consumir un mínimo de 400 gramos diarios de frutas y verduras frescas (a excepción de las papas y otros tubérculos) como objetivo poblacional para prevenir enfermedades crónicas, como énfermedad cardiaca, diabetes, obesidad y cáncer, así como para prevenir y disminuir varias carencias de micronutrientes, sobre todo en países menos desarrollados.[73] Se calcula que la ingesta insuficiente de frutas y verduras causa en el mundo aproximadamente 19% de los cánceres gastrointestinales, 31% de las cardiopatías isquémicas y 11% de los accidentes vasculares cerebrales.[74]

Los niños requieren muchas calorías nutritivas para su crecimiento, así que requieren de más granos enteros, proteínas —vegetal o animal— de calidad, semillas y grasas, no sólo verduras, pero sí deben ser una parte fundamental de su alimentación cotidiana. Es más fácil que les gusten las frutas que las verduras, y con eso es suficiente si ves que no quiere verduras por ahora. Recuerda que tu papel es siempre incluirlas, acercarlas, ofrecerlas, variarlas y, sobre todo, comerlas con ellos. No importa si sólo les gusta un tipo (zanahoria o calabacita), después ampliarán su repertorio; pero si no las tienen disponibles, jamás lo harán.

> **¿SABÍAS QUE...?**
>
> La ingesta insuficiente de frutas y verduras es uno de los 10 factores principales de riesgo de mortalidad a escala mundial.[75]

Incrementa su consumo de verduras permitiendo que las pruebe; poniéndolas en la mesa, agregándoles limón, sal, chile piquín; preguntándole al niño cuáles podrían ser buena opción, cuál es su gusto; contándole los beneficios de cada una, y dándole opciones de buena manera: crema de zanahoria, crema de espinaca y calabacita, crema de coliflor, crema de elote, betabel asado con chile y limón, chícharos cocidos con sal, puré de camote, puré de papitas de cambray con chía, camote asado con betabel, papitas de cambray con aceite de coco y sal, y otras opciones más. (Revisa el recetario al final del libro para inspirarte, p. 305.)

Muchas veces hay otras razones por las que los niños no comen frutas ni verduras. Quizá la cáscara de la manzana les lastima las encías, pero se la comerán si se las das picada. Tal vez a uno no le guste que la piña le escalde la lengua, pero a otro no le represente un problema. Habrá quien adore las guayabas y las tunas porque le gusta morder las semillas, y a otro no. Si te das cuenta, lo que te cuento no tiene nada que ver con el sabor. Esas sensaciones representan algo para ellos y por eso no las quieren, pero puedes encontrar formas de dárselas, como en sus jugos o cocidas, picadas, etc., y si no hay manera con alguna, no insistas, respeta sus gustos.

Platícales los beneficios de comerlas: por ejemplo, que nos dan vitaminas y minerales fundamentales para estar sanos; que son como tomar agua, pero con un rico sabor y con fibra para poder evacuar lo necesario y que no les duela el estómago; que los ayudan a crecer sanos y fuertes. Cuéntales que sus increíbles colores son escudos que llaman antioxidantes para protegerlos contra enfermedades fuertes, y que contienen muchas vitaminas, entre ellas la C, que es una de las mejores.

Por su parte, las frutas son la mejor forma de que consuman azúcar natural, fibra, vitaminas, minerales, agua y antioxidantes. Son las verdaderas comidas rápidas que puedes tener a la mano. Además, hay tanta variedad que, si no les gusta una, seguramente les gustará otra. Los niños pueden comer básicamente las que quieran.

MOVIMIENTO "5 AL DÍA"[76]

Una buena referencia para empezar puede ser la iniciativa internacional "5 al Día" (www.5aldia.org), un movimiento con presencia en más de 40 países y cuyo principal objetivo es promocionar el consumo de frutas y verduras frescas a escala global. Esta iniciativa cuenta con el apoyo de organismos internacionales, como la Organización Mundial de la Salud, la Organización de las Naciones Unidas para la Alimentación y la Agricultura y el Instituto Europeo para la Investigación del Cáncer.

El programa recomienda consumir tres piezas de fruta y dos de verdura al día para obtener más beneficios nutricionales. Puede ser un buen comienzo para toda la familia si es que no lo hacen aún, pero recuerda tener mucha paciencia con tus hijos si esto es nuevo para ellos.

En las frutas también abunda el contenido de vitamina C, sobre todo en cítricos y frutas tropicales, lo que mantiene fuerte su sistema inmunológico. Se encuentra mucho el potasio, necesario para la transmisión del impulso nervioso y la actividad muscular normal.

En su mayoría aportan magnesio, el cual está relacionado con el funcionamiento intestinal, nervioso y muscular; forma parte de huesos y dientes, y mejora el sistema inmunológico.[77] Contienen elementos fitoquímicos que contribuyen a reducir el riesgo de enfermedades de todo tipo. Su alto contenido de agua también facilita la eliminación de toxinas del organismo.

Te comparto algunos consejos para que tus hijos consuman frutas y verduras diario:

- Ya quedamos en que debes empezar por consumirlas tú, ¿cierto? A partir de tu ejemplo, ofrécelas de buena manera.
- Ten siempre frutas y verduras a la mano, a la vista y listas (lavadas y picadas, según sea el caso). Por ejemplo, ten brócoli ya cocido al vapor, con limón para aderezarlo.
- Involucra a tus hijos cuando las compres o las prepares. Deja que ellos escojan las que más les gusten.
- Platica con tus pequeños sobre el movimiento "5 al Día" y sus beneficios. Puedes imprimir la mano que encontrarás en su página web (www.5aldia.org), para que sepan cómo hacerlo.
- Prepara paletas de hielo con frutas (encontrarás varias opciones entre las recetas, pp. 354-357).
- Prepara aguas de sabor con frutas (pp. 367, 368).
- Los licuados son una maravilla para incorporar frutas. Prueba alguna de las recetas que te comparto al final de este libro (p. 371).
- Yo pondero mucho los jugos de verduras para los niños porque me permiten incluir varias verduras y frutas que normalmente no se comerían (p. 370).

La buena noticia es que, mientras más avances en esto, más se regenerarán las papilas gustativas de tus niños y aceptarán mejor y en mayor cantidad los alimentos naturales, reduciendo y desplazando los ultraprocesados.

Jugos y licuados

La diferencia sólo está en la preparación: los licuados se hacen en la licuadora y los jugos en un extractor. El licuado conserva la fibra y el jugo no, pero ambos son grandes opciones para dar más verduras y frutas a los niños. (Por supuesto, nada de jugos procesados y concentrados, nada que sea producto, sino los que tú prepares con ingredientes naturales.)

El licuado suele ser más pesado, y si agregas avena, leche de coco, fruta, semillas y dátiles, puede sustituir un desayuno muy completo y natural. Las preparaciones pueden ser muy versátiles y son una buena opción para el almuerzo escolar. Puedes incluir siempre ingredientes nuevos, como cacao, moras goji, nueces, almendras, diferentes frutas, aceite de coco, semillas de cáñamo, chía y muchos ingredientes saludables más.

Los jugos también son una buena forma de consumir una gran cantidad de alimentos frescos y puedes lograr que los niños consuman lo que normalmente no querrían. Jamás te recomendaría un jugo sólo de fruta, aunque con los niños se vale ponerle un poco más de fruta por sus necesidades calóricas, pero no olvides agregar verduras. La única desventaja del extractor es que sólo se pueden usar verduras frescas, ya que de las congeladas no se extrae el mismo jugo ni el mismo sabor.

Orgánicas o no, siempre será mejor comerlas

El gran mar de información de repente nos confunde y he escuchado varias veces que personas desisten de comer verduras o frutas porque no son orgánicas. Obviamente siempre será mejor opción lo orgánico porque, aun si ahora parece moda y algo muy elitista, es lo natural, lo que se da casi sin intervención y lo que comen todavía en comunidades alejadas de la civilización. No es un lujo, sólo que las certificaciones y los tratamientos naturales tienen un costo, y éste es el que te llega a ti. Por eso crees que son caras, pero más bien las otras son baratas por las malas prácticas de cultivo. Sin embargo, aun cuando no sean orgánicas, siempre será mejor consumir frutas y verduras no orgánicas, que no consumir ninguna.

Cuando sea posible (cada vez están más disponibles y a mejor precio), compra verduras y frutas orgánicas. Pregunta por tiendas y mercados orgánicos; hay muchas más opciones en la actualidad para adquirir estos productos.

Endulzantes naturales

El hecho de que sean endulzantes naturales recomendados quiere decir que el día que necesites endulzar algo, lo hagas con esto, pero ojo, no estoy implicando en ningún momento que sean endulzantes saludables "para consumo libre". Todos los endulzantes se deben consumir en pocas cantidades, y esto considerando que los niños —y en realidad, toda la familia— cuentan con buena salud. (Recuerda que es un máximo tolerado y no un consumo diario recomendado.)

¿LA STEVIA ES SEGURA PARA LOS NIÑOS?

La stevia es una planta, así que es un endulzante natural, sin embargo, no es ideal para los niños todo el tiempo. La llamada stevia industrial que venden en sobrecitos, definitivamente no está recomendada porque conlleva un proceso industrial y puede contener otros químicos. Sin embargo, la stevia natural (sean las hojas secas enteras, molidas o el extracto) tampoco se recomienda constantemente porque puede acostumbrar a los niños a los sabores dulces intensos. Por lo pronto, no recomiendo usarla en los alimentos de los niños antes de los tres años.

¿LA STEVIA ES SEGURA PARA LOS NIÑOS?

Puedes usarla de vez en cuando (la verás como ingrediente en algunas de las recetas del libro, p. 305), pero no seguido. De preferencia, prepara tú mismo el concentrado: Hierve un puñado de hojas deshidratadas en dos tazas de agua durante 10 minutos. (Con el tiempo podrás ir midiendo la concentración a tu gusto, reduciendo la cantidad de agua.) Consérvalo en un contenedor de vidrio en refrigeración. El único detalle del concentrado es que sólo funciona para endulzar líquidos, pero si necesitas endulzar algún alimento, los dátiles te pueden ayudar.

- *Dátiles.* Contienen folatos, calcio y hierro, además de un delicioso sabor. Son una excelente opción para endulzar licuados, cereales caseros o para una colación, ya sea solos o con nueces. A veces los combino con granillo de cacao y saben deliciosos.
- *Miel de maple.* El jarabe de arce, sirope de arce o miel de maple se extrae de la savia del arce azucarero, rojo o negro, principalmente, pero también de otras especies de arce. Te recomiendo comprarlo de grado B porque es más oscuro y tiene más sabor. Es una opción excelente para postres, hot cakes y para sustituir la miel de abeja.
- *Piloncillo.* Se extrae de la caña de azúcar y se ha considerado como azúcar integral. Es un endulzante calórico natural, rico y accesible. Puedes derretirlo con un poco de agua para preparar miel y conservarla en un recipiente de vidrio.
- *Azúcar mascabado.* Proviene de la caña, pero en su forma más pura, sin refinar, así que conserva sus propiedades. Se extrae el jugo de la caña de azúcar y se deja evaporar hasta conseguir un residuo un poco húmedo.
- *Miel de abeja.* Está repleta de vitaminas, enzimas, minerales y aminoácidos. Desafortunadamente, la mayoría de la miel que se consigue en un supermercado es procesada. Lo ideal es consumirla en su forma natural, de productores locales y orgánicos.

Grasas saludables: coco, oliva y ghee

El coco es una fuente maravillosa de grasa. Un artículo en el *Philippine Journal of Cardiology* menciona que la grasa del coco puede ayudar a reducir los niveles de colesterol "malo", o LDL, en la sangre, y aumentar los niveles del colesterol "bueno", o HDL.[78] Al igual que el aguacate, el coco es uno de los alimentos más nutritivos del planeta, pues cuenta con una alta densidad nutricional y casi todos los nutrientes esenciales que necesitamos.

Si bien el agua de coco es una gran fuente de nutrientes también, siempre lo ideal será consumirla directamente del fruto. Si no es agua de coco natural, carecerá de sus beneficios y sólo se tomará el azúcar. Es altamente hidratante, fortalece el sistema inmunológico, mejora la digestión y nutre el sistema óseo, entre otros beneficios más.[79] Puesto que contiene muchos gramos de azúcar, no es conveniente que un niño tome dos o tres vasos diariamente. Recuerda que todo azúcar se consume con medida, y más si es líquido.

El aceite de coco también es muy nutritivo, tiene propiedades antifúngicas y antimicrobianas, y es fácil de digerir. Se usa mucho para cocinar, pues sus grasas saturadas no se oxidan fácilmente con la luz ni con altas temperaturas.[80] Es muy buena opción en un consumo moderado, pero busca que sea orgánico, al igual que la crema de coco.

También puedes utilizar aceite de oliva, pero que sea extravirgen, de primera extracción en frío y se encuentre en una botella de vidrio oscura. Este aceite tiene muchos beneficios, como la reducción del riesgo de padecer enfermedades cardiacas, la disminución de los niveles de glucosa, la mineralización del organismo y el control de la presión arterial.[81] De preferencia no lo uses para cocinar, sino para aderezar, pero si a tu hijo no le agrada el sabor, no te preocupes, tienes otras opciones y es posible que su gusto cambie en el futuro.

El ghee o mantequilla clarificada es otra grasa saludable que puedes utilizar. No contiene lactosa (el azúcar de la leche) ni caseína (la proteína de la leche), pero sí un alto contenido de vitaminas

A y D, y ácido linoleico. Ayuda a reducir la inflamación generalizada, contribuye a la formación de colesterol HDL y, a diferencia de otros aceites o grasas, puede cocinarse largo tiempo sin formar radicales libres. Es bueno para la digestión y tiene propiedades antivirales.[82] Es una muy buena alternativa si a tus hijos no les gusta el sabor del aceite de coco o del aceite de oliva. Sólo te recomiendo que sea orgánico y de animales de libre pastoreo.

EL MITO DE LA GRASA SATURADA

Yo sé que al leer ghee o mantequilla de inmediato pensaste en colesterol, y esta palabra te suena a enfermedades del corazón, arterias tapadas y problemas de salud severos, pero por fortuna ese mito está quedando atrás. Las investigaciones y los estudios indican lo siguiente:

- La muy extendida recomendación de evitar alimentos altos en colesterol y en grasa saturada probablemente ha incrementado la tasa de enfermedades del corazón, ya que estos nutrientes son importantes para la salud cardiaca.
- El colesterol es una de las moléculas más importantes en nuestro cuerpo, ya que sirve para la construcción de células, como aislante de neuronas y para la producción de hormonas sexuales y vitamina D.[83]
- El colesterol es muy importante para la salud cerebral. Los niveles bajos de colesterol HDL o "bueno" se han asociado con la pérdida de memoria y el Alzheimer, y puede incrementar el riesgo de depresión y agresividad o conducta violenta.[84]
- No podríamos funcionar sin colesterol, pues 90% de él se encuentra en nuestros tejidos y células, especialmente en las del cerebro, el sistema nervioso y el hígado.
- Tener altos niveles de colesterol indica que hay una inflamación en el organismo, misma que puede corregirse modificando los hábitos alimenticios.

> **EL MITO DE LA GRASA SATURADA**
>
> La leche materna es rica en colesterol, aunque sus niveles decrecen los primeros días, pero luego se estabilizan. Si el colesterol no fuera importante, la naturaleza no lo incluiría en la alimentación básica de los niños.

Soya y sus derivados

La soya es todo un tema porque se hablan maravillas de ella y por otro lado se descarta por completo. A veces, tendemos a abusar de la soya cuando nos vamos por el lado de la alimentación vegetariana o vegana, pero no lo hacemos sólo en su forma fermentada, así que puede tornarse perjudicial para nuestra salud. Cuando te aseguras de que sea orgánica y esté fermentada, la soya es fácil de digerir y de asimilar.

> **NO LE DES LECHE DE SOYA**
>
> Evita las leches de soya ultraprocesadas, naturales o de sabores, aun cuando sean orgánicas. La soya debe consumirse orgánica y fermentada, y la leche no se fermenta. La leche de soya se comercializa como si fuera un producto saludable, pero no lo es. Contiene mucha azúcar, muy poca o nada de proteína, así como aditivos y endulzantes artificiales no recomendados para los niños.

Los productos no fermentados de soya son la leche, la harina de soya, la soya texturizada (dile no rotundamente) y el famoso tofu. Por otro lado, los productos fermentados de soya son el tempeh (pastel de soya fermentada), el natto (platillo de soya fermentada con una bacteria específica), el miso (pasta condimentada de soya fermentada) y las salsas de soya y tamari.[85]

A veces hay confusión entre estas dos salsas, pero la diferencia principal es que la de soya suele incluir trigo en su preparación y la salsa tamari no, así que está libre de gluten. Sin embargo, revisa las etiquetas para asegurarte, además de buscar si contienen glutamato monosódico, conservadores, colorantes o azúcares.

La salsa tamari es deliciosa para guisar, y seguramente tus hijos podrán disfrutar de su sabor poco a poco. Es una buena forma de sazonar rápida y naturalmente.

Proteína animal

Éste también es uno de los principales debates de la alimentación saludable, pero quiero dejar algo muy claro, cualquiera de los dos caminos es correcto y está equivocado al mismo tiempo. Consumir o no consumir proteína animal tiene más que ver con ideologías y antepasados directos (nutrigenética), que con una verdad universal sobre la salud. Si decides no comer proteína animal ni dársela a tus hijos, tienes todo el derecho y van a vivir sanos (si lo hacen de manera adecuada, sin abusar de alimentos procesados y su alimentación realmente esté basada en plantas). Su cuerpo se adaptará. Y si comen proteína animal de calidad y con medida, también estarán sanos.

Si eliges consumirla, te sugiero que seas muy estricto y te asegures de que sea de fuentes orgánicas, certificadas, de animales de granja con libre pastoreo. En el caso de pescados y mariscos, que no sean de granja, sino de captura y frescos. Tal vez no pienses mucho en esto, pero debes tener presente que el sufrimiento de los animales repercute en la calidad nutrimental de la carne, por los químicos y antibióticos que les inyectan, y por el tipo de alimentación que reciben, el hacinamiento en el que viven y el maltrato en general al que están expuestos. De hecho, la OMS señala el uso inapropiado de medicamentos en la cría de animales como uno de los factores que aceleran la resistencia bacteriana a los antibióticos.[86] Darle esa carne a tu hijo es igual que administrarle una buena dosis de antibióticos y hormonas que, créeme, no necesita ni le hacen nada bien. (Platica con él sobre los tipos de carne y su calidad, y también sobre la realidad tan terrible que viven esos animales. No lo enseñes a ver el maltrato animal como algo normal.)

Asimismo, si van a consumir proteína animal, que sea máximo una vez al día y no diario. Es común pensar que la proteína animal debe incluirse en todas las comidas, pero no estamos diseñados biológicamente para consumirla en grandes cantidades. Sólo hay que observar a nuestros primos primates para darnos cuenta de que no somos carnívoros por diseño original, ni herbívoros, sino omnívoros, al igual que ellos.[87] Estos primates consumen insectos de forma regular y también huevos.[88] Si te das cuenta, consumen proteína animal, pero en poca cantidad.

Una vez que reduzcas tu consumo de proteína animal, te darás cuenta de que no es más que un prejuicio la idea de no poder vivir sin comer mucha. No quiero que te conviertas al vegetarianismo, pero sí que le bajes a la carne por el bien de tu salud, del planeta y de los animales. Debemos ser conscientes de los productos de origen animal que consumimos, aprender a cuestionarnos de dónde vienen y qué es lo que contienen.

Por supuesto que nuestro cuerpo *necesita* proteínas. Las proteínas y su variedad de aminoácidos son los bloques de construcción principales de nuestros músculos, huesos y de muchas hormonas. Literalmente no podemos vivir sin ellas. Sin embargo, yo promuevo reducir el consumo de proteína animal y aumentar la ingesta de proteína vegetal (granos, semillas y leguminosas) porque la tenemos muy olvidada. Está muy devaluada y en realidad contiene muchos beneficios, entre ellos, ser más accesible. Te propongo que dos días a la semana inventes platillos creativos sin proteína animal, lo cual te ayudará a ahorrar dinero y mejorar tu salud.

> **LUNES SIN CARNE**
>
> Adopta la iniciativa de "Lunes sin carne", la cual promueve que ese día de la semana no consumamos nada derivado de animales. Si ya lo haces, te sugiero establecer otro día en el que tampoco incluyas nada de esto. Puedes ayudarte con las recetas de platillos vegetarianos que incluyo en este libro (p. 315) o visitar mi página web, www.habitos.mx, donde encontrarás muchas ideas para inspirarte. Son gratis, rápidas, accesibles, del gusto de todos y muy variadas.

Lácteos

Mi filosofía es que, si un niño ya no toma leche de su mamá (a partir de los dos años, cuando deja de ser lactante), ya no debería tomar la leche de nadie más. (Tampoco los adultos.) Sé que dirás que está cargada de calcio y proteína, pero no porque tenga mucha proteína o mucho calcio el cuerpo de tus hijos los va a aprovechar realmente. Al contrario, puede sobrecargar sus pequeños órganos.

Por si fuera poco, los lácteos se encuentran entre los alimentos más alérgenos que existen, además de que los lácteos comerciales o convencionales (no orgánicos o de animales de libre pastoreo) están tan manipulados y procesados, que no representan los beneficios que pudieras pensar.

Hay muchos debates en torno a la leche y hay campañas publicitarias de bigotes blancos que definitivamente hacen parecer muy prometedores sus beneficios. Sí, la leche se volvió popular por su alto contenido de calcio, sin embargo, los estudios indican que realmente el villano de aquí es la caseína, la proteína de la leche, y es ésta la que hace más daño.[89] Lo anterior es el escenario natural de la leche, pero las de ahora, las comerciales que encuentras en cualquier tienda, ya han sido además pasteurizadas, ultrapasteurizadas, deslactosadas, homogeneizadas, descremadas, tienen sabor añadido, etc. Lo mismo sucede con los demás productos lácteos industrializados, como los quesos, las cremas y el yogurt. Si quieres consumirlos, procura que sean orgánicos y de cabra o de oveja, ya que son más fáciles de digerir.

Si buscas fuentes de calcio para fortalecer los huesos de tus hijos, considera mejor opciones vegetales, como ajonjolí, frijoles, quinoa, berros, almendras, semillas de girasol, algas, nopales, dátiles, higos y naranjas, entre otros.

Alimentos destacados

Maíz

No hay nada más rico que una tortilla, en la forma que sea: tacos, entomatadas, enfrijoladas, con aguacate, en chilaquiles, en quesadilla, en burrito. Es un gran aliado de la alimentación en México, algo que digerimos bien y es muy versátil. Además, contiene muchas vitaminas, minerales, fibra, proteína vegetal (en poca cantidad, pero es un buen aporte), carbohidratos y mucho más. Procura consumir tortillas de maíz nixtamalizado orgánico, pues tristemente la marca más comercial usa harina refinada de maíz y conservadores. El precio no varía mucho, pero sí hará una gran diferencia en tu salud.

Chía

Es increíblemente saludable y puedes incluirla en muchas recetas sin que se note. Es un buen aporte de vitaminas, minerales, omega-3, fibra (contiene el doble que la avena), ácidos grasos, antioxidantes, calcio, hierro, potasio y proteína vegetal.[90]

Aguacate

Es nuestra fruta estrella. Su grasa y sabor son inigualables, y contiene 12 de las 13 vitaminas existentes. Además, contiene omega-3 y 6, ayudándonos a mantener nuestra salud cardiaca, y fibra de buena calidad, la cual contribuye a nuestra salud digestiva, mejorando significativamente la absorción de vitaminas.[91] Es fácil de incluir en ensaladas, tacos y licuados para los niños. En guacamole o sólo con sal de mar es delicioso. Me encanta como opción en la alimentación de bebés en sus primeros meses de ablactación.

Amaranto

Es una excelente fuente de proteína vegetal, por lo que es un alimento muy recomendado para niños y mujeres embarazadas. Se le considera el alimento del futuro por su alto valor nutrimental. Se clasifica como un cereal integral y aporta muy buenas cantidades de calcio, hierro y ácido fólico. Se puede usar como un rico cereal casero con leche y cacao, o para empanizar.[92]

Frijoles

Es uno de los alimentos más consumidos en México y un paquete completo de nutrientes, ya que es alto en fibra y carbohidratos de absorción lenta.[93] Son tan versátiles, que puedes incluirlos en el desayuno, el almuerzo, la comida y la cena de los niños. Algo tan sencillo como tacos de frijoles machacados con aguacate y sal de mar es un platillo accesible, sencillo y práctico para cualquier presupuesto. También se pueden hacer tostadas de frijol, burritos de frijol, caldo de frijol, crema de frijol, etcétera.

Avena

Este delicioso cereal promueve el crecimiento de la flora intestinal, lo cual brinda múltiples beneficios para la salud: fortalece el sistema inmunológico, previene enfermedades respiratorias y digestivas, y disminuye el riesgo de desarrollar hígado graso.[94]

Cacao

El cacao contiene más de 50 nutrientes. Tiene propiedades antioxidantes, antiinflamatorias y neuroprotectoras. Los estudios confirman que el cacao es beneficioso para el corazón, los vasos sanguíneos, el cerebro, el sistema nervioso y para combatir la diabetes y otros padecimientos degenerativos.[95] Se pueden preparar deliciosas paletas de hielo, licuados o chocolates caseros, como las recetas que te recomiendo en la parte final del libro (p. 305).

Semillas de cáñamo

Las semillas de cáñamo son un alimento increíble que contiene los 20 aminoácidos que existen. Son fáciles de digerir y tienen un alto contenido de grasas omega-3. Al final de este libro incluyo una receta de tortillas en la que combino las semillas de cáñamo con la masa del maíz para potenciar su beneficio (p. 340).

Linaza

Si licuas esta semilla se hace polvo, el cual, mezclado con leche, puede ser un buen sustituto de la avena caliente (p. 310). Además, es una fuente excelente de fibra, que previene y alivia el estreñimiento. Contiene omega-3, vitamina B_6, hierro, potasio, cobre y zinc, así como polifenoles, los cuales favorecen el crecimiento de la flora intestinal. Tiene propiedades antivirales y antibacterianas, así que su consumo regular puede ayudar a reducir la incidencia de gripas o resfriados en los niños.[96] Puedes incluirla en licuados, cuando haces pan, en tortillas y muchas cosas más.

Germinados

La calidad de la proteína y el contenido de fibra de las leguminosas, los frutos secos, las semillas y los granos mejoran cuando se germinan. Son una gran fuente de proteína vegetal y, por si fuera poco, tienen un alto contenido de hierro y clorofila. Germina frijoles, lentejas, cebada, arroz, chícharos, garbanzos, semillas de girasol y semillas de calabaza. Puedes agregar un poco a sus jugos. Algunos niños sí disfrutan su sabor con limón, pero otros quizá no.

EL FAMOSO GLUTEN

Muchas veces leemos empaques que dicen ser "libres de gluten" como si eso significara que es saludable; un producto ultraprocesado puede ser libre de gluten y estar como quiera lleno de aditivos. Libre de gluten sólo significa eso, que no tiene la proteína que se encuentra principalmente en el trigo, la avena, el centeno y la cebada. Esta proteína causa un gran daño en personas con sensibilidad a ella o enfermedad celiaca, una reacción inmunológica que daña el intestino delgado e impide la absorción de los nutrientes. Los granos libres de gluten son el arroz integral, el maíz, el amaranto, el sorgo, el trigo sarraceno y la quinoa, entre otros, pero ten cuidado al comprarlos, pues muchas veces se puede dar una contaminación cruzada.

En la actualidad, los granos y sus derivados están en todas partes y ya no tienen mucho que ver con lo que realmente es un grano entero de hace décadas. La industria moderna ha desarrollado granos que pueden contener hasta 40 veces más gluten que antes, el cual se descompone en nuestro estómago en una mezcla de polipéptidos que pueden atravesar la barrera hematoencefálica y entrar a nuestro cerebro, donde se adhieren a los receptores de morfina y nos provocan una sensación de éxtasis.[97] Por eso nos atraen tanto las donas, los panes y los pasteles.

Es posible que tu hijo o tú sean intolerantes al gluten y ni siquiera lo sepan, pues no sólo se encuentra en el pan, las pastas y las galletas, sino en sazonadores, helados, cremas, aderezos, adobos, cátsup, embutidos, mayonesa y muchos otros. Pero si no hay una alergia o una intolerancia, podrían comer productos de trigo, pero de preferencia de granos germinados. Yo les doy pan de granos germinados o 100% integral a mis hijos, pero definitivamente no todos los días, pues tampoco creo que comer gluten con frecuencia sea tan positivo. Además, siempre he preferido los panes de harina de coco, de almendra, de amaranto, de arroz integral y el delicioso maíz.

Además de las mencionadas arriba, las principales fuentes de gluten son bulgur, cuscús, espelta, farina, germen de trigo, harina integral, matzá, sémola, trigo, triticale y trigo khorasan o kamut, entre otras.

EL FAMOSO GLUTEN

Revisa las listas de ingredientes de los productos que consumes y busca otros nombres para gluten, como almidón modificado, avena sativa, ciclodextrina, color caramelo (extraído de la cebada), complejo amino-péptido, dextrina, extracto de granos fermentados, extracto de levadura, extracto de malta hidrolizada, jarabe de arroz integral, maltodextrina, proteína de soya, proteína vegetal, proteína vegetal hidrolizada, saborizantes naturales y tocoferol.[98]

Su alimentación en la escuela

Ya quedamos que es imperativo y fundamental para los cambios de hábitos en nuestros hijos reportar las escuelas que sigan vendiendo chatarra de lunes a jueves. La escuela debe ofrecer opciones saludables y naturales para los alumnos, y no siempre se hace así. Si en verdad las escuelas apoyaran con esto, no sería un problema pensar qué mandarles de almuerzo todos los días. Lo triste de esto es que, en lugar de hablar con la escuela, formar un comité saludable o reportarla, muchos padres terminan diciendo: "Mejor no le mando nada y que compre lo que sea".

No necesitamos ser profesionales de la salud para alimentar a nuestros hijos saludablemente. Es cuestión de usar alimentos naturales y mandarles los que más les gustan, los que sí se comen, respetando sus preferencias individuales. Quien no hace algo por la buena, menos lo hará por la mala. Cuando algo no les guste comer a tus hijos, respeta que no les gusta y punto.

Lo ideal es que prepares su almuerzo con la comida o cena que hayas preparado para toda la familia. Si tienes arroz, por ejemplo, puedes hacerle albóndigas de arroz (p. 319), acompañarlas con aguacate y verduras, agregar un huevo cocido y ¡listo! Armar su almuerzo para la escuela puede ser tan fácil como tú quieras. Comienza con lo que ya tienes; la idea es que te habitúes a preparar todo en casa, a cambiar de ingredientes y darle a tu hijo cosas que sí se coma. Mientras más lo limites a un menú especial, más te complicarás tú.

El empaque es una parte muy importante para que todo llegue en buen estado y se le antoje más. Nadie quiere comerse un sándwich húmedo mezclado con el jugo de limón de las verduras con chile o comerse una plasta de chilaquiles. Te recomiendo lo más sencillo y básico para el empaque:

- Contenedores seccionados.
- Moldes pequeños de silicón que te sirvan para dividir.
- Un termo de acero inoxidable hermético para las sopas, las cremas y algunos licuados. Conservará la preparación fría o caliente, según sea el caso, y no se derramará. Nadie quiere tomarse una sopa fría y chorreada.
- Un termo de acero inoxidable para el agua natural. Es muy importante que se acostumbre a tomar agua sola. Las aguas de sabores —con ingredientes naturales— son un extra en el menú de la casa.

A continuación, te comparto cuatro ejemplos de platillos principales por cada día de la semana. Puedes rotarlos a lo largo de un mes y añadir más conforme se amplíen sus preferencias:

Lunes	Martes	Miércoles	Jueves	Viernes
Tamalito de frijoles	Pan con ghee y miel de abeja	Taquitos de aguacate, frijoles y huevo	Sándwich de crema de cacahuate con mermelada	Arroz con leche y arándanos
Pan francés	Quesadilla	Tortitas de quinoa o arroz	Avena refrigerada	Sándwich de aguacate

Lunes	Martes	Miércoles	Jueves	Viernes
Tortitas de camote	Nuggets de arroz caseros	Flautas de verduras	Pan con cajeta vegana	Omelette individual de verduras
Arroz con leche	Burritos	Hot cakes de chocolate	Taquitos de frijoles	Tortilla española

Guía y recomendaciones generales para ese almuerzo

- *Varía los ingredientes y las porciones, y modifica lo que consideres mejor.* La meta es que puedan comer saludable, variado y delicioso, dentro de tu presupuesto. Siempre incluye en su almuerzo:

  o *Verduras.* Crudas o al vapor, pero sin condimentos. No te compliques ni te molestes si tu hijo no se las come al principio. ¿Sólo quiere zanahorias? Mándale zanahorias por ahora; después podrás combinarlas con pepino y jícama. ¿No se las comió? Insiste, pero así, poco a poco y sin regañar. Si lo regañas será menos probable que se las coma y habrá más posibilidades de que te mienta. Nadie cambia de hábitos de un día para otro. ¿Te gustaría que alguien te regañara por no comer diariamente tu porción de ensalada completa? Creo que no. Bueno, a tu hijo tampoco le gusta. Empatía y comprensión, ¿recuerdas? Nada de imposiciones ni amenazas. Déjalo que cambie a su ritmo. Si tú respetas su proceso, él se sentirá validado y te dará gratas sorpresas con su nueva alimentación.

  o *Frutas.* Variadas y de preferencia crudas. Hay frutas que se oxidan, pero se las puedes mandar cocidas o como las prefiera. Lo que buscas es que se las coma, no que te haga caso sin repelar. No es una lucha de poderes. Puedes combinar la fruta con nueces, almendras o con alguna otra semilla si es que le gustan. Recuerda que es importante remojar las nueces y las almendras una noche antes. (Déjalas en agua natural durante ocho horas mínimo y enjuágalas.) Compra frutas y verduras de temporada, y apoya a los productores locales.

o *Colación*. Es la parte más "rica" del almuerzo, la botana que le quitará las ganas de ir a la tiendita para comprar comida chatarra.

- *Siempre mándale agua natural*. Si apenas está empezando a tomarla, puedes mandarle aguas de sabor hechas en casa. Agua de limón, naranjada, agua de piña, mango, melón, sandía, etc. No te preocupes por ponerle azúcar mascabado o miel de abeja por ahora; sólo agrega un poco y ve reduciendo la cantidad de endulzante con el tiempo.

- *No incluyas productos comerciales*. Tampoco productos que incluyan algo del acordeón de aditivos que te hice (p. 163).

- *El empaque y la forma es todo para los niños*. Si puedes, dale una forma vistosa y divertida; si no, no pasa nada. Puedes ser creativa sin desgastarte; hasta una quesadilla partida en triangulitos es curiosa en lugar de la quesadilla normal. Agrega varios colores entre las frutas y las verduras. También podrías incluir notas recordándoles que los amas, lo bonito de sus ojos, lo inteligentes y fuertes que son, lo mucho que los admiras y lo increíble que es ser su papá o su mamá.

- *Si apenas empieza a comer frutas y verduras, considera mandarle poca cantidad para que no desperdicie si lo deja*. Poco a poco se irá acostumbrando y un día las consumirá normalmente. Esto es igual que educarlos para decir "por favor" y "gracias". Lo repites durante años, hasta que un día lo dicen solos. No desistas. Repetir es parte de nuestro trabajo como líderes y guías. Si no le das opciones saludables diariamente en su almuerzo y en casa, ¿cómo quieres que las pruebe y determine si le gustan o no?

DI NO A LAS GELATINAS COMERCIALES

Las gelatinas comerciales que encuentras en el supermercado están repletas de aditivos y colorantes; las que no contienen azúcar las endulzan con edulcorantes artificiales no recomendados para niños. Evítalas. Si quieres hacer gelatina, compra grenetina en polvo o agar-gar, y dale el sabor que quieras con ingredientes y endulzantes naturales.

- *Evita los alimentos ultraprocesados.* No es sólo el tema de que coman poco o mucho azúcar, sino tantos químicos.
- *Acuerda con otros padres de familia turnarse para mandar almuerzos saludables para todos, y así no tendrás que hacerlo tú siempre.* Mientras más padres de familia estemos conscientes de la importancia de una alimentación saludable y natural para los niños, tendremos mejores opciones disponibles en todas partes.
- *Permite que participen en la preparación de su almuerzo.* Lo valorarán más, y no pasa nada si se ensucian un poco. Al contrario. Les va a gustar y es un buen momento para estar juntos haciendo cosas para todos. Involúcralos, hazles preguntas, dales opciones. Es muy diferente decir: "Como ya sabes que la fruta es necesaria para tu salud y es muy buena para tu cuerpo, y por eso quiero que la consumas, ¿me puedes decir cuál es tu favorita, la que sí te quieres comer, para mandarte ésa?", que decir: "Te voy a mandar papaya y quiero que te la comas toda. Donde regreses algo, vas a ver". Créeme, los resultados son absolutamente diferentes porque todo está en la forma en que les decimos las cosas. Se logra más con miel que con hiel.

- *Puedes incluir proteína animal si tu familia la consume.* Recuerda que el consumo preferente es una vez al día y no diario. Recuerda que la proteína vegetal es igual de saludable.

Su salud irá cambiando poco a poco. Considera que un niño saludable no está exento de enfermarse —también algunas enfermedades menores son necesarias para reforzar sus defensas—, pero la frecuencia con que se enferme, el tiempo que le tome recuperarse y la gravedad de la enfermedad pueden ser completamente distintos si lleva una alimentación saludable. La alimentación de los niños no es cuestión de practicidad, sino de mejorar y conservar su salud.

Vital en el cambio de hábitos de los niños: una escuela libre de chatarra

Hice hincapié en que la escuela debe ayudarnos a que nuestros hijos lleven una alimentación saludable. No dudes en buscar nuestro apoyo en Hábitos® (www.hábitos.mx) para que puedas reportar las escuelas que no cumplan con esto. Queremos ayudarte a que tus hijos y tú tengan nuevos hábitos, pero la escuela debe ser parte de ellos, y no un lugar donde no puedan continuar sus buenos hábitos. Por favor, sé un activista en salud para los niños porque son quienes más lo necesitan. Reporta la escuela, habla con los directivos, crea un comité de salud y generemos juntos mejores oportunidades para todos. Hacer esto es tomar tu responsabilidad como cliente de una escuela que te está apoyando en la formación de tus hijos.

> **¿SABÍAS QUE...?**
>
> En México, los niños en edad preescolar son los que más consumen productos ultraprocesados. Es urgente reportar las escuelas que infrinjan la prohibición de vender chatarra de lunes a jueves.[99]

Uno de los objetivos que nos hemos propuesto es que la chatarra no sea parte del menú escolar y se elimine por completo de las escuelas, ya que la salud y el comportamiento de los niños no pueden estar sujetos a los intereses de las empresas, pasando por alto lo que a nosotros nos importa: el bienestar y la salud de nuestros hijos. Debemos contribuir promoviendo la ley que ya prohíbe que se venda este tipo de productos dañinos.

En mayo de 2014 se actualizó la ley para regular los alimentos y las bebidas que se venden en todas las escuelas públicas y privadas de México, desde preescolar hasta universidad, prohibiendo la venta de comida chatarra de lunes a jueves, por lo que sólo se deben ofrecer alimentos naturales esos días. Los refrescos se consideran tan dañinos y sin beneficio alguno, que no pueden venderlos ni un solo día en las escuelas.[100] Sólo los viernes pueden vender comida chatarra, pero que cumpla con ciertos criterios. La idea es que esta medida ayude a no consumirlos diariamente ni a darles a los niños el mensaje de que está permitido y está bien hacerlo.

¿SABÍAS QUE...?

En promedio, un niño consume en su escuela 561 kilocalorías a la hora del almuerzo, más del aporte calórico recomendado: para preescolar, 195; para secundaria, 237; para educación media y media superior, 347.[101]

De acuerdo con la ley mencionada, de lunes a jueves se debe ofrecer a los niños frutas y verduras, cereales integrales (amaranto, avena, granola sin azúcar), leguminosas secas (garbanzos y habas), oleaginosas (cacahuates, pepitas, chícharos secos, semillas de girasol) y agua natural. Los viernes se puede ofrecer yogurts, jugos y néctares en porciones menores a 124 mililitros, más alimentos líquidos de soya, dulces, postres, pastelitos, galletas y botanas. Nunca se permiten refrescos (sólo en secundaria se permiten versiones *light*) ni leches de sabor.[102]

Las autoridades educativas deben difundir el contenido de la ley para que toda la comunidad —alumnos, padres y maestros— esté informada y sea más sencillo que se cumpla.[103] Si bien lo que se permite los viernes no es de mi agrado, este paso es enorme para mejorar los hábitos de tus hijos.

MANTRAS PARA NUESTROS HIJOS

- Toma mucha agua natural; la necesitas para vivir.
- Las bebidas azucaradas no te quitan la sed, al contrario; te deshidratan y te ponen ansioso.
- La comida chatarra no es comida, pero sí es chatarra.
- Comer saludable es lo normal, *no* comer saludable es común, pero no normal.
- La comida no es entretenimiento. Come sólo cuando tengas hambre.
- Deja de comer cuando estés satisfecho. No permitas que yo insista. Esto te evitará muchos malos hábitos de grande.
- Comer frutas y verduras diariamente es *necesario* para disfrutar tu infancia.

TERCERA PARTE

NUTRE SU MENTE Y SUS EMOCIONES

Capítulo 7

Lo que no comen, pero los nutre mucho más

Después de cinco años dedicada al cambio de hábitos —y en un principio muy enfocada en la alimentación—, me he dado cuenta de que todo lo referente a la comida es algo sencillo y que muchas veces sabemos por instinto. (De repente lo complicamos, pero si realmente erradicaran todos los alimentos ultraprocesados del mundo, no habría otra opción más que una alimentación tan natural como la que te recomiendo.) Sin embargo, cuando se trata de la salud emocional, de esa clase de alimentación, el camino a seguir no suele ser tan claro en algunos momentos, no es tan fácil como encontrar stevia natural o pan de grano entero. Es algo tan subjetivo y tan profundo, que muchas veces no nos gusta siquiera enfrentarlo porque requiere aceptar responsabilidades y trabajar en uno mismo primero y después como padre o madre. Se trata de controlarnos, conocernos, estar presentes, sentir a nuestros hijos y aprender a comprender, y no es fácil aceptar de entrada que quizá no sabemos hacerlo.

La dificultad que sentimos parte del hecho de que no consideramos los temas emocionales dentro de nuestros hábitos, y también son algo que necesita cultivarse, que se va formando poco a poco y podemos modificar, igual que nuestra relación con la comida. Podemos mejorar, crecer como personas y después ver ese cambio reflejado en nuestros hijos. Todo cambio en un niño siempre empieza en sus padres.

Yo quiero ser una mamá contenta y tranquila, transmitirles a mis hijos, por medio del ejemplo, las ganas de estar bien, de vivir, de amar la vida, la actitud con la que hago ejercicio, con la que estoy con ellos, con la que trabajo, ese contento que mi trabajo me brinda… Ellos copian lo que ven, entonces quiero que vean cosas buenas. Pero para eso necesito trabajar en mí, mejorar como persona, ser honesta conmigo misma y ver de dónde surgen mis comportamientos. Es increíble cómo los niños nos ayudan a ser mejores personas en todos los aspectos de la vida.

Por eso, este capítulo no se trata sólo de la salud emocional de tu hijo, sino de la tuya. Es una invitación para que empieces a indagar qué no está del todo bien en ti, qué te hace reaccionar de tal o cual manera, y para que trabajes en ello a fin de que no proyectes tu infancia en la de tus hijos. Los niños somatizan todo lo que pasa a su alrededor, en su entorno, y lo expresan con alguna manifestación física. Un niño puede comer todo natural y orgánico, pero si en su casa hay tensión, gritos, peleas, nalgadas, castigos y estrés, claramente su sistema inmunológico no será óptimo y menos su comportamiento y su idea de sí mismo. El ambiente es un gran factor de influencia para los niños, al igual que para todos. Hasta las células dependen de su entorno para protegerse y crecer.

Existe un término que se llama "configuración en la infancia", el cual implica que justo en esa etapa tan corta, divertida e inocente de la vida es donde el ser humano configura la mayor parte de los programas con los que funciona el resto de su vida. Programamos a los niños con el trato que les damos a ellos y a los demás. La forma como les hablemos será la forma en que se hablarán a sí mismos; la forma como los amemos será la forma en que se amarán. Y no me malinterpretes; estoy absolutamente segura de que amas a tus hijos y quieres lo mejor para ellos siempre, pero no por querer lo mejor instantáneamente sabes qué es lo mejor ni cómo hacerlo bien. Por ejemplo, si en tu casa te pegaban de niño, seguramente crees que es lo mejor para tus pequeños, pero no es así. Por eso, aunque quieras lo mejor, el concepto y la forma de aplicarlo pueden estar equivocados. Caemos fácilmente en la repetición de patrones inútiles y que nos lastimaron de niños, en el uso de frases que jamás le diríamos a un adulto y perpetuamos los abusos físicos, esas famosas "nalgadas a tiempo", que no son otra cosa más que un abuso. No lo hacemos cuando son grandes y se defienden, sino cuando son niños, en su momento más vulnerable, y eso es abusar del más débil, creyendo que "se lo merecen" o es "una lección necesaria", cuando realmente les estamos enseñando lo opuesto de lo que pretendemos. El amor no maltrata ni duele ni lastima. No los hagas pensar que así debe ser el amor.

En los niños no debemos buscar la obediencia a costa de lo que sea, sino la cooperación. Son dos términos absolutamente distintos: el primero supone sumisión y el segundo empodera. No pueden siquiera compararse, pero desafortunadamente evaluamos su efectividad en función del fin alcanzado, aunque éste no justifica los medios. Recuerda que estás formando a un ser humano, el cual saldrá al mundo con las herramientas que le diste. No estás manejando un inconveniente que llegó a tu vida y a tu casa. Tú lo invitaste a la fiesta, ¿recuerdas? Muchas veces actuamos como si ellos nos hubieran pedido la vida, pero nosotros los invitamos a compartirla, así que debemos tratarlos como lo que son, invitados, alguien con quien tienes atenciones, buenos tratos y haces todo lo posible porque estén a gusto y bien el tiempo que estén contigo. Porque sí, los hijos también se van a ir; sólo son invitados.

VERDADERA ABUNDANCIA

Te recomiendo que en su vida haya mucho menos de esto...

- Comidas con dispositivos
- Celulares

VERDADERA ABUNDANCIA

- Horas de televisión
- Juguetes electrónicos
- Gritos y regaños
- Bebidas azucaradas
- Alimentos procesados

Y más de esto...

- Comidas en familia
- Salidas al parque
- Juegos con papá y mamá
- Juegos al aire libre
- Besos y abrazos
- Agua natural
- Frutas y verduras

Los niños son el futuro, y aunque suene a frase trillada, observa a todos los líderes que tenemos actualmente; si revisáramos sus infancias, veríamos que corresponden perfectamente a su configuración inicial. Creo que nada se compara con la felicidad de darte cuenta de que tu hijo es una persona de bien, y todos compartimos ese deseo cuando sabemos que traeremos una nueva persona a este mundo. Todos queremos ayudarlos, darles lo mejor, motivarlos, estimularlos, y qué mejor que hacerlo de la manera más efectiva y positiva posible.

Los niños se convierten en lo que les enseñamos. No necesitamos nada más con ellos que ser congruentes en nuestra vida. Uno cree que, si "escondes" o si finges frente a los niños, ya lograste que no repitan una u otra actitud, pero no es así. Ellos perciben más allá de la actuación. No se trata de pelear con tu pareja y no hacerlo frente a los hijos. Por supuesto, es mejor que hacerlo frente a ellos si hay faltas de respeto, pero ellos perciben el ambiente tenso y los cansa, los debilita. No es necesario decirles que estás feliz cuando realmente estás triste; ellos perciben perfectamente tu estado de ánimo. Los niños comparten mucho del territorio emocional de sus padres, y por eso se dice que son nuestro espejo. Nos guste o no, nos enseñan lo que no nos agrada a veces de nosotros mismos, y también lo que sí.

Cuando tienen roces o se dan situaciones justo por ese comportamiento que no te gusta de tu hijo, lo más probable es que lo compartas, que sea una situación no resuelta que tu hijo aprendió de ti y está mostrándote. No se portan mal; muchas veces sólo reflejan de una forma no agradable lo que no te gusta de ti mismo. Por supuesto, también traen a cuestas lo suyo pero, ¿cómo distingues qué es suyo o tuyo? Para mí, el termómetro es que me moleste o me irrite. Si mi hijo de dos años está llorando o teniendo un desborde emocional (lo que comúnmente llaman "berrinche" o "pataleta"), y yo siento enojo o ganas de hacer que pare en ese preciso instante, es un tema mío que se refleja en él. Cuando se da la misma situación y conservo mi estabilidad emocional para verlo como lo que es, un desborde emocional natural que no se debe eliminar, sino acompañar, entonces me parece parte de su desarrollo y de su falta de herramientas de comunicación. Muchas veces no se trata de cómo controlarlo a él, sino a ti.

El entorno es una gran influencia

Simplificar y mejorar su entorno actualmente parece una lucha monumental frente a la televisión y sus comerciales, las fiestas infantiles, el sedentarismo en las aulas y en casa, los dispositivos electrónicos que ponen a su alcance información no necesariamente adecuada para ellos, el exceso de videojuegos violentos, las tienditas de las escuelas y los menús infantiles que sólo los llenan de químicos, además de sus pocas horas de sueño. Si a esto le agregamos nuestros prejuicios y creencias en torno a la infancia y sus necesidades, nuestra poca paciencia, tiempo y disposición, se vuelve una meta muy difícil que un niño viva saludablemente.

CUANDO UN NIÑO LEE

- Crea un buen hábito futuro porque aprende a ser autodidacta.
- Ejercita su cerebro.
- Aprende ortografía y redacción.
- Mejora y amplía su léxico.
- Se vuelve más empático.
- Aumenta su memoria y su capacidad de concentración.
- Desarrolla su capacidad reflexiva.
- Incrementa su conocimiento.

Obviamente, para generar este hábito primero debe verte leer a ti. Así le llamará la atención. Si tú no lees y le dices que debe hacerlo porque es un muy buen hábito, él entenderá que no es tan bueno porque, si lo fuera, tú también lo harías. Es un tren de pensamiento muy simple. Los adultos también usamos esa lógica cuando alguien nos da consejos y vemos que no los aplican en sí mismos. Así que, comienza a leer; es muy bueno para todos. O mejor aún, cuéntale un cuento porque:

- Desarrolla su creatividad.
- Aumenta su concentración.
- Mejora su memoria.
- Le inculca el hábito de la lectura.
- Lo ayuda a conectarse con sus emociones.
- Le enseña nuevas palabras (en especial si es un niño pequeño).
- Estimula su aprendizaje.
- Reduce el estrés y la ansiedad.
- Promueve la crianza con apego.

Siempre será mejor que tu pequeño se duerma con un cuento y no viendo la televisión. La luz de las pantallas lo altera por tanto estímulo visual, mientras que los cuentos lo relajan.

Limita y supervisa lo que ven en internet y en la televisión

Los niños no tienen el juicio suficiente para procesar los condicionamientos mentales de la televisión abierta. No tienen filtros. Lo que ven los orienta a desear cosas, a tener aspiraciones mal encauzadas por tantas historias clasistas, sin hablar de los programas tan agresivos que hay actualmente, con temas que no son aptos para niños de ninguna edad, además de contener palabras altisonantes. Por supuesto, nos gustaría que cambiara la programación, pero lo que ven tus hijos es tu responsabilidad, no de la televisora.

DATOS QUE DEBEN LLAMAR NUESTRA ATENCIÓN[1]

- El juego libre ha disminuido más de nueve horas a la semana a lo largo de los últimos 25 años.
- Los niños de entre dos y cinco años pasan más de 32 horas a la semana frente a una pantalla.
- Los niños en edad escolar pasan más de siete horas al día con medios electrónicos.

La publicidad que muestran es uno de los principales problemas, ya que es una excelente herramienta para aumentar las ventas y dar a conocer un producto o servicio. Indiscutiblemente, es un medio necesario para las empresas, pero se presta a muchas confusiones, particularmente en la industria alimentaria, así que debería estar más controlada, sobre todo la publicidad dirigida a los pequeños, como opinan muchos expertos en el tema. El UNICEF declaró en un estudio sobre la promoción de alimentos y bebidas no saludables dirigida a niños que el sobrepeso y la obesidad están afectando cada vez más a niños y adolescentes en Latinoamérica y el Caribe,[2] y se reconoce como uno de los principales contribuyentes y factores de riesgo de la obesidad infantil. El UNICEF recomendó a los gobiernos la creación de políticas públicas integrales y a las empresas el cumplimiento de los estándares globales de la asamblea de la OMS para proteger a niños y adolescentes.[3]

La idea no es prohibirles ver televisión y que los niños jamás disfruten de una caricatura, pero podemos controlar lo que ven. Ahora más que nunca tenemos acceso a canales sin comerciales, incluso a televisión bajo demanda, para evitar esta publicidad desagradable que sólo manipula el deseo de compra de tus hijos y provoca desbordes emocionales cuando no cedes, dañando su salud.

EJERCICIOS DE *MINDFULNESS* PARA NIÑOS

Mindfulness es una práctica para estar en el presente, para no estar pensando lo que pasó o lo que pasará, sino estar concentrados en este momento. Es sencillo hacerlo con los niños porque de alguna manera apenas están aprendiendo a fugarse del presente con su mente. No es un tema espiritual, sino un ejercicio mental con múltiples beneficios:

- Provee paz y tranquilidad.
- Aumenta su atención.
- Despierta la empatía.
- Reduce el estrés.
- Mejora la concentración.
- Mejora la calidad de su sueño.
- Reduce la agresividad y la hiperactividad.

Te recomiendo contarles estos beneficios y explicarles que se trata de una práctica para tener la mente aquí y ahora, para que el pensamiento no se vaya brincando como changuito por todos lados, sino que esté quieto como una rana. Si lo haces como un juego, con nombres pegajosos para los niños, aprenderán a hacerlo.

1. *Respiración de abeja (60 segundos)*. Tapar las orejas con los pulgares y cerrar los ojos. Inhalar aire lentamente por la nariz y, al momento de exhalar, imitar el sonido de una abeja, "bzzz". Lo puede hacer tantas veces como quiera e ir aumentando diariamente.

EJERCICIOS DE *MINDFULNESS* PARA NIÑOS

2. *Juego del silencio (60 segundos)*. Estar en silencio y percibir los sonidos del exterior. Puedes ir aumentando el tiempo según los avances que veas. Al finalizar el ejercicio, puedes preguntar qué escuchó o quién escuchó más ruidos.
3. *Observar como detectives (60 segundos)*. Observar un objeto detenidamente, ya sea una vela, un reloj de arena, un juguete, etc. Al finalizar el tiempo de observación, puedes preguntar qué observó.
4. *Hacer burbujas con jabón y reventarlas "con la vista".* Fijar su atención durante varios segundos, de burbuja en burbuja.
5. *Juego de la quietud.* Acuesta a tu hijo en el suelo, con los ojos cerrados y muy quieto, y coloca una moneda sobre su frente. La idea es que no se le caiga y puedas ir apilando varias.

Los niños son el público más indefenso ante la persuasión publicitaria, sobre todo por su ingenuidad. Cuando ves un comercial para niños y alguien dice que saldrá un conejo de una caja, tú tienes el juicio crítico para saber que no saldrá ningún conejo. Pero el niño cree en el conejo de la misma forma que cree ciegamente en Santa Claus. Y aunque no sea tan pequeño y sepa que el conejo realmente no es su amigo ni saldrá jamás de la caja, ya es un consumidor cautivo. Diversos organismos internacionales y nacionales reconocen que los niños son muy vulnerables a la publicidad, no comprenden su sentido persuasivo ni que sus estrategias son una manipulación asociada con el consumo del producto, un regalo, una hazaña o un personaje.[4]

¿ESO ES DE NIÑO O DE NIÑA?

Éste es uno de los temas que todavía vemos con mucha naturalidad hoy en día, sin darnos cuenta de que estamos abonando a la cultura machista a nivel mundial. No se trata nada más de feminismo. Es que no deberíamos estereotipar a los niños desde que llegan a este mundo: rosa para las niñas y azul para los niños, como si el color definiera algo realmente. Muñecas para las niñas y carritos para los niños. Y si mi hijo quiere jugar con muñecas, o mi hija quiere jugar con el carrito, hay que verlos raro porque no puede ser y quizá perjudique su identidad sexual, ¿no? ¿En serio?

Éstos son juicios innecesarios de adultos que queremos imponerles desde pequeños. Jugar con algo "de niño" no te hace niño, y jugar con algo "de niña" tampoco te hace niña. Aunado a que *ser niña* no tiene nada de malo y tampoco deberíamos perpetuar expresiones negativas como: "Corre como niña" o "Pega como niña". Yo corro rápido. Entonces, ¿a eso se refieren?

No te hagas ideas que no son. Si un niño juega con una muñeca, es eso y ya. No proyectes tus inseguridades. Ese niño un día será padre; sería muy bueno que también supiera jugar con muñecas y no tuviera ideas machistas que le inculcaron desde niño. Es triste ver que a las niñas sólo les den juegos de cocina, muñecas, bebés, carritos del supermercado, como si fuera todo a lo que debieran aspirar. ¿Qué implica eso, que las niñas deben aprender a ser amas de casa y los niños a hacer cosas rudas? ¿Queremos seguir viviendo en una sociedad así? Los hombres y las mujeres no somos iguales, pero valemos lo mismo, y ese valor comienza desde el hecho de que cada quien pueda jugar y hacer lo que más le guste, vaya o no en contra de los prejuicios de una sociedad. Enseña a tus hijos a respetar a todos. Dejemos atrás esas ideas obsoletas con las que proyectamos nuestras inseguridades en su inocencia porque sólo les crean conflictos existenciales.

¿ESO ES DE NIÑO O DE NIÑA?

El rosa es sólo un color, igual que el morado, el verde o el amarillo. No los pongas a competir entre quién es mejor, las niñas o los niños. Ni dividas nada "de niño" y "de niña". Ellos no saben sobre separatismo y, si lo han aprendido, es por nosotros, sus padres. Libérate de esas ideas para que ellos también vean su entorno igual, sin prejuicios de ningún tipo. No los hagas juzgar desde chicos. Siempre será redituable proteger la inocencia de la infancia el mayor tiempo posible. Procura que en su mundo todo sea de niñ@, mientras puedan jugar con ello y divertirse. Deja tus miedos de lado porque sólo entorpecen su curiosidad.

No es exageración. Los estudios indican que:[5]

- A los 18 meses, los niños empiezan a reconocer logotipos.
- Los niños son el principal objetivo de la publicidad actual porque son grandes consumidores y mediadores o motivadores para que sus padres tomen decisiones de compra.
- Alrededor de 40% de la publicidad dirigida a niños es de alimentos.
- México es el país con mayor exposición a comerciales. Cada dos horas, los niños ven más de 12 mil comerciales.
- México es el país con el mayor número de comerciales de alimentos y bebidas sin contenido nutrimental, y de acuerdo con evidencia científica, hay una relación directa entre la exposición a estos mensajes y el incremento del índice de sobrepeso y obesidad.

Si quitamos de su alcance los productos de limpieza porque no tienen el juicio para decidir si les hacen daño o no, y podrían ingerirlo, ¿por qué los dejamos ver publicidad cuando sabemos que no cuentan con el juicio necesario para decidir qué es lo mejor para su salud? La recomendación no es prohibir la televisión (aunque reducir su uso siempre será bueno), sino fomentar que vean películas y programas sin anuncios para que los disfruten sin llenar su cerebro de información innecesaria.

Minimalismo en sus vidas

El minimalismo se trata de vivir con poco para necesitar poco. Enfocado en los niños, se trata de guiar su atención hacia lo que realmente importa en la vida. Podríamos definirlo como la exaltación intencional de las cosas con más valor y la eliminación de todo lo que nos distrae de ellas. Si logramos que este concepto forme parte activa en la crianza de nuestros hijos, será una gran herramienta para su vida, y de paso para la nuestra.

Un ejemplo muy claro que podemos darles a nuestros hijos sobre minimalismo es consumir menos y tener sólo lo necesario. De nada sirve que tengan *todos* los juguetes —que ni usan— apilados y comprarles cada cosa que piden, pero tampoco deben vernos consumir cosas que no necesitamos. Es cuestión de simplificar la vida. No necesitan tantos juguetes ni ropa ni accesorios. Sólo nos necesitan a nosotros; lo demás es básicamente secundario. Cuando los niños tienen cosas materiales en exceso, tienden a pedir cada vez más; sin embargo, como ya sabrás, la novedad les dura un día (y a veces menos). Ahora quieren comprar, comprar y seguir consumiendo, y parece que no tienen llenadera. Si además de reclamar más cosas, están menos contentos con lo que tienen y hacen comparaciones con lo que tienen los demás, es un buen indicador de que necesitamos simplificar su entorno, incluyendo el nuestro.

Pero no se trata sólo de objetos. También necesitamos aplicar el minimalismo en la mente. El regalo del "tiempo en familia" es invaluable: crear juegos con su imaginación y tener tiempo libre es fundamental para simplificar sus pensamientos. Ayúdalos para que de adultos no necesiten vivir ocupados y comprando para sentirse bien.

Recuerda que hasta cierta edad ya no es tu responsabilidad entretenerlos; ellos deben aprender a hacer eso y jamás sucederá si te preocupa que no estén "ocupados".

> **¿SABÍAS QUE...?**
>
> Los estudios demuestran que los niños que comen en la mesa con la familia tienen niveles más elevados de rendimiento académico, además de bienestar psicológico.[6]

Enséñales a ayudar en casa

Claramente me refiero a responsabilidades acordes a su edad, pero es necesario que participen de la responsabilidad en la casa por la simple y sencilla razón de que viven ahí y toda la familia es un equipo que trabaja por el bien común. Este tema es de particular importancia con los niños varones, pues en la sociedad machista en la que vivimos se cree que no es necesaria su cooperación en la casa y se considera correcto que los varones no apoyen. Esto debe cambiar. Enséñales que toda la familia coopera, que es lo justo, para que sea congruente lo que intentas inculcarles.

Comienza desde que sean pequeños, haciendo hincapié en que todos viven en la casa y a todos les gustan las cosas limpias y ordenadas. Cuando te ayudan tienen muchos beneficios:

- Aumentan su autoestima y su seguridad.
- Aprenden responsabilidades que les servirán en su escuela, su trabajo, etcétera.
- Reafirman sus habilidades motoras.
- Se sienten valorados como integrantes de la familia.
- Desarrollan habilidades para trabajar en equipo.
- Promueven la organización y el orden en sus demás actividades.

- Comienzan a formar un sano concepto de disciplina e independencia.

¿Cómo comenzar?

- Explícales la dinámica y las razones para hacerlo, incluyendo que todos en la casa tienen derechos, pero responsabilidades, y dales a escoger entre varias opciones.
- Elige una tarea acorde a su edad.
- Los niños aprenden por imitación. Enséñales cómo se hace con paciencia y sin señalar errores obvios y esperados.
- Elogia el esfuerzo, no el resultado.
- Al inicio, realiza la actividad con ellos varias veces para que se sientan apoyados.
- Cuando lo hagan solos, no juzgues ni evalúes. Estás buscando que se vuelva un hábito, no que lo hagan perfectamente.

Puedes probar con estas actividades:

- Recoger sus juguetes después de usarlos.
- Ayudar a poner y recoger la mesa.
- Organizar su habitación.
- Limpiar cualquier accidente que hayan tenido. Si derraman agua, que vayan por una toalla y la sequen.
- Doblar y guardar su ropa.
- Hacer un pan tostado con mermelada.
- Servirse su vaso de agua para la comida.
- Limpiar sus zapatos.
- Bajar las bolsas del supermercado del auto.
- Llevar su ropa al cesto de la ropa sucia.
- Ayudar en la preparación de los alimentos (siempre con supervisión).
- Separar juguetes que no usan para donarlos.

- Darle de comer a la mascota.
- Regar las plantas.

Ecopedagogía: aire libre y jugar con tierra

Jugar al aire libre es algo indispensable para los niños, así como ensuciarse y no estar siempre en ambientes controlados. Cuando juegan en exteriores y les damos la libertad de ser niños y tirarse al piso, resbalarse, ensuciarse y andar descalzos, les estamos permitiendo tener una conexión profunda con su naturaleza y aumentar su imaginación, su creatividad y su intuición a través de la experiencia. Crecer y desarrollarse únicamente en ambientes totalmente controlados los limita, y a la larga desarrollan problemas físicos y emocionales.[7] Los estudios han demostrado que jugar al aire libre disminuye el porcentaje de trastornos de comportamiento, TDAH, obesidad, insomnio, estrés, alergias, cansancio crónico, depresión, apatía, falta de concertación y movimiento limitado, entre otros.[8]

Cada día es más escaso el tiempo que tienen los niños para jugar en exteriores. Es más, por extraño que parezca, los presos pasan más tiempo al aire libre que los niños entre cinco y 12 años de todo el mundo. Según ciertos estudios, los pequeños no suelen superar los 30 minutos al día afuera.[9] Alentar a los niños a que salgan a jugar, a que se muevan (el movimiento es vida) y se conecten con la naturaleza es la vía ideal para cambiar radicalmente muchos trastornos infantiles.[10] ¡Los niños que juegan al aire libre son más felices, saludables y fuertes!

Lo ideal es que puedan aprender cercanos a su esencia para que se estimule su potencial. Es natural que los niños aprendan y al mismo tiempo corran, salten, jueguen y se relacionen con otros seres vivos. Los niños tienen una mente sin juicio, lo que les ayuda a relacionarse a través de sus sentidos y conocer así el mundo de una forma más profunda, sin imposiciones artificiales que no aportan, pero sí limitan.

Los entornos naturales son idóneos para el desarrollo de la creatividad, una capacidad indispensable en la salud de nuestros hijos. No es sólo para jugar: ser creativos los prepara para enfrentar retos, tomar decisiones y adaptarse a cualquier ambiente. Además, les ayudará a comprender que son parte de un todo, que no son más ni menos importantes que alguien o algo, sino que todos somos simplemente diferentes.

Es cuestión de ayudarles a que crezcan con libertad, sabiendo que pueden estar descalzos, jugar en el suelo, probar, tocar, ensuciarse, jugar con agua, con tierra, con lodo, etc. Así formaremos niños plenos, responsables y generosos, dándoles la confianza y los recursos que necesitan para ser quienes quieran ser.

Que interactúen con su medio ambiente es una necesidad realmente, incluso física, ya que estimula su sistema inmunológico. El hecho de que tu hijo se ensucie con lodo no es sólo para que se divierta, sino para que aumente sus defensas. Estar siempre con el gel antibacteriano en el bolsillo y completamente pulcro resulta contraproducente para su salud. Un estudio del Departamento de Alergología del Hospital de Gotemburgo, en Suecia, concluyó que vivir en casas extremadamente asépticas provoca que las defensas de los niños se vuelvan irritables.[11]

Francisco Guarner, presidente de la Sociedad Española de Probióticos y Prebióticos, dice que, para tener una mejor salud, "conviene aumentar el contacto con la naturaleza",[12] así que ensuciarse con tierra y pasto, trepar árboles y jugar con las piedras del parque no sólo es divertido, sino que reduce el riesgo de que desarrolle alergias alimentarias, asma, dermatitis, y lo ayuda a generar emociones positivas y sentimientos de felicidad.

Saca a tus hijos a jugar a un parque o al espacio más natural que tengas cerca. Tiene muchos beneficios:[13]

- *Desarrollan huesos más fuertes y tienen menor riesgo de padecer cáncer.* Los niños que pasan más tiempo encerrados no reciben suficiente luz solar y tienen deficiencia de vitamina D.

- *Es básico para evitar la obesidad y la diabetes infantil.* Los médicos estiman que los niños sedentarios y con obesidad reducen su esperanza de vida entre tres y cinco años.
- *Mejora su visión.* Se ha descubierto que los niños que juegan al aire libre tienen menos incidencia en el uso de lentes.
- *Se vuelven menos propensos a padecer depresión infantil e hiperactividad.* Pasar tiempo en la naturaleza, incluyendo parques y jardines, calma a los niños.
- *Son más amigables.* Se relacionan con otros niños y crean juegos con ellos, lo que mejora sus habilidades sociales.
- *Son más creativos.* Tienden a dejar libre su imaginación, invención y creatividad para jugar con elementos naturales.

Quítales los zapatos

Hasta la fecha, cuando mi mamá me ve descalza, dice: "Ponte zapatos, por favor". Siempre me regala pantuflas o algo que sea fácil y rápido de poner porque piensa que no los uso por flojera. Cuando era pequeña me correteaba por todos lados con los zapatos en la mano para que me los pusiera, y honestamente nunca me ha gustado. Me encanta andar descalza. No me molestan el frío ni el calor, las texturas rasposas o húmedas, si es pasto, tierra o lo que sea. A mi esposo y a mí nos gusta mucho y lo disfrutamos, así que andar descalzos es lo más normal para mis hijos.

En la actualidad, el uso permanente de los zapatos es algo natural; incluso les ponemos algún tipo de calzado a los niños desde muy temprana edad. Quizá todavía ni gatean, pero se les ven "bonitos". Sin embargo, vale la pena considerar las repercusiones de esta práctica en el desarrollo y en el correcto funcionamiento de nuestro cuerpo y nuestras habilidades físicas, y más cuando se trata de los niños porque el efecto es mucho mayor.

Recordemos que los zapatos se diseñaron originalmente para proteger las plantas de los pies en determinadas situaciones y siempre de manera *temporal*. Al ser el único punto de apoyo entre el cuerpo y el piso, nuestros pies tienen un papel crítico en la forma como reacciona el cuerpo y controla cualquier movimiento. La planta del pie tiene miles de receptores nerviosos altamente sensibles al movimiento, la vibración, la presión y la textura, de los cuales depende nuestra capacidad para caminar, correr o brincar. En el momento que nos ponemos calcetines o zapatos, bloqueamos estos nervios, provocando un retraso en la información que mandan al sistema nervioso, así que nos volvemos menos hábiles o más lentos para ciertas actividades motrices. En el caso de los niños pequeños, el efecto es mayor porque apenas están desarrollando esta capacidad y necesitan contar con toda la información sensorial.[14]

Ponerles zapatos a los bebés que no caminan los priva de información táctil y la percepción de la posición y el movimiento de sus pies en relación con el espacio, algo importante para su sistema nervioso central. De hecho, el uso de zapatos a temprana edad puede afectar la capacidad de un niño para caminar correctamente, y hasta su desarrollo cerebral. Tener buena postura también es un buen hábito, y andar descalzo contribuye a generar una mejor postura en los niños, pues caminan con la cabeza en alto y no necesitan voltear hacia abajo tanto, algo que los desequilibra.[15]

Asimismo, la estructura y la función del pie pueden cambiar como resultado de adaptarse a la forma del calzado, en lugar de desarrollarse de manera natural. El pie de un bebé no es una versión en miniatura de un pie adulto; de hecho, no tiene huesos y se compone principalmente de cartílagos que se solidifican a lo largo de los años, formando los huesos. Este proceso termina hasta la adolescencia, así que elegir un buen calzado —cuando se use— es de vital importancia: no te guíes sólo por la estética, sino por su utilidad. Cómprales un calzado flexible, con suela delgada y que les permita el mayor rango de movimiento posible.

Espera a que empiecen a caminar para ponerles zapatos, y de todas maneras enséñalos a estar descalzos cuando sea posible (previa revisión de cualquier objeto que pueda causarles daño). Tiene múltiples beneficios:

- Promueve su desarrollo natural.
- Contribuye a una mejor postura.
- Ayuda a su estabilidad.
- Mejora el control y el movimiento de su cuerpo.
- Estimula su capacidad y velocidad motriz.
- Fomenta su desarrollo cerebral.
- Desarrolla los músculos y ligamentos del pie.
- Afina su percepción del espacio y el entorno.
- Aumenta su seguridad y confianza.
- Les permite tener contacto con la naturaleza.

El movimiento es clave para el desarrollo de los niños

Si tu hijo se mueve, es porque está vivo. El movimiento es fundamental para un desarrollo sano. El juego activa a los niños y los hace moverse, y el movimiento es el primer paso hacia el desarrollo del cerebro. Cuando un bebé comienza su desarrollo, lo primero que hace después de relacionarse con su entorno y sus cuidadores es empezar a moverse. El movimiento mejora su capacidad cognitiva y estimula su crecimiento, además de que ayuda a la regeneración cerebral y optimiza su funcionamiento.[16] El patrón que siguen los niños —siempre y cuando se les permita— viene codificado en su ADN, es decir que nuestra intervención no es necesaria; ellos ya saben perfectamente cómo desarrollar su cuerpo desde el instinto. Por eso escuchas a todos los padres decir que su hijo "No se está quieto". Y qué bueno, porque no debería.

A los tres o cuatro meses de edad, cuando un bebé está bien alimentado, cuidado, se siente seguro y sus padres están tranquilos, existe una etapa de sintonización entre ellos: cuando los padres sonríen, el bebé les devuelve la sonrisa. Desde ahí comenzamos todos a jugar. Después, los bebés empiezan a jugar moviendo el cuerpo, agitando sus brazos o sintiendo cómo su cuerpo responde a los estímulos externos, y en cuanto puede ponerse en cuatro patas (entre los tres y nueve meses), empieza a gatear.[17] Se mete cosas a la boca, prueba con distintas texturas y explora todo lo que esté a su alcance, aumentando su conocimiento del mundo exterior y del espacio. La curiosidad que le despiertan los objetos y la manipulación de los mismos es un patrón innato del juego. A medida que los niños desarrollan su capacidad de manipularlos (alrededor de los 15 meses), sus circuitos cerebrales se vuelven más complejos.[18]

El juego imaginativo se empieza a dar a partir de los dos años y ésta es probablemente una de las facultades humanas más poderosas.[19] A lo largo de nuestra vida, la imaginación es fundamental para la recuperación emocional y la creatividad. Esta capacidad nos ayuda a desarrollar empatía, comprensión y confianza, y a ser capaces de superar las dificultades. En el mundo occidental, el tiempo de juego se ha ido reduciendo paulatinamente. Primero los adultos empezaron a limitarlo, aumentando el tiempo que debían pasar los niños en actividades relativas a la escuela y después limitaron su libertad para jugar solos, incluso fuera de la escuela. Muchos niños parecen comenzar la "carrera" mucho antes de llegar a la universidad porque hemos convertido la infancia en eso, en una prueba de velocidad, de cantidad y de resistencia, provocando presión y competitividad, impidiendo a los niños vivir su infancia. El sistema educativo —por más "alternativo" que quiera parecer— los presiona para que adquieran conocimientos y destrezas, y su escaso tiempo libre a menudo se reparte entre la tarea, las clases extracurriculares y el sedentarismo frente a las múltiples pantallas que ahora tienen a su disposición.

Con el juego social nacen las habilidades sociales, como la amistad y la pertenencia. Empieza con el juego paralelo, sin relacionarse directamente con nadie, y le sirve como puente para un juego más cooperativo, el cual se da naturalmente en cualquier lugar, no necesariamente en un salón encerrado con niños de la misma edad. Más adelante, cerca de los cinco o seis años, define su empatía hacia los demás, comparte sus elementos y escucha a los otros. El juego brusco (no agresivo) también le aporta otras cosas, como una conciencia social y su idea de cooperación y justicia. El juego es una práctica para lo que viene después.

El desarrollo de su cuerpo físico se da junto con su desarrollo intelectual, también a través del juego. Es importante permitirles expresarse y que exploren, jueguen e investiguen, en la medida de lo posible. Muchas veces tratamos de controlarles todo, al grado de que, para que "aprendan" a caminar, les compramos una andadera, por ejemplo. En lugar de ayudar, evitamos que fortalezcan su cuerpo para poder levantarse solos, así como generar y refinar las conexiones nerviosas necesarias para tener un equilibrio adecuado. Como esto, existe un sinfín de cosas que hacemos con la mejor intención y "por el bien" de nuestros hijos, pero sólo entorpecen su desarrollo.

PERMITE QUE SE ARRIESGUE

Cuando yo era niña y me salía a jugar con mis amigos, no había nadie controlando el tipo de juego ni si era peligroso o no. Definitivamente, éramos muchísimo más libres antes que ahora. Jugábamos con fuego, hacíamos herramientas con palos, nos trepábamos a los árboles, nos aventábamos con la patineta en bajadas muy pronunciadas (sin casco ni rodilleras), usábamos los juegos del parque como no se deben usar, subiéndonos al volantín por fuera para volar por todos lados, o usando el columpio al revés para brincar cuando estuviera en lo más alto, y mil cosas más que eran increíblemente divertidas.

PERMITE QUE SE ARRIESGUE

El día de hoy, los juegos infantiles no son así. Todo es controlado, demasiado seguro y dirigido, y curiosamente, del mismo modo gradual y continuo en que se ha reducido la libertad de los niños para arriesgarse, también han aumentado las psicopatologías infantiles.[20] Esto es devastador. Por nuestros propios miedos de adulto, privamos a los menores de la libertad de arriesgarse en sus juegos con el fin de protegerlos del peligro, y al final lo que conseguimos fue que sufrieran trastornos mentales.

Los niños están diseñados por naturaleza para adquirir resistencia emocional solos mediante juegos arriesgados y emocionantes (aventarse, dar vueltas, tocar el fuego). A largo plazo, impedirles jugar arriesgadamente los expone a mayores riesgos y los priva de su diversión. Para que el juego sea realmente seguro, debe ser libre, no forzado ni dirigido o promovido por adultos. Debemos confiar en que los niños son muy buenos para reconocer sus propias capacidades y ellos mismos evitan tomar riesgos para los que no están preparados física o mentalmente. Nuestros hijos saben mucho mejor que nosotros qué cosas pueden hacer y cuáles no. Cuando los adultos los animamos (lo que a veces se convierte en presión) a hacer algo para lo que no están preparados, el resultado puede ser una mala experiencia y no un estímulo. Existen grandes diferencias entre los niños, incluso dentro del mismo grupo de edad. Lo que es emocionante para uno, es traumático para otro. Por eso no deben intentar hacer lo mismo todos, como pasa en una clase de deportes dirigida en la que los ponen a hacer lo mismo. Los niños saben cómo dosificarse a sí mismos con la cantidad justa de miedo, y para que lo logren, necesitan estar a cargo de sus propios juegos.

Toma en cuenta las siguientes recomendaciones:

- Déjalos jugar, permíteles tener su espacio y no intervengas si no te lo piden.

- Si es posible, que pasen la mayor parte del tiempo en espacios abiertos y en la naturaleza.
- Déjalos caminar descalzos.
- Dales la oportunidad de correr riesgos.
- No los tengas todo el día sentados; es normal que quieran expresarse.
- Déjalos explorar su entorno.
- Sé más relajado para que tu hogar sea un lugar agradable y no un cuartel general del que tus hijos quieran salir a toda costa.

Recuerda que, por más que queramos ayudar a nuestros niños, es necesario que aprendan por sí mismos. Como dijo María Montessori: "Cualquier ayuda innecesaria es un obstáculo para el desarrollo".[21]

¿Qué pasa cuando juegan?

No es fácil definir el juego, ya que una infinidad de actividades pueden pasar por juegos, ya sea en conjunto o de forma individual, y dependen del gusto personal, sin embargo, podemos rescatar algunas propiedades o características básicas:[22]

- No tiene otro objetivo más que la diversión.
- Es voluntario, no se hace por obligación ni por deber.
- Es agradable en sí mismo, genera bienestar.
- Es entretenido, hace que perdamos la noción del tiempo.
- Es absorbente, aleja otros pensamientos.
- Ayuda a improvisar conductas, pensamientos, movimientos, estrategias, etcétera.
- Siempre lo deseamos por el placer que provoca.

Sí, principalmente tiene que ver con diversión, pero jugar también es bueno para el desarrollo de los niños:[23]

- El juego construye y desarrolla el cerebro.
- Es uno de los sistemas de aprendizaje más poderosos. Al jugar, la capacidad de aprendizaje se incrementa hasta 500 por ciento.
- Disminuye el estrés y mejora el estado de ánimo.
- Incrementa la capacidad de concentración.
- Es un medio para socializar.

Algunos estudios han determinado que la cantidad de juego tiene una relación directa con el desarrollo de la corteza frontal, responsable de la capacidad cognitiva. El juego y la exploración desencadenan la secreción de la proteína FNDC (factor neurotrófico derivado del cerebro), esencial para el desarrollo de las células cerebrales y el sistema nervioso, específicamente en la amígdala, que es donde se procesan las emociones, y en la corteza prefrontal dorsolateral, donde se procesa la toma de decisiones.[24]

¿QUÉ PASA CUANDO JUEGAS CON TUS HIJOS?

- Establecen vínculos emocionales positivos.
- Generan empatía hacia otras personas.
- Refuerzan su seguridad y autoestima.
- Se fomenta en ellos el hábito de la convivencia.
- Se sienten amados.
- Aprenden a compartir su tiempo y espacio.
- Reducen el estrés y la ansiedad.
- Refuerzan su salud emocional.

Si quieres hijos "buenos" (aunque todos son buenos realmente), pasa con ellos el mayor tiempo posible. Quieren tu atención, tu amor, tu tiempo, no que les compres cosas. Si tus hijos sólo quieren cosas, es momento de darles más atención.

¿QUÉ PASA CUANDO JUEGAS CON TUS HIJOS?

Cuando convivas con tus hijos, apaga tu celular, no des instrucciones, vuélvete niño, no tengas un plan, quédate presente, sin pensar, ponte a su nivel, sé un verdadero niño jugando. Lo que más te recomiendo es tener tiempo para jugar con ellos diario, aunque sea un rato. Jamás lo olvidarán y tendrá muchos beneficios para ellos, para ti y para la familia entera.

El juego nos enseña a comunicarnos y a negociar con otros, a formar un buen criterio. Nos ayuda a diferenciar situaciones, identificar si existe seguridad o peligro, a entender cuándo debemos defendernos o huir. El juego nos permite "fingir" que afrontamos dificultades o retos en un ambiente seguro; es un ensayo de la vida. El juego nos enseña a lidiar con el dolor, el estrés y el conflicto, y a confiar en nosotros mismos, en nuestras capacidades y en las de otros. Si analizamos el juego, deberíamos verlo como una guía para el desarrollo integral tanto a nivel intelectual como físico y social.

RAZONES POR LAS QUE UN NIÑO NO DEBE TENER UNA TABLETA PARA ÉL SOLO

- Le impide socializar de manera natural.
- Se vuelve adicto a los constantes estímulos que proveen los dispositivos.
- Se torna más sedentario, pero "hiperactivo" cuando no la usa.
- Su descanso no será el óptimo por tanto estímulo.
- Pierde el interés por otro tipo de aprendizaje.
- Se expone a información inadecuada para su edad y su nivel de comprensión.
- Pierde tiempo de juego libre.
- Lo estás privando de los pocos años de infancia que tiene.

El placer que produce el juego en los niños es sumamente intenso, ya que es necesario para que el cerebro se desarrolle rápidamente.

Al llegar a la edad adulta, el cerebro ya no se desarrolla tan deprisa y, por ende, nuestra necesidad de jugar disminuye, así que podemos dejar de hacerlo por un tiempo. Sin embargo, no debemos exigirles a nuestros hijos que estén quietos o que dejen de jugar si su naturaleza los impulsa a hacer todo lo contrario. No es lógico pedirles que se comporten como adultos, en contra de los dictados de su instinto. No podemos ni debemos limitar su desarrollo.

Entiendo qué estás pensando ahora: "Entonces, ¿lo dejo brincar en la sala, en la mesa y que queme la casa?" Desde luego que no. La idea es que se divierta al aire libre, en el jardín, en el parque o donde pueda; ésa es la meta. Pero si es dentro de la casa, te propongo que, en lugar de decirle todo lo que *no* puede hacer, que es mucho (no rayar las paredes, no pisar los tapetes con los pies sucios, no aventar pelotas adentro, no subirse a los muebles, no brincar en la cama, no subirse a la cama con zapatos, no mojar, no salpicar, no chorrear y una lista inmensa), dile lo que *sí* puede hacer, como brincar "de aquí a acá", subirse a tal cosa, brincar en tal cama, salir al jardín y ensuciarse, mojarse afuera, experimentos con tal playera que no usa y que puede manchar, etc. Facilitaría mucho las cosas.

Los padres necesitamos relajarnos. Son muy pocos años en los que jugará así. Ya después puedes tener la casa tan pulcra como quieras, nadie brincará en la cama ni habrá obras de arte en las ventanas. Y ese día, querrás que vuelva a ocurrir. Déjale mejor buenos recuerdos, buenos momentos.

El tiempo libre es necesario y tiene muchos beneficios

A veces confundimos el aburrimiento con tener tiempo libre. Hemos ocupado a tal grado a los niños que, si tienen tiempo libre, sientes que debes hacer algo más para mantenerlos entretenidos: buscar otra clase de natación, karate o lo que sea para que "aprendan" más, o estén haciendo "algo de provecho", como dicen. Pero deben tener tiempo libre. Aburrirse es una actividad también, pues despierta su imaginación, están consigo mismos y aprenden a entretenerse a sí mismos, que es lo natural.

Los niños tienen todas sus herramientas y juegos en la cabeza. Sólo necesitan un incentivo para desatar su imaginación, y éste casi siempre es no tener nada estructurado que hacer. El juego es indispensable para los pequeños, es parte inherente de la infancia, así que déjalos jugar solos un rato (con supervisión si es necesario por su edad); que su juego, su historia, sus tiempos y ritmos sean los que lleven la batuta. Nunca los interrumpas ni te entrometas corrigiendo o preguntando qué hacen, a menos de que ellos te lo pidan. Tus hijos están en su mundo interno, se esfuerzan por crearlo, desarrollan su creatividad e imaginación, la cual es pura e ilimitada. Nuestra misión es tratar de protegerla y distorsionarla lo menos posible.

Niños "normales"

Todos los niños hacen mucho ruido y sólo tienen dos volúmenes de voz: alto y altísimo. No se cansan de jugar y preguntan todo constantemente, quieren saber todo y a cada momento. Les encanta llamar nuestra atención y no pueden estar mucho tiempo sentados o en el mismo lugar, corren y saltan en lugar de caminar, trepan todo, lloran y se ríen muy fuerte porque se expresan emocionalmente sin filtros. Seguramente también has pensado, como todos lo hemos hecho, que tus hijos son demasiado inquietos porque no pueden parar de brincar, correr, subir y bajar. Pero no. Tu hijo no es el más hiperactivo ni necesita diagnóstico ni medicamentos. Tu hijo es normal. Así son todos, unos más que otros, y nuestro papel no es intentar frenarlos con gritos y amenazas, sino darles el espacio adecuado para que sean libres. Delimita su zona natural de juego y déjalos ser.

MIEDO VERSUS RESPETO

Nuestra sociedad tiene varios detalles que debería revisar, pues terminamos confundiendo algunas ideas con otras sin detenernos a pensar qué es lo mejor. Sólo repetimos y repetimos sin cuestionarnos. Es muy común pensar que nuestros hijos tienen que respetarnos y obedecernos siempre sin contestar y sin cuestionar. No tomamos en cuenta que la obediencia ciega y el respeto sin que sea recíproco solamente es miedo. A veces se escuchan frases que denotan un liderazgo nulo como: "Porque soy tu padre/madre", dejando claro que no hay una razón de fondo.

Todo esto ha sido un malentendido que hemos heredado, pero que podemos cambiar hoy. Lo que debe quedar muy claro es que *temer no es respetar*. ¿Cómo evitar infundir miedo? La amenaza es la principal herramienta para dar miedo, así que no la utilices. Platica, negocia y arregla las cosas de persona a persona. Sobre todo, olvida la idea de que el adulto es superior a un niño. No, somos iguales. Trátalo como te gustaría que te hubieran tratado a ti en la infancia y cambia los patrones de crianza negativos.

Fomenta el sueño reparador

El sueño infantil son los periodos diurnos o nocturnos durante los que descansan los niños, y es algo tan básico como comer, pues cumple una función reguladora y reparadora fundamental. Así como piensas en la comida para que estén saludables, debes pensar en que cumplan con su sueño reparador. ¿Has escuchado que los niños crecen mientras duermen? Pues es cierto.

Es devastador para su salud física, mental y emocional cuando no duermen bien, hablando de tiempo y calidad. La falta de sueño se ha relacionado con una amplia variedad de problemas de salud, y los niños suelen dormir mal cuando consumen alimentos altos en azúcar, hacen poco ejercicio durante el día, tienen muchas actividades que promueven el sedentarismo, no juegan, están estresados, el ambiente en casa no es positivo, sus horarios son irregulares, hay problemas familiares, tienen miedo o están sobreestimulados.[25]

Durante el sueño, los niños asimilan y organizan lo visto y aprendido, y maduran física y psicológicamente. Por eso es tan importante establecer horarios desde temprana edad y respetar el tiempo de sueño de los niños. A veces pensamos que no es necesario, pero realmente les puede afectar, y más si al día siguiente hay que levantarlos muy temprano. El sueño nocturno no se repone con las siestas de la tarde; si bien mejoran el cansancio del día, no lo reponen. Esto es lo que pasa en el cuerpo de los niños cuando se desvelan:

- Su crecimiento es deficiente.
- Su desarrollo cognitivo y su capacidad para memorizar se ven limitados.
- Presentan falta de atención y concentración.
- Padecen agotamiento físico y mental.
- Desarrollan trastornos de ansiedad.
- Tienen un alto nivel de estrés y un bajo rendimiento en su aprendizaje.
- Se debilita su sistema inmunológico.

Ahora bien, que los niños se desvelen no es dormirse a las tres de la mañana, como un adulto, sino incumplir con sus horas adecuadas, como verás en la siguiente tabla:

Horas diarias de sueño recomendadas[26]	
4-12 meses	12-16 horas (incluye siestas)
1-2 años	11-14 horas (incluye siestas)
3-5 años	10-13 horas (incluye siestas)
6-12 años	9-12 horas

Duérmelos temprano con una rutina que los ayude a descansar, a crecer, a fortalecer su sistema inmunológico y les dé la suficiente energía para jugar y aprender. Nunca es tarde para cambiar de hábitos y comenzar con uno más positivo.

UNA CRIANZA POSITIVA

- Lo que tu hijo piense de sí mismo le abrirá más puertas que su rendimiento escolar.
- Cultivar una autoestima sana es un regalo invaluable, y eso comienza con los padres.
- Pídele todo por favor y dale las gracias.
- Reconoce sus esfuerzos y valida sus emociones sin juzgarlas o acallarlas.
- Enséñalo a perdonar rápido dándole el ejemplo.
- Agradécele que te haya escogido como padre o madre.
- Hazle saber que tu amor es eterno e incondicional, independientemente de lo que haga o de cómo se comporte.
- Lo que tiene que decir importa, y mucho. Cuando hable, escúchalo.
- Dile "no" menos veces. Mejor explícale lo que sí puede hacer.
- Evita criticarlo y recuérdale que todos nos equivocamos para aprender. La crítica no mejora la situación, al contrario, desgasta las relaciones.
- Haz que tu hijo ame estar en casa. Que sienta que pertenece, que nadie lo juzga.
- Deja de gastar tanto dinero en cosas que pronto dejarán de importarle.
- Míralo a los ojos.
- Recuérdale que ha sido un regalo tenerlo contigo.
- Cuelga fotos en las que aparezca haciendo algo bien y se sienta querido, recuerdos que le evoquen emociones positivas.
- Enfócate en todo lo que hace bien.
- Hazle saber que estás orgulloso y pídele consejos.
- Cuéntale muchos cuentos.
- Cuando te señale algo que haces mal, sé humilde.
- Siempre ríete con él, no de él.

UNA CRIANZA POSITIVA

- Dale la oportunidad de convertirse en una autoridad en algo.
- Mantente cerca, pero no encima de él.
- Cuéntale historias de ti que no tengan que ver con el aprendizaje, pero sí con errores que cometiste de niño para que vea que equivocarse es normal.
- Fomenta que gane su dinero y lo use como quiera.
- No lo compares con nadie, menos con sus hermanos. No existen dos niños iguales.
- Interésate en lo que le gusta.
- Cocina con él.
- No le hagas la tarea ni pidas perdón por él. No tomes sus decisiones ni asumas sus responsabilidades.
- Enséñalo a relajarse y a respirar pensando en una "idea feliz".
- Muéstrale cómo obtener para luego repartir y compartir.
- Brinca en la cama con él.
- Enséñalo a amarse a sí mismo para que sea capaz de amar a los demás.
- Haz que sienta la satisfacción de ayudar a los demás.
- Date permiso de no ser perfecto como padre. Confía en tus instintos.
- Ponte a su nivel en todo.
- No te distraigas con el celular: te estás perdiendo el mejor regalo que te dio la vida. Quédate con él sin hacer nada.
- Evita juzgar para que no sea una persona que juzgue.
- Mejora como ejemplo; es la única forma en que tu hijo aprenderá.
- Juega mucho, todo lo que puedas.
- Dile que nadie es mejor que él, pero tampoco es mejor que nadie.
- Recuerda que es la persona más mágica del mundo y que está contigo por un rato. Disfrútalo, no tarda en crecer.

Invítalos a meditar

> Si le enseñáramos a meditar a cada niño de ocho años, eliminaríamos la violencia del mundo en una sola generación.
>
> DALAI LAMA

La meditación es una práctica que tiene beneficios incalculables para la salud y el bienestar de todos. Si quieres, puedes transportarlo a un contexto espiritual o religioso, pero de entrada no tiene esta connotación. Para los niños es una práctica increíble que los ayuda a autorregularse, a disminuir su estrés, a aumentar su confianza y seguridad, los ayuda a descansar mucho mejor por la noche y aprenden a concentrarse y a observar sus propios pensamientos, entre muchas otras cosas. Son grandes beneficios también para los adultos, así que no hay nada mejor que aprender a hacerlo desde niños.

Para que tu hijo quiera meditar, recuerda que debes hacerlo tú primero, ya sea junto con él o que vea realmente que es un hábito en tu vida. Platícale los beneficios para que sepa por qué lo está haciendo. Puedes decirle que jugará mejor al día siguiente porque va a dormir mucho mejor, se sentirá feliz más tiempo y las emociones de tristeza, enojo y frustración se irán rápido como las nubes en un día con viento.

Ayúdalo a meditar —idealmente— un minuto por año de vida, a partir de los cuatro o cinco años, pero puedes comenzar con dos minutos nada más, aunque ya sea grande. El punto es que lo haga, que se forme el hábito de la práctica, que lo vea como algo normal y cotidiano, pues el tiempo realmente depende de su disciplina. Enfócalo en algo que le guste, como ver que su pecho se infla con la respiración como si fuera búho, consciente de que no puede vivir más que unos minutos sin respirar.

> **ENSÉÑALO A NUTRIR SU INTERIOR CON ESTOS HÁBITOS**
>
> * Dar gracias al despertar.
> * Pedir con intención.
> * Agradecer antes de dormir por todo lo que tiene.
> * Admirar la naturaleza y sorprenderse con las distintas formas de vida.
> * Compartir con él libros y películas que desarrollen su fe, sus valores y sus virtudes.
> * Hablarle de empatía, compasión, comprensión y todo lo que le ayude a desarrollar un vínculo positivo con los demás.
> * Enseñarlo a respetar la vida.

Nunca lo obligues a meditar. Habrá días en que no quiera porque esté jugando o no tenga ganas. Él lleva su propio ritmo y lo importante es respetarlo. La base de cualquier relación positiva, sana y duradera es el respeto por la individualidad del otro, y tu hijo entra en el mismo rango. Respeta lo que hace, cómo lo hace (con los límites obvios, es decir, que no atente contra su seguridad ni contra los demás) y no lo juzgues ni lo rechaces. Ése no es nuestro papel, aunque lo hayan hecho tus padres contigo. No hay nada peor para una persona que vivir buscando aprobación de los demás; no lo enseñes a que lo haga. Siempre recuérdale que lo amas porque es él, porque es tu hijo, y no porque haga algo en particular.

La empatía y la compasión por encima de todo

Más que buscar respuestas de expertos en crianza y disciplina con respeto, sé tu propio experto. Tú te conoces y sabes los puntos que te detonan, sabes exactamente lo que te molesta como adulto con respecto a tus hijos y, por encima de todas las cosas, sabes exactamente cómo se siente ser niño. De eso se trata la empatía hacia los niños. Todos fuimos niños y la mayoría pasamos por situaciones que no eran las más saludables emocionalmente. Lejos de querer repetirlas, te invito a que las recuerdes, las revivas en tu mente y te preguntes honestamente si recuerdas esa situación como algo que te gustaría repetir con tus hijos. Estoy segura de que querrás hacerlo diferente. Los padres podemos equivocarnos en muchas cosas, pero no en las mismas que nuestros padres. Nos vamos a equivocar, es parte del proceso y parte del papel de ser padres. Somos humanos. Pero es preferible que esos errores no dejen nuestras mismas huellas dolorosas ahora en nuestros hijos.

La empatía es la capacidad de ponerse en el lugar de otro y saber lo que siente o incluso lo que puede estar pensando. Interpreta su lenguaje corporal, sus palabras, su tono de voz, su expresión, todo lo que te dé una guía de lo que está pasando internamente. Es fácil para la mayoría de las personas tener una respuesta empática ante un daño físico, como un golpe en el dedo chiquito del pie con la orilla de la cama o la extracción de una muela, pero cuando se trata de dolor emocional puede ser más difícil empatizar; requiere un grado de atención y de conciencia más elevado. Pero ¿cómo no sentir la forma en que tus gritos se reflejan en tu hijo? ¿Cómo no podrías leer el miedo en su mirada?

La empatía es esencial para nuestras relaciones sociales porque nos ayuda a comprender a los demás y a responder de manera adecuada. Si logramos desarrollar esto con nosotros mismos, con nuestros hijos y, por ende, con todos los demás, tendremos relaciones satisfactorias y aumentará notablemente nuestra calidad de vida. No lo hagas nada más por tus hijos, hazlo por ti.

La mayor parte de las veces, los adultos estamos ensimismados, centrados en nosotros, y aunque traigamos puesto el disfraz de adulto, también tenemos situaciones no procesadas de nuestra niñez que nos impiden comprender la infancia de nuestros hijos. Por eso pedimos consejos, porque no logramos ponernos en su lugar. Si pudiéramos hacer esto todo el tiempo, no le preguntaríamos nada a nadie porque sabríamos perfectamente qué hacer con nuestros hijos. Como adultos, nos enfocamos en el tiempo, en nuestro cuerpo y en nuestra propia comodidad, y se nos olvida preocuparnos por los demás, entre ellos, nuestros hijos. Es entonces cuando debemos dar cabida a la compasión (que no tiene nada que ver con lástima). Si puedes tenerla contigo mismo, será fácil extenderla a los demás.

La compasión es algo más que la empatía, es comprender la razón detrás de nuestros actos y perdonarnos. Reaccionas de tal o cual manera con tus hijos porque así reaccionaban contigo; no es algo tuyo, es algo aprendido de tus padres, que seguramente lo aprendieron de los suyos. Terminamos siendo víctimas de las víctimas. Pero al ser compasivos entendemos que nuestros padres hicieron lo mejor que pudieron con las pocas o muchas herramientas que aprendieron en su infancia. Y tú también. ¿Y qué crees? Tus hijos también están haciendo lo mejor que pueden.

SIETE RAZONES PARA ABRAZAR MUCHO A TUS HIJOS

1. Desarrolla sus emociones positivas.
2. Les transmite calma, los tranquiliza.
3. Refuerza su autoestima.
4. Les brinda seguridad y protección.
5. Se sienten amados.
6. Saben que son comprendidos.
7. Promueve la unión familiar.

No les puede pasar nada malo por recibir mucho amor, cariño, ternura y apapacho, pero sí los afectará si no se les da nada de esto.

Educar no es dar premios o castigos

Como hemos visto, ninguno funciona a mediano ni a largo plazo. No es un comportamiento adecuado. Ellos no necesitan que los acorralemos en un extremo u otro, entre amenazas y promesas, sino que los guiemos para poder analizar la situación y conocer lo que sucede cuando se hace o no se hace una u otra cosa. Un niño debe saber las consecuencias naturales de sus actos, positivas y negativas, no sólo la consecuencia relacionada con sus padres.

A veces pensamos que los niños son manipuladores, pero realmente somos nosotros quienes manipulamos y nos quejamos cuando vemos que ellos también lo hacen. No nacen manipulando, lo aprenden, y particularmente de su entorno inmediato. Así que, si no te gusta la idea de que te manipulen, tampoco lo hagas tú. Ésa es la base del respeto.

No debemos disfrazar los castigos de consecuencias. Por ejemplo, si no estudió para un examen, su consecuencia no es que no pueda ir al parque, sino que bajará de calificación y no aprenderá cierto tema. Dale el nombre correcto a la acción adecuada. No confundamos más a los niños mostrándonos incongruentes y manipuladores, y luego aplicando estrategias para que ellos no nos hagan lo mismo. Tenemos la solución frente a nosotros: predica con el ejemplo, no les hagas lo que no quieras que te hagan.

Y ten cuidado con tus palabras. La manipulación puede ser sutil a veces, pero igualmente devastadora, sobre todo en situaciones emocionales: "No hagas eso porque mami se pone triste" o "Si quieres a mami, no ensucies eso". Por alguna razón hemos convertido nuestro papel de padres en el de controladores, y no debe ser así. No tenemos nada que controlar; nuestra labor es guiar, y la diferencia radica en la forma: el respeto y la libertad.

No es cosa de asustarte, sino de ayudarte a ver un poco más allá. Los efectos de lo que hacemos hoy como padres no se ven hoy mismo, sino después. La paternidad consciente es una forma de vida, es un hábito. Es la única forma en que nuestros hijos nos ayuden a crecer y nosotros criemos seres conscientes que eleven también la conciencia del mundo. Inténtalo.

Lo negociable y lo no negociable

Por supuesto, no todo está permitido, pero se trata de que cooperen con nosotros para que el ambiente fluya en paz, armonía y felicidad. Definir qué es negociable y qué no lo es ayudará a que nos hagan caso cuando es imperativo, por ejemplo, cuando algo atente contra su integridad o su seguridad, sin forzar a que nos "obedezcan" en cosas sin importancia, como qué fruta comer, qué ropa se van a poner, qué juguete se quieren llevar, etc. Ellos también necesitan sentir la agradable sensación de decidir, de escoger y de ser tomados en cuenta.

Negociar con mi hijo de seis años ha sido lo mejor que he podido hacer para evitar muchos desbordes emocionales y episodios de locuras familiares cuando se trata de hacer algo que él quiere y que yo no puedo o no quiero. Considero la negociación una excelente herramienta para lograr lo que yo necesito que se haga y dejarlo a él lograr lo que él necesita. Así, todos ganamos. Sin embargo, para lograrlo es importante que estemos sintonizados en el estilo de liderazgo que ejercemos en casa. Yo no quiero ni pretendo ser un dictador en mi casa, con las típicas frases: "Porque soy tu madre" o "Porque yo lo digo", así que valoro su punto de vista, me interesa saberlo y, por ende, lo escucho y comprendo sus necesidades o gustos para ver si puedo satisfacerlos. (No olvides que para ellos es tan importante un juguete o seguir echando burbujas, como para ti una llamada de trabajo.)

El estilo de educación que me gusta y pretendo seguir consiste en que todos somos importantes en casa, pero existen situaciones sobre las que sólo los padres podemos decidir, otras se deciden en conjunto y otras son decisiones únicamente de los niños y totalmente respetables. Estos tres tipos de decisiones han hecho una gran diferencia en mi interacción con mi hijo y en su insistencia y tenacidad por lograr lo que quiere de manera tranquila y asertiva, algo que valoro muchísimo porque sé que le servirá en su futuro. No podemos decirle a un niño:

"De grande quiero que seas asertivo, independiente, que tengas voz y hagas valer tus deseos con firmeza, pero mientras seas pequeño, quiero que seas pasivo, sumiso, moldeable y obediente, ¿sale?" Recuerda que la congruencia es el mejor camino hacia sus buenos hábitos.

1. *Decisiones del niño.* Son completamente suyas. La ropa para vestir (te guste a ti o no, y no se vale criticar la combinación rara ni el disfraz con pantuflas), lo que coma (mientras sea saludable, claro) y cuándo está satisfecho, los juegos que quiere (no incluyo tiempos de pantallas, obviamente), las caricaturas (que sean aptas para su edad), el parque al que quiere ir (si hay varios hijos, decidan por turnos), los amigos que tiene (te agraden o no), el deporte o la clase extracurricular que desea, si acaso lo desea, y muchas más que se dan en el día a día. Ellos deben desarrollar su capacidad de decidir y comenzar con este tipo de cosas sencillas va a enseñarlo a ejercer su derecho de decisión. Usa tu propio criterio para distinguir estas situaciones, dependiendo, obviamente, de su edad. Incluye en esta categoría las batallas que no te importe perder.

2. *Decisiones negociables o que se pueden tomar en conjunto.* Las maravillosas decisiones donde respetas su punto de vista, lo enseñas a expresarse pacíficamente y fomentas que no se quede callado cuando algo no le parezca. Sólo que existen ciertas condiciones que deben cumplirse para que una decisión sea negociable:

   a. *Tener un desacuerdo con respeto de por medio.* Podemos estar de acuerdo en no estar de acuerdo, pero no debe gritarte ni ser grosero para decírtelo. Tampoco tú, obviamente. Se trata de tener una plática real sin que ninguna de las partes pierda de vista el objetivo, que es encontrar lo mejor para ambos. Esto se da con argumentos válidos (no se vale "Porque no quiero") sin que haya dictadores ni víctimas.

b. *Negociar*. El que se enoja, ya no juega. Déjaselo muy claro, y si por alguna razón no lo está cumpliendo, comprende que está aprendiendo y dile que ésa no es la forma que acordaron, que lo puedes ayudar a calmarse, pero no pueden negociar así. A veces puede tomarle tiempo tranquilizarse. Esto no sólo lo enseña a negociar, sino a respetar, pues ambos explicarán sus puntos de vista. Respétalo y que te respete.

c. *Ser claro en la petición*. Es muy importante aprender a pedir lo que quieres, pero es más importante transmitir la razón del porqué. Recuerda que así logras que coopere (si le suena lógico, claro). Tanto él como tú sabrán si vale la pena lo que están pidiendo.

d. *Soluciones creativas*. Cuando le expongas por qué no puede hacer lo que pide, tal vez te dé soluciones que no se te hubieran ocurrido. Eso fomenta su creatividad y llegan a soluciones funcionales para ambos.

Con estas decisiones logras que sepa que no te debe hacer caso en todo. Ni a ti ni a nadie. Debe saber que también te equivocas, no eres omnipotente ni tienes la verdad absoluta. Nadie la tiene. Sé un buen líder y toma en consideración lo que todos piensan, no sólo digas qué hacer y qué no. Ahora bien, esto no significa que pueda hacer lo que quiera, sino que lo tratas como una persona razonable.

3. *Decisiones de nosotros, sus padres*. Son las *no* negociables. En éstas no hay flexibilidad de ningún tipo. No, no puede cruzar la calle sin tomar tu mano; no, no puede empujar o pegar; no, no puede jugar con cuchillos, etc. Es importante ser muy asertivo y firme al momento de decir: "Esto no es negociable. Entiendo perfectamente bien que te pongas triste o enojado, pero no puedo permitirlo porque _____". Es importante que sepa la razón, aunque ahora no la comprenda del todo. Entenderá si le explicas a su nivel, con un tono amigable y con ganas de que realmente acepte la decisión (bien justificada).

MÁS RAZONES PARA LIMITAR EL USO DE DISPOSITIVOS[27]

La Academia Americana de Pediatría y la Sociedad Canadiense de Pediatría recomiendan limitar el tiempo frente a pantallas (televisión, celular y tabletas):

* 0 a 2 años: 0 horas
* 3 a 5 años: 1 hora al día
* 6 a 12 años: 2 horas al día

El exceso tiene repercusiones:

* Limita su capacidad de relacionarse interpersonalmente.
* Altera su ciclo de descanso por el exceso de estímulos visuales.
* Desarrolla emociones adictivas.
* Las horas de sedentarismo elevan el riesgo de padecer obesidad.
* Lo expone a altas radiaciones.
* Limita su desarrollo cerebral (imaginación y creatividad).
* Tiene mayor riesgo de padecer depresión o ansiedad infantil.

Abraza el mal comportamiento

Estás cansado, exhausto y, para colmo, hoy tu hijo se porta como no quieres. Te agota el desborde emocional, los gritos, los portazos y los desafíos. Quieres que haga algo que debe hacer y no lo hace. ¿Lo vas a regañar? ¿O qué pasaría si lo abrazas? Cuando mi hijo se porta como no me gusta o como no quiero, me acerco y lo abrazo, pero bien abrazado, y lo lleno de besos, como si me dijeran que no lo voy a ver más, recordando cuando me lo entregaron después de nacer.

Yo sé que siempre quieres abrazar a tus hijos y los amas, pero cuando hacen algo que no se debe (no me gusta la connotación "malo" o "bueno" porque es cuestión de enfoques) y abona a tu "mal día", no es lo primero que se te ocurre, ¿cierto? No importa, hazlo. A veces ellos serán los que no quieran pero, siendo sinceros, a cualquier edad un abrazo es lo mejor que nos puede pasar para sentirnos en calma y seguros.

Yo también tengo esos días y disto mucho de ser perfecta, pero mi mejor herramienta es ponerme en su lugar y pensar que a mí me gustaría recibir comprensión y amor, más que regaños, gritos y castigos.

Sí, se portó "mal", ¿por qué deberías apapacharlo? Primero que nada, los niños se comportan como se sienten. Así de fácil. Si se siente mal, su comportamiento es negativo. Ponte en su lugar. Cuando te sientes rechazado, comparado, juzgado, desconectado, etc., por lo regular tu reacción es negativa. Lo mismo pasa con ellos. Un abrazo, un acercamiento, un poco de tiempo con él y ponerte a su nivel en ese momento lo ayudará a eliminar todos esos sentimientos. Se sentirá cobijado, valorado, comprendido y cerca de ti. Es completamente diferente la forma como te comportas cuando te sientes amado, que cuando te sientes señalado o rechazado, ¿cierto?

Además, su comportamiento te está diciendo algo y requiere tu ayuda. Recuerda que ellos tienen menos herramientas para lidiar con sus emociones. Abrazarlo lo va a ayudar a calmarse y a ver desde una perspectiva más tranquila esa emoción incontrolable. Será una buena sorpresa. Cuando se portan mal, los niños sienten que no merecen un gesto cálido y de amor, así que se portan mal de nuevo y encima de eso reciben gritos y regaños de nuevo. Esto los mete en un círculo vicioso que los hace explotar sin medir sus emociones. Darles amor y un abrazo les recuerda que portarse mal no tiene nada que ver con ser una mala persona; sólo son errores que todos, chicos y grandes, tenemos.

FRASES QUE PROMUEVEN LA AUTOESTIMA DE TUS HIJOS Y GENERAN UNA MAYOR CONEXIÓN CON ELLOS

- Me encanta ser tu mamá o papá.
- Me pones contento.

> **FRASES QUE PROMUEVEN LA AUTOESTIMA DE TUS HIJOS Y GENERAN UNA MAYOR CONEXIÓN CON ELLOS**
>
> - Comprendo tus errores, todos cometemos errores.
> - Yo sé que tú puedes hacerlo.
> - Me encanta escuchar tus historias.
> - He aprendido algo nuevo de ti hoy.
> - Me encanta verte jugar.
> - Estoy muy orgulloso de ti.
> - Me gusta pasar tiempo contigo.
> - Siempre pienso en ti.

¿O en verdad tú siempre te portas "bien"? Eso es casi imposible en la vida diaria. ¿Nunca haces algo que no quiere tu pareja o que no le gusta? ¿Siempre eres absolutamente obediente? ¿Lo fuiste siempre de niño? Así como tampoco andas siempre de buen humor y explotas de repente, a ellos les pasa lo mismo. Pero un abrazo les muestra que tu amor es incondicional, que no importa su comportamiento, *siempre* estarás ahí y lo amarás porque es tu hijo.

Finalmente, abrazarlo ayudará a que te conectes con él. Si no hay conexión entre hijos y padres, ¿qué podemos esperar de ellos más que descontrol? Tú eres su ancla, su fuerza, su guía, no su castigador y su juez. Conéctate con él y luego platica y explica la situación. Sin conexión no hay un buen comportamiento a la larga.

Pegar o no pegar, ahí está el dilema

Seamos honestos, pegar no es buena solución para nada y para nadie. Imagina cuando era justificado que un hombre le pegara a una mujer para "educarla". Pues así de injusto, incoherente, arcaico y retrógrada se escucha cuando dicen lo mismo en relación con un niño. Tu finalidad no es que tus hijos te tengan miedo, sino respeto, y pegando sólo te tendrán miedo, desconfianza y coraje. No creo que quieras eso, pero si lo quieres, es porque no conoces los efectos que acarrea y seguramente te lo hicieron a ti. Como padres somos guías, pero siempre con amor. Quienes tenemos hijos sabemos que los amamos con todo nuestro corazón, por lo que sería contradictorio hacerles daño, ¿no crees? Si eres de los que piensan que "una nalgada a tiempo" funciona porque a ti te lo hicieron y vas bien por la vida, por favor date cuenta de que no te funcionó porque estás repitiendo esa misma emoción negativa que sentiste tú cuando te pegaron, sólo que ahora la sufre tu hijo. Repetir sucesos dolorosos con tus hijos no es estar "bien", pero si esto no te convence, imagina que tu hija o tu hijo busquen lo mismo de su pareja, puesto que eso representa el amor para ellos. ¿Quieres eso para ellos, golpes? Yo no.

"A mí me duele tanto como a ti" es una de las frases más repetidas y menos ciertas que he escuchado en mi andar como madre. El dolor que sufre un niño cuando sus padres lo lastiman es indescriptible y tiene efectos psicológicos muy fuertes para toda su vida. No quiero entrar en temas muy científicos con esto, pero me quedo tranquila con decirte que los golpes jamás serán una solución positiva ni real ni duradera. Golpear a los niños y cometer cualquier tipo de abuso hacia ellos generan en su desarrollo lo mismo que la violencia doméstica hace con la pareja. No trae nada bueno, ni ahora ni nunca.

¿CÓMO DISCIPLINAR?

Un tema muy discutido, pero que pocos saben responder en función de lo que el niño busca y puede aprender, y de lo que es bueno para él y para su comportamiento futuro. En el año 2012, una encuesta nacional en Estados Unidos mostró que más de la mitad de las mujeres y tres cuartas partes de los hombres creen que un niño a veces necesita "una buena nalgada". La ciencia no piensa así y los investigadores dicen que los castigos físicos en realidad afectan el desarrollo cerebral, no sólo en una forma de "trauma", sino en función de que literalmente tienen menos

¿CÓMO DISCIPLINAR?

materia gris en ciertas áreas de la corteza prefrontal vinculadas con la depresión, la adicción y otros trastornos mentales.[28] La triste ironía de todo esto es que, mientras más castigas físicamente a tus hijos por su falta de autocontrol, menos control tendrán. Las nalgadas no brindan absolutamente nada bueno, y con lo único que se asocian es con agresión, mal comportamiento, problemas de salud mental y algo llamado "sesgo de atribución hostil", el cual provoca que los niños esperen que las personas sean malas con ellos.

Nuestra sociedad actual todavía está en pañales respecto a la actitud hacia los castigos físicos, particularmente con niños. Es una práctica muy arraigada que no está del todo mal vista, pero que provoca daños y acarrea consecuencias tanto físicas como psicológicas y emocionales, como inseguridad, desconexión, desmotivación e indiferencia ante la vida.

Como personas adultas, como padres responsables y confiados en que estamos forjando seres humanos íntegros y felices, debemos comprender y saber que pegarles a los niños es una conducta totalmente reprobable que *no* mejora la situación ni conduce a nada bueno en tu vida ni en la del niño. Existen alternativas positivas que realmente solucionan el problema, en lugar de empeorarlo a la larga, como lo hace la violencia.

EJEMPLOS DE BUENOS TRATOS A LOS NIÑOS

* Darles alternativas para esa conducta inadecuada.
* Enseñarles de manera amable por qué no se hacen ciertas cosas.
* Hacerlos sentir amados, no sólo decirlo.
* Demostrarles afecto sin importar lo que hagan o digan.
* Respetar su cuerpo siempre y en todo sentido: el respeto es hermano del amor.

> **EJEMPLOS DE BUENOS TRATOS A LOS NIÑOS**
>
> - Escucharlos sin interrumpir ni juzgar cuando nos cuentan algo.
> - Hablarles como nos gusta que nos hablen a nosotros.
> - Ser humildes con ellos, disculparnos si es necesario. Si te equivocas, acéptalo.
> - Usar palabras respetuosas al dirigirnos a ellos.
> - Reírse con ellos, nunca de ellos.

Violencia llama violencia, y lo que hacemos con nuestros hijos lo apropian en la forma que ellos consideran adecuada para solucionar una situación. Esto quiere decir que, si les das golpes o nalgadas con el pretexto que sea, ellos pueden pegarles a sus amigos, hermanos, animales e incluso a ti. Si no quieres que le peguen a nada ni a nadie, entonces sigue el principio de congruencia y no lo hagas.

Está comprobado que los niños que lastiman animales han estado expuestos a la violencia en casa, con sus padres o tutores, y hacen lo que ven. Niños educados con violencia se convierten en niños violentos. Es una forma de perpetuar el abuso y, en el peor de los casos, es cuando se ve como algo normal y hasta "necesario" para educar. Y *no*, no es normal y tampoco te lo debieron haber hecho a ti si es que te pegaron. Agredir a alguien físicamente *no es normal*, ni aquí ni en China, ni a los 50 años ni a los cinco. Es importante que, como adultos, nos quede claro que lastimar a alguien o a algo indefenso no es correcto. Debemos aprender a respetar a la infancia en todas sus formas. El respeto se enseña con hechos, no con palabras.

Cuando pegar es la única solución que creemos posible, debemos asumir la responsabilidad de que generará más desobediencia, más rebeldía y obviamente enojo contra su figura de autoridad, y esto va para ambos padres, uno por pegar y el otro por permitirlo. Controlarnos es la clave, y más frente a quienes están apenas aprendiendo a vivir en este mundo y se aterran cuando les levantas la mano. Los niños quieren obedecer tanto como nosotros queremos que se porten como creemos que es correcto, pero a veces no saben cómo, y pegarles no es la forma de mostrárselo. La violencia no es educativa ni didáctica.

Recuerda, respeto y miedo no son lo mismo. Tú quieres respeto y que no hagan las cosas que no te parecen adecuadas, pero por convicción propia. El miedo sólo aleja y promueve que no te enteres de lo que hacen. No erradica el mal comportamiento.

Evita frases autoritarias como: "Porque yo lo digo", "Tú a mí no me hablas así", "Ahora los pájaros les tiran a las escopetas", "Tú no me vengas a decir eso", "Deja que lleguemos a la casa y vas a ver", "Ahorita vas a ver", etc. Antes de implementar un modelo de formación basado en el autoritarismo, recuerda que educar con temor, dominación y dolor, podría convertirlo en un adulto inseguro y temeroso. Además, esta formación te distancia de él. La disciplina y el castigo no son sinónimos. Cuando existen vínculos afectivos adecuados entre los padres y los hijos, la relación es de armonía y comprensión, y el respeto deja de interpretarse como un miedo más hacia alguien con quien deberíamos tener una relación de acercamiento amoroso, confiable y amistoso.

Cuando se le pega a un hijo, el pedestal en el que tenía a sus padres como figura de autoridad se derrumba y se siente ansioso. Imagina a un niño aterrado, adolorido y ansioso. Te duele el corazón, ¿no? Por más enojo que haya, no podemos querer o esperar eso para los niños, y menos para los nuestros. Las actividades, el cansancio, el estrés, el trabajo y un sinfín de cosas más van a hacer que se nos colme el plato pero, ¿en serio no somos capaces de controlarnos como adultos? Yo creo que sí.

Trata a tu hijo como tratas a los adultos. Si hay un problema con un compañero de trabajo, por más enojado que estés, lo hablas; no llegas y lo agarras a bofetadas. Lo mismo hacemos con amistades y con nuestra pareja, dialogamos primero. Hazlo entonces con los niños. Nadie merece maltratos ni golpes, y sufrirlos en la infancia dejará marcas que duren para siempre. La violencia deja huellas indelebles que se reflejan principalmente en la actitud hacia nosotros mismos y hacia los demás. Si como padres estuviéramos conscientes de que en la infancia se define casi toda la salud mental de un adulto, pensaríamos dos veces antes de lastimar física o verbalmente a un niño. Si lo has hecho, no te culpes y perdónate. Lo que importa es de ahora en adelante.

Nuestro reto y nuestra responsabilidad como padres es utilizar recursos positivos y educativos que corrijan comportamientos de manera respetuosa, como platicar, explicar y expresar de manera controlada y compasiva nuestro punto de vista para que el niño esté dispuesto a no repetirlo. Es la única solución para mantener una buena relación y conexión con nuestros hijos. Busca soluciones en lugar de castigos; los niños deben aprender a corregir sus errores, no a pagar altos precios por cometerlos. Si la relación es mutuamente positiva, satisfactoria y respetuosa, el buen comportamiento será un resultado natural. Debemos ser conscientes y repetirnos hasta que se nos grabe que *el abuso infantil no es normal y no debe ser permitido*.

¿Tus hijos no te obedecen?

Bienvenido al club, pero al club de personas normales con hijos normales porque la obediencia absoluta no es natural ni fácil ni posible. Ni una computadora lo hace; de repente le picas algo y sale otra cosa. Esperamos que los niños sean perfectos, que no tengan mal humor, que se controlen, que no se desborden emocionalmente, es decir, esperamos de ellos una perfección a la cual no podemos aspirar ni de adultos. Los niños obedecen, pero tampoco es posible que cada que digas algo lo hagan.

Tu casa debe ser un gobierno democrático, no una dictadura. Una paternidad como dictadura sólo logra que los hijos se rebelen en cuanto puedan. Busca que cooperen contigo, no que te obedezcan. Si quieres que tu hijo te escuche, ponte a su nivel; no hay nada mejor que agacharte y hablarle a los ojos. Ésa es la conexión que debes buscar para encontrar cooperación de su parte. Demuéstrale que lo que dice te importa. Sólo tienes que agacharte o sentarte en el piso, y así no sólo podrán dialogar, sino que promueves su autoestima, le das confianza para expresarse y le transmites calma y serenidad.

La violencia psicológica duele más

Ya vimos que los niños aprenden por imitación. La cuestión, entonces, es qué imitan. Una de las dinámicas más básicas entre los seres humanos es que uno recibe lo que da. Si ponemos atención en lo que sale de nosotros, es fácil predecir lo que va a regresar. Cuando le hablas mal a alguien, seguramente te responderá de la misma forma. Por tal motivo, si queremos niños no violentos, debemos proporcionarles un entorno libre de violencia, y es importante dejar claro que la violencia no es únicamente golpes y nalgadas. La violencia psicológica daña igual o peor que un golpe, y el problema es que puede ser contundente o muy sutil. Pero para distinguirla, sólo compara todo lo que hagas con tus hijos con las actitudes que nunca tendrías con un amigo, como ignorar sus emociones; burlarte de su aspecto; ponerle apodos no amorosos; hacer malos comentarios acerca de su desempeño o sus capacidades; decirle frases como "No te portes como un niño", como si ser niño fuera algo "malo"; no ser comprensivo con su inmadurez emocional y física; ignorar sus formas de llamar nuestra atención; usar frases de agresión pasiva; amenazarlo; abandonarlo constantemente, aun estando presentes; etiquetarlo (que te escuche decir: "Mi hijo es pésimo en esto o aquello"); juzgarlo constantemente; imponerle expectativas; faltarle al respeto, y muchas otras más.

Seguramente, si te doy a escoger entre estar con una persona que te apoya, te respeta, se ríe y llora contigo, te escucha sin juzgar, está contigo cuando la necesitas, admira tus virtudes, aplaude tus logros y te acompaña, y una persona como la que describí antes, la decisión es muy fácil. Entonces, trata a tu hijo como quieras que te traten.

No insistas en creer que tus hijos necesitan maltratos. ¿En verdad demeritamos tanto a nuestros hijos como para pensar que aprenden sólo por las malas, cuando los hacemos sentir mal, cuando los humillamos, cuando los agredimos de alguna manera?

Para que los niños crezcan como personas civilizadas y respetuosas, requieren recibir ese mismo trato, sobre todo en su casa. Además de que lo merecen por derecho, el buen ejemplo los llevará a comportarse así con ellos mismos, a no aceptarlo de otros y a tratar bien a los demás.

Pero no, nos empeñamos en pensar en ellos como "adultos manipuladores" que "se quieren salir con la suya". Esperamos que, cuando crezcan, expresen abiertamente sus emociones, pero cuando son niños les decimos: "Ya no llores", "No es para tanto", "No pasa nada" y, claro, el resultado es que se convierten en adultos que no saben cómo manejar sus sentimientos.

Somos humanos, y muchas veces nos desesperamos, pero increíblemente es más fácil que perdamos el control con nuestros hijos que con los demás. Nos sentimos en confianza y siempre usamos el lugar común de decir que "los estamos educando", como si ese fin justificara cualquier medio. Sin embargo, no es una verdadera razón. Precisamente porque existe confianza con nuestros hijos, deberíamos saber que nuestras palabras tienen un gran impacto en ellos. Si se te acaba la paciencia, entonces el problema es la cantidad de paciencia que tienes, no tus hijos.

Trabajar en ti es la única forma de resolver el modo en que te relacionas con tus hijos. Siempre debemos buscar en nosotros ese niño atorado en su infancia que cree que ya es mayor, pero sigue repitiendo patrones y reviviendo malos recuerdos. Hacer las paces con nuestro niño interno nos ayudará a hacer las paces con nuestros hijos. Nuestro papel incluye estar con ellos en las buenas y en las no tan buenas, en lo que nos gusta y en lo que no nos gusta de ellos. Somos su espejo, la base de todo, el reflejo con el que se sentirán vinculados e identificados toda su vida. Si tú insultas a las personas, tus hijos lo integrarán a su forma de hablar. Si hablas con groserías, ésa será su forma de expresarse. La educación emocional de los niños se forma en casa, no en la escuela ni con los amigos.

A veces hacemos nuestro mejor esfuerzo por no hablarles fuerte a los niños, pero terminamos haciéndolo sin querer porque andabas en un mal día. Pues ellos comparten esa sensación cuando prometieron no hacer tal cosa que te molestaba y sin querer no tuvieron control y la hicieron. Todos intentamos hacer lo mejor que podemos. No maltrates a tus hijos como castigo por equivocarse.

LOS CASTIGOS NO FUNCIONAN

Hoy se utilizan formas de castigo maquilladas con nombres muy chic, como "tiempo fuera" o cosas así, que no distan mucho de las "orejas de burro" o sentarlos mirando a la pared. Pero no se trata sólo de decirles lo que no es correcto, sino de mostrarles alternativas para lo que hicieron y no debían. Si no, ¿cuál es el aprendizaje? ¿De qué sirve castigar si no aprenden?

La premisa de que el adulto es superior, que el castigo transmite autoridad, que la disciplina sólo puede conseguirse así y que, si no sometemos convenientemente a los niños, serán lo peor del mundo, unos tiranos, ya no funciona. Son creencias de una sociedad profundamente cerrada que lleva siglos con el paradigma del premio y el castigo como únicos vehículos de aprendizaje y cambio.[29] ¡Qué horror!

La razón principal para no castigar es el más esencial de los motivos éticos universales: *cuando castigamos a un niño pequeño atentamos contra su dignidad como persona.* Los castigos, sean de la índole que sean, tienen un componente de sometimiento y humillación. Se impone la voluntad de un ser humano sobre otro por la fuerza, y ese otro, por lo demás, es más débil. Ya se ha demostrado que el castigo no modifica la conducta a largo plazo; sólo deteriora el vínculo entre el niño y el adulto, y genera resentimiento. Esto merma la autoestima que apenas está en construcción, genera ansiedad y miedo, y perpetúa este modelo simplista e ineficaz de educación.[30]

El autoritarismo es abuso de poder, mientras que la autoridad se gana desde la integridad, con ejemplo y coherencia. No es sano que obedezcan por encima de su bienestar emocional. Debes hacerte a la idea de que obligar a tus hijos a obedecerte siempre no es educar, sino despersonalizar, robarles todo lo que los vuelve únicos. Cuando uno aprende obligado, avasallado o amenazado, no asimila la enseñanza y hasta la aborrece. Elige tus batallas. ¿En verdad es importante que se coma ese último pedazo de pan y no lo dejarás pararse de la mesa hasta que lo haga? ¿Eso tendrá una gran repercusión en su vida futura? No lo creo. Pero los gritos y desgastar la relación sí.

Entonces, ¿hay que ser totalmente permisivos? No. Las cosas no son blancas o negras; la vida es toda una gama de grises. Pero educar con respeto se basa en encontrar el equilibrio adecuado donde no se pierda la guía, la autoridad natural de ser sus padres y lo que realmente es beneficioso para ellos. Los niños vienen al mundo a ser felices, y nosotros con ellos. Utilizar la violencia en cualquiera de sus formas impedirá que lo sean.

Despierta a tus hijos con besos, abrázalos, diles cosas bonitas, estrecha los lazos con ellos, refuerza su seguridad y su autoestima, no los estreses, promueve su salud emocional, física y psicológica. Tu voz se convertirá en la voz interna con la que se hablen a sí mismos el resto de su vida. Y si quieres saber cómo les hablas, sólo escucha cómo les hablan a sus amigos, a sus hermanos, a sus muñecos, y podrás ver la marca que estás dejando en ellos.

LA VIOLENCIA LES AFECTA PARA EL RESTO DE SU VIDA[31]

Las investigaciones indican que la exposición temprana a la adversidad y a una gran dosis de estrés (por ejemplo, el abandono; el abuso físico, sexual o verbal; tener padres con problemas mentales o adictos a sustancias, entre otros) afecta ciertas zonas del cerebro de los niños, inhibe la parte de la corteza cerebral que los hace aprender, pensar juiciosamente y tener autocontrol, e incluso modifica el tamaño de la amígdala. Las hormonas de

LA VIOLENCIA LES AFECTA PARA EL RESTO DE SU VIDA

estrés se activan naturalmente ante la violencia en la clásica respuesta de "lucha o huida", pero este sistema es muy dañino si se mantiene activo permanentemente, y en particular en los niños porque su cuerpo apenas se está desarrollando.

Sí, nuestro comportamiento con los niños tiene repercusiones neurológicas patentes que no sólo los conducen hacia una mala actitud o un mal comportamiento, sino a ser adultos con estos mismos problemas, además de tener una propensión a las adicciones y hasta un riesgo mayor de padecer cáncer y enfermedad cardiaca.

En la actualidad se han normalizado la agresión y la violencia, y es necesario ponerle un hasta aquí. Lo más importante en una familia es proveer un ambiente relajado para los niños, dejarlos ser, evitar las dictaduras y generar amor, respeto y liderazgo junto con ellos. No se trata de infundirles miedo, estrés ni rigidez, y sin embargo, tener una infancia estresante es cada vez más común entre los niños de hoy.

Quizá al leer esto creas que la violencia sólo se da en ciertos lugares o en ciertos estratos socioeconómicos, pero no es así. Sucede en la mayoría de las familias, y no necesariamente por un abuso de sustancias por parte de los padres, sino por considerar que los golpes son una estrategia "natural" para la "buena" educación, acompañados de gritos y ofensas; de un amor condicionado; de peleas sumamente agresivas entre los adultos, frente a los niños; de un abandono casi absoluto, dejándolos a cargo de otras personas, etcétera.

Como comenta la pediatra Nadine Burke Harris, estos escenarios son reales, en su mayoría cotidianos, y terminarán afectando la salud tanto física como psicológica de los niños a futuro.

La modalidad actual de "ausencia": adicción a los dispositivos

Antes que nada, este tema parece algo ofensivo porque la mayoría sabemos de qué se trata. Vivir pegados al celular con o sin pretexto es la nueva ausencia justificada frente a nuestros hijos. Parece que tenemos más tiempo para tomar la foto, que para disfrutar el momento. Y no es juicio; escribo esto porque reconozco la gran necesidad que tengo de cambiar en este sentido y quiero compartirte algunas de mis soluciones para hacerlo. Yo no quiero que mis hijos sean adictos a los dispositivos móviles, así que veo esto como una llamada de atención urgente —en mi caso— para no tener que ser incongruente con mi familia.

Si bien la tecnología es maravillosa en muchos aspectos y trabajar desde casa o desde un dispositivo móvil hace que puedas estar trabajando —al menos físicamente— en tu hogar, nos convertimos en esclavos del trabajo que no cesa. La gran desventaja de los dispositivos es que secuestran nuestra atención y dejamos de estar presentes con las personas que tenemos frente a nosotros para estar cerca de quienes nos mandan mensajes, videos, fotos, etc. Las redes sociales se han convertido en el hoyo del conejo en el que te adentras más y más, y cuando menos te das cuenta, ya llevas un rato ahí sumergido, viendo cosas que, probablemente, no andabas buscando y ni te interesan en realidad.

Nuestros hijos están pagando este precio, no sólo por el ejemplo que les damos, sino porque ahora también nuestra atención está dividida. Preferimos tomarles fotos para subirlas a las redes, que vivir la experiencia con ellos en ese momento. No nos damos cuenta, pero pensamos que es más importante un mensaje —que puede esperar un rato, y si no lo crees, sólo recuerda el tiempo en que no teníamos teléfonos celulares—, que prestarle atención a la plática con nuestro hijo. Y lo que es peor, nos molestamos y regañamos al niño si nos interrumpe en una conversación nada urgente o viendo un video que te mandaron en un grupo. Estamos viviendo esclavizados a los dispositivos y no puede ser. La vida no está en el teléfono. ¿Y cuál es la consecuencia de nuestro ejemplo? Que los niños estén ansiosos por llegar a una edad en la que puedan tener su propio dispositivo.

Lo que he hecho para modificar esto poco a poco es:

1. Puse la pantalla de mi teléfono en blanco y negro para que no me llame tanto la atención por los colores.
2. Establecí un horario de trabajo y lo respeto, al grado de no tener siquiera el teléfono conmigo si es posible. Intento no revisarlo en la tarde, a menos que se trate de algo urgente. Si vamos al parque con amigos, a jugar o algo similar, dejo el aparato en el coche o en casa, dentro de un cajón, y así no tengo ni la tentación de verlo. Porque, soy honesta: si lo traigo en mi bolsa, voy a echarle un vistazo.
3. Evito usar el teléfono en la comida, el desayuno, la cena y los momentos en familia. No tiene caso. No va a pasar nada si como en paz y aprendo a poner límites.
4. No reviso mi celular a primera hora de la mañana. Antes medito, hago ejercicio y desayuno; después, que comience la locura. De lo contrario le estaría dedicando mi existencia al aparato. Procuro darle prioridad a lo que realmente influye en mi vida diaria.

Tu hijo es tu reflejo emocional y el de su entorno

En la mayoría de los casos, las emociones reprimidas de los padres se expresan en el comportamiento de los niños. Ellos sacan al exterior lo que tú tienes dentro. Obviamente, también tienen sus propias reacciones, entonces, ¿cómo saber cuándo tiene que ver o no con tus emociones? En mi caso me doy cuenta porque su comportamiento me molesta, me altera o enoja, y no puedo ayudarlos tan bien como quisiera porque está de por medio una emoción en mí. Me doy cuenta de que apenas puedo con la mía como para asistir en la de ellos.

La base de todo es que los niños, desde edades muy tempranas, digamos antes de los cinco años, son meramente un reflejo del estado anímico de los padres: somatizan todo y en mayor medida lo de la madre, absorben la energía de su hogar y se comportan conforme a lo que perciben en él y en su ambiente en general.

La espiritualidad que todos buscamos no está en la iglesia ni en un retiro de días. La espiritualidad está en la vida cotidiana y, sobre todo, en lo que más hacemos y con quienes más nos relacionamos (claramente, en esas relaciones tan importantes entran nuestros hijos). Entiendo que la religión es un punto importante para muchas personas y es respetable, pero debemos ser capaces también de encontrar a Dios en nuestros hijos, en la naturaleza, dentro de nosotros. El hermoso contraste con nuestros hijos y esta divinidad que traen a nuestra vida es que también tienen el gran don de "apretar nuestros botones" y hacernos llegar al límite. Ellos son nuestro curso de superación personal constante, de autoconocimiento, mostrándonos nuestro lado bueno y el no tan bueno.

El respeto es hermano del amor

Cuando respetamos a nuestros hijos sólo nos pueden pasar cosas buenas tanto en la familia como en la sociedad. Lo que hacemos bien en nuestro hogar se refleja en el mundo. No debemos controlar, sólo guiar, y si queremos control, enfocarlo en nosotros, en nuestras reacciones. Nuestros hijos no nos "pertenecen" y no vinieron a cumplir nada para nosotros. Por ponerte un ejemplo, si quieres un tenista en la familia, un campeón, métete a clases tú y deja que tu hijo juegue feliz. Los hijos no vienen al mundo a hacer lo que nosotros no pudimos. Debemos respetar sus gustos; ellos aún son frágiles y el respeto a su individualidad es clave para su futuro.

No trates tanto que tu hijo sea feliz, tranquilo o respetuoso, porque hasta que tú seas amable, respetuoso, tranquilo y feliz podrás esperarlo. El problema no es que los niños sean irrespetuosos con los adultos, el problema es que los adultos no respetan a los niños. La clave está en responder en lugar de reaccionar.

Reaccionar es cuando, sin pensar, sin detenernos, sin observarnos, nos dejamos llevar por el momento con gritos y arrebatos que no solucionan nada a la larga y que nos alejan en lugar de acercarnos. Para que un niño te haga caso debe sentirse conectado contigo y las reacciones negativas e instintivas no promueven esto de ninguna manera.

Responder es diferente, es una interacción armoniosa, firme, pasiva y positiva. Se habla mucho de ayudar a los niños a controlarse y serenarse cuando sus emociones se desbordan pero, ¿qué hay de controlarnos nosotros? Al igual que pasa con una alimentación saludable, no esperes de tu hijo algo que no esperas de ti.

Mientras más suave (no fingido, sino desde un lugar realmente calmado dentro de nosotros) les hagamos ver lo que no nos gusta o no nos parece de su comportamiento, el mensaje fluirá mucho mejor y tendremos más probabilidades de que lo comprendan. Los niños son sumamente inteligentes, listos y sensibles, y con ellos no hay truco.

Para no reaccionar, obsérvate desde un principio, observa tus emociones cuando apenas están comenzando a aflorar. ¿Notas que algo te está molestando? Obsérvalo y trata de apuntarlo internamente sin juzgarlo; reconoce que ahí está la misma emoción a punto de estallar. Y aguántala; poco a poco se irá debilitando. El control emocional es una habilidad, como correr o tocar el piano, y mientras más la practiques, más fácil será después.

CONSEJOS QUE LES DOY SIEMPRE A MIS HIJOS

- Respeta a todos los seres vivos, pero por encima de todo respétate a ti mismo.
- Nunca permitas que nadie te hable o te trate mal. Ni siquiera tus padres.
- Duerme temprano. Dormir es mucho más que un alimento, y más a tu edad.
- Brinca, cuélgate, muévete. Cuando te digan: "Estate quieto", responde amablemente: "Soy un niño; necesito moverme todo el tiempo".
- Juega al aire libre. Es lo más divertido y te conecta con la naturaleza.
- Siempre que puedas, descálzate. Usar zapatos es como traer guantes.
- Juega con tierra, lodo y árboles. Es lo más divertido y aumenta tus defensas.
- Las cosas son cosas. Se rompen, se pierden y se sustituyen. Cuídalas, pero no te apegues a ellas.
- Siempre exprésate pacíficamente cuando algo no te agrade y no quieras hacerlo.
- Los aparatos electrónicos merman tu imaginación y alteran tu postura. También pueden hacer que te duela la cabeza y causarte problemas de visión. Mejor sal a jugar o invítame a jugar contigo. Recuérdame esto cuando quiera darte la tableta para entretenerte.
- Las emociones son pasajeras. Obsérvalas, siéntelas, pero déjalas ir. Yo te ayudo.
- Todo pasa, lo bueno y lo malo. Siempre recuerda eso.
- Mis frases favoritas son: "Te amo", "Te escucho", "Aquí estoy contigo" y "Gracias".

¿Pataletas y berrinches, o expresión emocional inmadura?

Cuando tenemos el primer bebé, pensamos que nuestro hijo nunca será como esos que vemos en el supermercado o en el parque, que se tiran al piso pataleando, jalándole el pelo a la mamá o algo así. Creemos que no permitiremos muchas cosas y que seremos firmes, claros y amorosos. Sólo que, en la vida diaria, el desgaste, el cansancio, el desvelo, las etapas naturales de tu hijo y la propia sombra de la paternidad cambian mucho el panorama. Pero algo sí es seguro, todos los niños tienen desbordes emocionales, hacen berrinches o como les digas, pero realmente son expresiones emocionales inmaduras. Unos más, otros menos, pero los niños con un desarrollo adecuado y libertad de expresión los harán.

Mientras tú como padre seas capaz de sentir empatía con tu hijo, comprenderlo, respetarlo y tener siempre presente en todas las etapas de su vida que no tiene la capacidad de regular sus emociones sin tu ayuda, las manejará bien, pasarán rápido y de la forma más llevadera para todos. Pero es como si hubieras juzgado y castigado que no hablara bien desde un principio, o que no caminara bien por su inmadurez. Lo mismo pasa con las situaciones que no son lo que ellos quieren, tienen que aprender a manejarlas.

Cuando entendí que los berrinches eran inmadurez y sólo debía ofrecer compañía, dejé de engancharme con mis hijos en esos momentos y evité que se hiciera más grande el asunto. Cuando los adultos nos comportamos como niños por no utilizar nuestras herramientas emocionales para ayudarlos y cuando nos creemos poseedores de la verdad absoluta por el simple hecho de ser "los papás", la situación se empieza a complicar.

A veces crees que te cambiaron a los niños porque de ser bebés tranquilos empiezan a hacer berrinches. Muchas personas siempre harán comentarios buenos (o no tan buenos) acerca de nuestra forma de crianza, pero lo ideal es informarte y experimentar, siempre pensando en lo que te hubiera gustado que te hicieran a ti y que tenga efectos positivos a largo plazo. Si tu hijo es así de normal y tiene esta clase de expresiones emocionales, puedes estar tranquilo, tu hijo tiene un buen desarrollo y simplemente se trata de la etapa física y emocional actual. Es posible que tu hijo no esté contento porque no quiere cruzar la calle tomado de tu mano o porque simplemente no pudo hacer algo que es sólo para niños más grandes. Para ti, esto no es razón suficiente para que se tire al piso y llore una hora a gritos, pero recuerda que cada quien tiene sus prioridades y para él lo es, así que debe ser respetado y valorado.

Finalmente, no sólo estamos educando niños; estamos formando adultos, y si mantienes empatía con ellos, cuando tus hijos crezcan la practicarán de forma natural con los demás. La empatía es todo, y si les inculcamos este gran valor, podremos formar personas que eventualmente se vuelvan factores de cambio en el mundo. Recuerda que, para ser niños cariñosos, debimos haber recibido ese cariño, y para ser niños respetuosos, primero debimos aprender el respeto siendo respetados.

AYÚDALOS CON SU SALUD EMOCIONAL

Si tu hijo está fuera de control debido a una emoción:

* Acompáñalo, acércate hasta donde él quiera y háblale con un tono de voz bajo, lento y amable.
* Ése no es momento para decirle lo que no te parece o no te gusta; ya la está pasando mal. Permite que se calme.
* Muestra empatía por lo que está pasando, valida su emoción, dile que lo entiendes.
* Ponte a su altura para hablar con él; desde arriba no se siente mucha empatía.
* Dile que estás ahí por si quiere que hagas algo por él.
* Dale tiempo para expresar lo que está sintiendo.
* Cántale canciones o hazlo reír, sin burlarte ni menospreciar la emoción o la circunstancia.
* Llévalo a un lugar donde se sienta seguro y pueda expresarse contigo.
* Invítalo a hacer contigo una actividad que le guste y lo relaje.

Los niños no pueden regular sus emociones aún. ¡Nos necesitan!

Por encima de todo, nunca pienses que lo hacen por manipular-te. Eso es imposible. A la edad en que se presentan estos desbordes emocionales, la manipulación no es viable. La manipulación requiere un razonamiento complejo y elaborado que los niños todavía no adquieren. Tu hijo sólo se está expresando, y lo único que debes hacer es contenerlo y permitirle que se exprese tranquilo y acompañado. Por favor, no uses el castigo del "tiempo fuera" porque no funciona para nadie. Tal vez en el momento el niño se calme, pero no será porque haya aprendido a manejar sus emociones. Lo hará porque sentirá miedo de quedarse solo. Lo que aprenda será: "No te expreses porque te quedarás solo". Créeme, no querrás esto para tu hijo cuando se le presente alguna situación no deseada, como ser víctima de *bullying* o durante la adolescencia, cuando tenga que hacer lo mismo que todos para no quedarse solo.

TAMBIÉN TEN EMPATÍA CON OTROS PADRES

Una recomendación: cuando veas a un niño pasando estos malos ratos, ten empatía porque ya sabes lo que están sintiendo sus papás. Actúa como quieres que actúen contigo: sonríe, asiente, hazles sentir que sabes cómo es, di que tienes hijos también, que "Así es esto" o que "Todo pasa, son etapas", de manera que los padres en cuestión no se sientan juzgados ni señalados por el comportamiento natural de su hijo.

De igual manera, no te sientas mal si tu hijo tiene una reacción emocional descontrolada. Si todos lo vemos como algo normal, como adultos tendremos mejores herramientas para acompañar a nuestros pequeños.

En esta etapa necesitamos enseñar a nuestros hijos a liberar estas emociones desbordadas, no a reprimirlas. El niño no se está portando mal. Quizá no sea adecuada su forma de expresar su malestar, pero es nuestra responsabilidad que aprenda otras formas de expresarse. Guíalo, no lo ignores, no lo maltrates de ninguna manera, ni verbal ni físicamente. Lo que necesita es apoyo. Respeta sus emociones como si se tratara de las emociones de un adulto. Cuando un amigo te dice que se siente mal y pierde el control llorando, no creo que lo amenaces o que lo dejes solo y te rehúses a escucharlo.

Hijos exitosos

Estamos de acuerdo en que nuestro mayor deseo como padres es ver a nuestros hijos felices ahora y siempre. Esto es un común denominador, sin embargo, la diferencia radica en que muchas veces creemos que verlos ser exitosos en términos de su profesión es la felicidad que anhelamos para ellos. Pensamos en cursos para aprender idiomas desde que nacen, para que sean políglotas desde pequeños y dominen el mundo. Los soñamos en los mejores colegios y universidades, y les llenamos sus "agendas" de clases especiales para que sean los mejores. Y mientras más pequeños lean, sumen, resten y memoricen todo, mucho mejor.

Sin embargo, ¿cuántos de nosotros reconocemos que el camino más directo hacia el éxito es a través de un buen desarrollo espiritual y emocional? En nuestra sociedad generalmente no nos percatamos de esa conexión y le restamos total importancia; tan es así, que es tema tabú en muchas casas y ajeno a un temario escolar. ¿Y qué es lo que sucede en su mayoría? Todo lo contrario: enseñamos a nuestros hijos a sobrevivir, a asumir ciertos comportamientos para obtener nuestra aprobación y la de los demás, a defenderse, a competir.

Aunque en general creer en Dios se tiene como un "buen concepto", el ejercicio espiritual siempre se ha mantenido separado del éxito en la vida diaria. Esto es un error que impacta nuestra vida desde que somos niños y vemos las consecuencias a largo plazo con grados desmedidos de ansiedad, ego, competencia y adicciones, por mencionar unas cuantas. Eso no suena nada a éxito, ¿cierto?

¿Cuántas personas creen ciegamente que el éxito es material? Si no se mide en términos de dinero, fama, prestigio o abundancia de bienes, no es alguien exitoso. No niego que todas esas cosas pueden ser parte del éxito, mas no son el éxito mismo, y te aseguro que tenerlas no es garantía de la felicidad en lo absoluto. El éxito no te hace feliz. Ser feliz te hace exitoso. En el concepto de "ser feliz" va implícito el éxito, no al revés. Básicamente, en la edad adulta, éxito es todo lo que quieres, pero que no se puede comprar con dinero.

La felicidad para mí es la tranquilidad. Que nada te turbe, aun cuando pasas por situaciones que no son ideales o esperadas, y poder sobrellevarlas de manera serena es un gran éxito y un logro que muy pocos pueden "presumir", pero que todos anhelamos. Ésa es la verdadera felicidad que yo espero para mis hijos y para mí. Cuando uno ve la vida así, todo lo demás llega. Incluso el éxito y lo material. El dinero, el éxito y la abundancia están en el amor. No quiero hijos felices y sin problemas, quiero hijos resilientes, capaces de adaptarse positivamente a situaciones adversas. De nada les servirá un título universitario de tal lado si de adultos no saben controlarse en ningún sentido. Perder el control siempre lleva a un camino equivocado, por lo que espero que pueda estar bien con todo el abanico de emociones que hay, pues todas tienen una gran finalidad: te enojas para hacer valer tu punto, sientes culpa porque te ayuda a no repetirlo, sientes miedo para no aventarte de un tercer piso en bicicleta. Todas las emociones son válidas y tienen un objetivo. Se puede dejar de ser feliz un día o dos, se puede estar triste, frustrado, y se deben comprender y aceptar las emociones, todas, las positivas y las no tan positivas.

Nuestros hijos deben encontrarse en ese estado de satisfacción de manera equilibrada y saber que las cosas pasan o no pasan por algo, y aun así la vida sigue y debemos verle el lado positivo o no saldremos de ésta. No se trata de que no lloren nunca, no se frustren nunca, no se esfuercen nunca, de que estén todo el día haciendo únicamente lo que quieren, de que tengan todo lo que se les antoja y vivan buscando cada día algo nuevo que los haga supuestamente más felices. Eso se llama placer y ésa no es la felicidad.

Entre las emociones que más escucho es la frustración. Yo no creo que la frustración sea el pan de cada día para todos. A mí no me gusta cuando escucho que los niños deben aprender a tolerar la frustración porque la vida está llena de eso, pero no es necesario para ello tener que frustrarlos continuamente. Creo que la frustración es otra emoción que me encanta también porque tiene su propio mensaje: superarnos, esforzarnos por salir de ella, pero no "tolerarla", y menos fomentarla. Frustrarse es como estar enojado, como estar feliz. Son emociones que llegan y se van, y si bien hay emociones que no nos gustan, son pasajeras y finalmente los niños regresarán a su estado de bienestar si todo va bien. Aceptar la frustración y entenderla es necesario, y así tienen que saberlo nuestros hijos. Pero me encantó leer un día que es preferible "superar la frustración". Esto conlleva esfuerzo, y hay muchos esfuerzos que llevan a sentirse bien y feliz.

El éxito que deseamos para nuestros hijos, esa felicidad, debe incluir muchos otros valores que no son materiales, como amarse a sí mismos, creer en sus propias capacidades, amar por el puro gusto y placer de sentirlo, tener compasión por los demás, sentir alegría y contagiarla, la seguridad de que son personas especiales con un don único y que ésa es su razón de estar aquí, y obviamente saber que hay algo más grande que vive dentro de cada uno que nos permite crear todo lo que queramos, siempre y cuando sea para el bien común. Todos estos aspectos producen una satisfacción interior que es la verdadera felicidad.

Una buena vida no es más que el reflejo de nuestra intención interna. Por tanto, nuestra responsabilidad como padres es afianzar a nuestros hijos en el camino del alma y reconocer sus emociones como sensaciones pasajeras que todos tenemos, que no te definen. Es lo mejor que podemos hacer para garantizar su éxito en la vida, mucho mejor aún que darles dinero, propiedades y negocios.

Creamos o no, tenemos cuerpo mente y alma, somos seres integrales que no podemos descuidar ninguna de las tres partes porque perdemos el equilibrio. Mientras podamos compartirles a nuestros hijos la parte tan importante que es cultivar la espiritualidad, se practique o no con religión o nombre, o simplemente como espiritualidad en sí, lograremos que se sientan más conectados, más inspirados. Cuanto más estrecha sea la conexión, más podremos realizar nuestros deseos. Solamente cuando estamos desconectados nos vemos en la necesidad de sufrir y luchar. La intención divina es que todos y cada uno de los seres humanos disfrutemos de un éxito sin límites. Por lo tanto, el éxito es natural para todos.

Religión y espiritualidad no son lo mismo y no están peleadas, lo único que yo les digo a mis hijos es que Dios es amor y Dios siempre es bueno, ésas son nuestras premisas, y si la religión que sigues te pide rechazar, negar o juzgar a otro, entonces habrá que cambiar a una que promueva el amor nada más. Todos somos parte de lo mismo y la aceptación, la comprensión y el respeto son hermanos del amor.

Aprender destrezas espirituales llevará al niño a amar sin juzgar, a aceptar y tolerar a los demás y a sí mismo; creerá en sí mismo y en que todo tenga una razón positiva para suceder. Honrará su lugar en este mundo y se valorará cuidando su cuerpo, su mente y sus relaciones con los demás. Todo esto es el éxito verdadero y la felicidad permanente que todos buscamos día a día. ¿Imaginas criar a los niños así? ¡Niños conscientes! Niños que aporten paz, no juzguen, no rechacen… Serían niños que cambiarían la dinámica para que la tendencia sea la existencia de una mejor humanidad y no del declive y la extinción de la misma. Podemos hacer grandes cambios simplemente con dar amor en nuestra propia casa. Acompañar a nuestros hijos en su crecimiento espiritual es la mayor responsabilidad que tenemos hoy en día.

Un nuevo modelo de educación

Te pedí desde un principio que leyeras este libro con la mente abierta, pero es todavía más necesario en este capítulo. Estamos en un momento de fuertes cambios en todos los niveles, y por fin, después de dos siglos (décadas más o décadas menos), la escuela hará un cambio que es absolutamente necesario porque los niños de hoy ya no necesitan lo mismo que se necesitaba antes. Hoy necesitamos niños integrales y es imperativo educar niños sanos en todos los sentidos: física, mental y emocionalmente. Niños educados con valores reales, con la atención merecida, con libertad, con respeto a sus necesidades básicas y a su naturaleza como tal. Niños que puedan expresarse, crear y realmente representen un cambio en este mundo. Niños que sepan cómo estar en una comunidad global (lo que apenas nos está tocando a nosotros como adultos) y sepan estar en la actualidad sin perderse en ella.

¿SABÍAS QUE...?

Cuando los niños hacen manualidades, como pintar, dibujar, colorear, moldear y armar:

- Desarrollan paciencia y perseverancia.
- Mejoran sus habilidades psicomotrices.
- Estimulan la creatividad.
- Mejoran la concentración.
- Exploran nuevas formas de expresar sus emociones.
- Su sistema nervioso central se relaja.
- Toman decisiones, crean y siguen un plan.
- Reducen el estrés.

¿Qué buscas para el futuro de tus hijos? Creo que ésta es una pregunta que normalmente no nos hacemos porque estamos tan acostumbrados a lo que siempre ha sido que no nos detenemos ni por un momento para pensarlo. ¿Qué quisiera para la vida de mis hijos, para su futuro? Entiendo que responderás como todos lo hacemos. Queremos lo mejor, claro, queremos que sean felices y exitosos; sin embargo, ahora creo que la pregunta debería cambiar hacia qué son la felicidad y el éxito, y cuál es nuestro concepto de ambos. Sobre todo, pensar si lo que hacen nuestros hijos hoy va en esa dirección o en el camino opuesto.

Yo defino la felicidad y el éxito como tener una buena calidad de vida, con tiempo para disfrutar los frutos de mi desempeño en algo que me gusta (no dije "trabajo" porque si te gusta, no cuesta trabajo), que me apasiona, que me sirve a mí y a los demás, permitiendo mi expresión y mi desarrollo personal. A la par de esto, es poder compartir todos estos logros al lado de las personas que de verdad quieren verme lograrlo y quieren estar en mis momentos de aprendizaje (algunos desafortunados) y en los de logros. Todo esto es para mí, y estoy más que contenta de poder experimentarlo. Lo que más quiero es que mis hijos lo experimenten también.

Me imagino que sientes lo mismo pero, ¿en verdad crees que lo que hace hoy tu hijo es el camino ideal que le está enseñando cómo lograrlo? ¿De verdad hace lo que le gusta, es creativo, se expresa, imagina y disfruta de lo que le apasiona en la vida? ¿Colabora o compite? ¿Aprende a alimentarse, a dormir, a conocer sus emociones, a autorregularse, a tener bienestar y liberarse de emociones que le hacen daño, o sólo hace lo que se le dice para aprobar un examen? ¿Es libre en su expresión, o vive bajo un esquema de represión absoluto en un sistema que sólo premia la memorización como si no viviéramos en un mundo que tiene esa información a nuestra disposición en menos de 15 segundos?

Tenemos que pensar fuera de la caja que normalmente tenemos como límite para darnos cuenta de que hay un mundo allá afuera para cualquier opción y que ahora más que nunca podemos hacer lo que queramos, lo que consideremos mejor para todos, pero tenemos que romper paradigmas, esquemas de pensamiento obsoletos que no nos permiten avanzar, mejorar, evolucionar, como es el caso de tener un modelo educativo del siglo XIX en pleno siglo XXI. Eso está de locos. Y todo evoluciona, menos esto.

El sistema educativo en general está colapsando. Tal vez no lo ves tan claramente ahora, pero seguramente ya has escuchado de personas que hacen *homeschooling* o que van a escuelas Waldorf, Montessori, escuelas libres, escuelas bosque, etc., porque estamos buscando cada vez más opciones diferentes que permitan a los niños aprender. Sé que cuando digo "libre" te imaginas un desorden y niños sin educación, o como dicen por ahí, "vagos" que no hacen nada de su vida, pero no es así, eso se llama libertinaje. La libertad es a lo que todos aspiramos, y cuando se las enseñamos desde pequeños, no andan buscando libertinaje de adolescentes o de adultos.

¿Cuáles son los problemas en las escuelas de hoy? Estoy generalizando al hablar de la escuela en sí, pero lo hago porque seguramente existe algún lugar donde los niños vayan a la escuela felices, deseosos y realmente aprendan (como en Finlandia, donde no se usa ni uniforme; nadie va a la escuela antes de los siete años; tienen mucho tiempo de recreo; aprenden carpintería, costura y cocina; nunca se les da más de media hora de deberes; está prohibido no hablar en clase, y desde el año 2000 se considera la educación más eficaz del mundo), y la verdad no se parece en nada a lo que vemos en nuestro país.[32]

Hablo de la escuela tradicional en la que un maestro habla mucho tiempo y tiene niños sentados escuchando o escribiendo, recibiendo órdenes, con el uso de una gran disciplina, pidiendo permiso para sacar punta al lápiz, para ir al baño, impidiéndoles pararse, moverse, sin hablarse entre ellos hasta la hora del recreo o tal vez en periodos cortos, y sobre todo separando a los niños como en categorías por edades: muchos niños de la misma edad en un mismo salón aprendiendo lo mismo, al mismo paso, con un adulto —con suerte dos— para atender las necesidades de 30 niños (si bien le va) al mismo tiempo.

Todo esto siempre bajo el esquema de un gran miedo (para que hagan caso los 30) y gran represión de las necesidades y los impulsos vitales de los niños. Si no, no habría forma de que los niños estuvieran tanto tiempo en silencio viendo al frente, sentados escuchando algo que seguramente no les interesa, repitiendo, memorizando por muchas horas lo que estaba escrito que debían aprender, y esto lo verifican con puntajes para saber si el niño memorizó o no lo que se le dijo. Siguen preparando personas durante ocho horas para que luego trabajen ocho horas durante toda su vida y no reclamen, ya que van bien aleccionados en este sentido.

¿Recuerdas cómo era la escuela? ¿Te gustaba? ¿Recuerdas el estrés de las tareas, de no llevar el uniforme completo, de olvidar la mochila? ¿Recuerdas enojarte con tus amigos o el *bullying*? ¿Recuerdas al maestro que te daba miedo? ¿Los exámenes? Pocas personas recuerdan toda la escuela con alegría, amor y felicidad; la mayoría es una mezcla entre estrés y aburrimiento.

Dile a tu hijo hoy que no tendrá clases y verás cómo se pone de contento. Tal vez dirás que a tu hijo sí le gusta ir, y no dudo que haya algunos casos, pero la gran mayoría no quiere. Les gusta mucho más estar en su casa, cerca de sus padres, y no les gusta ir a un lugar así. Claro que tiene cosas buenas, como los amigos, pero amigos pueden hacer en muchas partes, no necesariamente ahí. No creo que ésa sea la finalidad de la escuela, ¿o sí? ¿Qué no era aprender?

¿Qué es lo que ya no se necesita de la educación tradicional?

En primer lugar, la gran represión y el sometimiento al que se ven forzados los niños. Por más que la escuela diga que es más libre o que permite la expresión de los niños, seamos honestos, la única técnica por la cual un niño puede aprender algo que no le interesa es mediante el miedo. Entonces, mientras tú le das amor en tu casa, todos los días allá le tienen que infundir miedo para que obedezca. Así que entre la represión y la normalización de la agresión (por infringir miedo), tenemos un sistema que premia la memorización (no el entendimiento ni el aprendizaje), donde no tiene flexibilidad de horario ni rutina, y mediante la masificación se obliga a que 20, 30 o 40 personas lleven el mismo ritmo, como si esto fuera posible. La evaluación con la misma vara es destructiva. Todos lo sabemos. Hasta como adultos sabemos que la comparación no lleva a nada bueno.

Obviamente no se considera la individualidad ni se respeta el proceso personal, sin hablar del poco estímulo que se les da a los profesores, quienes son sumamente importantes, pues educarán a los futuros empresarios, gobernantes, etc. El sistema como se ve hoy en día fomenta el alejamiento de las familias con tantas horas en las aulas, y se avientan la pelota con la familia por la responsabilidad (que claramente es de la familia) de la educación de los niños. Es un sistema que educa para sobresalir y no para colaborar, que no presta la atención merecida a un niño que busca siempre un guía. El niño carece de atención y es lo que más necesita.

Por si no fuera suficiente, acapara todo el día del niño con tareas y labores que sólo representan más gasto y más esfuerzo de los padres por algo que debería ser el trabajo en la escuela y en compañía del maestro. Las tareas restan tiempo libre a los niños que tanto lo necesitan para jugar, imaginar, crear, salir al parque, pero entre escuela, tareas y clases especiales no se le permite ser niño. Las tareas estresan a la familia al involucrarla en algo que es responsabilidad de la escuela.

> ### NO MÁS TAREAS
>
> La Organización de las Naciones Unidas (ONU) propone eliminar tareas escolares en todo el mundo, ya que el aprendizaje debe ser un gozo, debe apasionar. En lugar de eso, las tareas escolares molestan al niño y lo condicionan a no querer ir a la escuela, a que no le guste aprender.[33]

Yo recuerdo el día que llevé a mi hijo a una prueba en una escuela "alternativa". Estuvimos en su semana de prueba juntos. Llegó el día en que yo me tenía que ir y él se quedaría sin mí. Ese día me veía a los ojos y me decía llorando: "Es que tú eres mi mamá, tú me cuidas, yo quiero estar contigo". Aun así, le explicaba (presa del convencionalismo natural) que la escuela era para aprender, hacer amigos, etc., que ahorita se sentía así, pero después le iba a gustar. Pero cuando llegó la maestra y me dijo: "Déjelo llorando, así dejan a todos. Se le pasará en una o dos semanas", yo le pregunté: "¿Me dices que va a llorar dos semanas y yo tengo que dejarlo así?" Y al ver su frialdad ante las emociones tan reales y fuertes de mi hijo, no me quedé con ninguna duda de que eso no era para mí.

LA ESCUELA LOS ENSEÑA A OBEDECER

La escuela trata (trata porque es a base de miedo, no de una convicción real) de formar niños obedientes. Siempre hablamos de que el niño "bueno" es el niño obediente, que no replica y que hace todo lo que le dicen. La obediencia de la que hablamos cuando se trata de los niños es referente a que dejen de hacer lo que ellos quieren, piensan o creen, y sólo hagan lo que nosotros decimos.

En este proceso que demandamos los adultos constantemente bajo cualquier estrategia, ellos se pierden a sí mismos porque nosotros buscamos que sean obedientes continuamente, siempre, a toda hora, sin reparo, sin réplica. Es imposible obedecer todo el tiempo, es imposible que quieras que deje de ser él y que se convierta en lo que todos los adultos a su alrededor quieren que sea.

Lo ideal es buscar su cooperación, ya que lo que buscamos es que ellos puedan pensar por sí mismos, que sepan las consecuencias de lo que hacen y sepan ser responsables por esas decisiones. Así podemos confiar en su razonamiento, que es lo que buscamos que vayan alcanzando, así podremos decir que se comienzan a volver independientes, sin tener que ser nosotros un gendarme que da órdenes todo el día. De esa manera, respetando

LA ESCUELA LOS ENSEÑA A OBEDECER

y amando, logramos que ellos se amen y se respeten a sí mismos. No quieres hijos obedientes, quieres hijos que cooperen, que decidan en pro de su salud, bienestar y seguridad, y la verdad de todo es que en la escuela tradicional se buscan niños obedientes a cualquier precio (reportes, calificaciones, castigos, más tarea, oficina del director, junta con los papás, notas a sus papás), por lo que la obediencia es una obligación que secuestra la decisión natural de los niños. Permitamos que los niños sean las personas que vinieron a ser, sin interponernos con nuestros propios miedos y prejuicios.

En ese momento vi a todos los pequeñitos de tres años estresados, viéndome con cara de "aquí está una mamá", y fue cuando me quedó claro que después de esas dos semanas, cuando los niños ya van sin llorar, no van contentos, no van gozosos, solamente van resignados, rendidos, adaptados a ese sufrimiento. A esa corta edad han aprendido a ya no luchar, pues no tiene caso. Mientras antes se adapten, menos sufrirán. Y ahí, padres de familia, comienzan nuestras sombras a generarse, esas que reflejamos ahora en la adultez y en la paternidad. Ese tipo de momentos se quedan grabados en nuestro inconsciente y nos marcan de por vida, lo sepamos conscientemente o no.

La culpa no es de nadie. El sistema somos todos los que participamos de una u otra manera en él. No son la Secretaría de Educación, los profesores, los padres de familia, el gobierno, los programas, los políticos, la mala paga, sino todos. De nada sirve que sea un excelente profesor, si en la casa no se enseña lo básico. Que sea buen maestro no es suficiente para acompañar a tantos niños. No sólo es la formación de maestros, ya que en la escuela no se pueden cubrir los huecos que se hacen en la casa. Necesitamos un cambio absoluto, de principio a fin. Replantear de nuevo la finalidad de un sistema que facilite el aprendizaje de los niños en libertad. No hay culpas, hay responsabilidad. Debemos cambiar y ponernos al día con la evolución que el aprendizaje requiere.

¿A qué van los niños a la escuela?

Se supone que van a aprender pero, por si no lo sabes, somos el último lugar desde hace 15 años en la evaluación PISA (Program for International Student Assessment, o programa para la evaluación internacional de los alumnos).[34] Aparte, seamos realistas, el día de hoy los niños y adolescentes aprenden mucho más en internet (nos estamos volviendo autodidactas) de lo que ven en la escuela o en los libros. Seguramente la información no cambia, pero sí debería cambiar la forma en que conducimos a los niños "de hoy", que tanto están cambiando.

No podemos quedarnos atrás, tenemos que innovar la forma de aprender. Los sistemas educativos estandarizan seres humanos y no somos iguales. Entonces, parece que no van a aprender mucho en la escuela, tanto por nuestro lugar de PISA como por el hecho de que, al memorizar para el examen, un mes después de la prueba ya no recuerdan nada.

Los hijos son nuestra adoración, pero van llorando, a veces arrastrándose, gritando, enfermándose con tal de no ir, haciendo lo que sea posible para no asistir. ¿Por qué mandamos a los niños a la escuela? La respuesta más honesta, viendo que no socializan realmente y no aprenden, puede ser que van porque los adultos tenemos que trabajar o hacer otras cosas. En eso estamos de acuerdo pero, entendiéndolo y aceptándolo, ¿por qué debemos llevarlos a un lugar que no les gusta?

Podrías sacar la carta de socializar, pero el niño socializa a través de ti cuando es pequeño, cuando te ve saludar a la vecina, al jardinero, a tu amigo, a tu mamá, en el supermercado. Así va aprendiendo. El niño no socializa con los de su edad hasta los cuatro o cinco años aproximadamente. Así que no, tampoco es por eso.

> **NIÑOS REPRIMIDOS, ADOLESCENTES REBELDES**
>
> El niño que está alineado con lo que es, realmente no se reprime de nada. Se expresa, tú te das cuenta cuando algo le gusta o no le gusta, pide lo que quiere, llora cuando quiere, se enferma cuando está mal, manifiesta cuando no está cómodo, ése es el niño que se sabe expresar, que no se guarda nada. El niño reprimido se ha sobreadaptado a una sociedad centrada en los adultos, donde el niño espera órdenes constantemente. Hasta ahí crees que está bien, pero ese niño crecerá y se dará cuenta de que no pasa nada cuando lo amenazan, que los gritos sólo son gritos y que ya es grande y fuerte, tal vez tanto como tú. Ahí comienzan los adolescentes rebeldes, que casi siempre vienen de infancias reprimidas. Lo que te ahorras hoy se cobra después.

Escolarización precoz sin beneficio alguno

Lo más triste es ver que yo entré a la escuela a los cinco años, pero ahora los niños entran de tres, dos, un año, de seis meses, de tres meses, y no estoy hablando de casos de mamás que trabajan, sino de familias que podrían tener más tiempo al bebé en casa, pero no lo hacen porque las han hecho creer que está mejor allá, que es mejor "despegarse" porque se presumen beneficios de la escolarización precoz y todos caen con el mismo cuento. No, el mejor lugar para un niño —y más uno pequeño— es con sus padres, en su casa si es que se puede.

Las mujeres siempre hemos trabajado. No es nuevo. Siempre ha habido diferentes formas de lograr esto: los niños se quedaban con la abuela, con la tía, en guarderías, en casas cuna, etc. Y ahí el objetivo era muy claro, un adulto cuidando a varios niños pequeños. Cada vez se complica más esto porque nos vamos lejos de nuestras familias y tenemos menos personas de confianza para este papel.

Pero la escuela es diferente a las opciones anteriores, ya que, si te aceptan al niño de un año, tienen niños asegurados para después, y así se fue logrando la escolarización precoz que hoy vemos. Las escuelas de niños de dos años se jactan de enseñar letras, inglés y un montón de cosas para ser una excelente escuela, cuando es todo lo contrario; los niños deben ir a jugar, no a aprender a esa edad.

Antes dejaban de jugar a los siete años para aprender, ahora dejan de jugar al año o a los dos años. Eso es un despropósito absoluto: niños escolarizados muy tempranamente para adaptarse a los requerimientos de los mayores que se tienen que ir a trabajar. Si lo que piensas honestamente es que tienes que llevarlo porque quieres tiempo para ti y no puedes estar con él todo el día, sería mejor revisar tu infancia porque estás proyectándola en la de tu hijo. Si los niños piden a gritos algo, la única forma de no escucharlos es por nuestro propio nivel de represión.

VAMOS A EMPATIZAR

Imagina que te llevan solo a otro país, no te dejan pararte de tu lugar, no conoces a nadie, casi no entiendes lo que dicen, no sabes cómo regresar a tu país o a tu casa, la persona de al lado pega y muerde, otros lloran, no entiendes nada más que estás solo. Todos los demás, como tú, también tienen miedo. ¿No estarías estresado como adulto? Todo tu sistema de lucha o huida estaría encendido. Pues el de los niños también, estén llorando o no (ya adaptados). Así se sienten ellos.

Que sea normal llevarlos a la escuela tan pronto no significa que sea sano, y en la escuela desafortunadamente se premia la adaptación a un sistema disfuncional. Cada que nosotros celebramos que el niño ya no llora cuando va, que sacó buenas calificaciones por memorización y aplaudimos las notas de conducta que indican que no se mueve, no habla, no convive, no replica y no se expresa, entonces todos somos parte del sistema.

LA PASIÓN NO SOBREVIVE A LA ESCUELA

Todos los niños saben lo que les gusta y apasiona. Si son los bichos, siempre hablan y leen, y aprenden de ellos. Si les gusta el espacio, también. Te dicen qué quieren ser de grandes, pero conforme pasan años en la escuela, esto se olvida. En el camino pierden la pasión por vivir y terminan en la preparatoria haciendo exámenes para ver qué les gustaría estudiar. Ésa es la muestra más clara de que la pasión y su misión de vida no forman más parte de ellos. Ahora, como siempre en la escuela, habrá que decirles qué hacer. Esto invariablemente te llevará a tener una vida que no es la que habías soñado. No es de extrañar que ahora abundemos los adultos desconcertados y buscando el propósito de nuestra vida. Pocas pasiones sobreviven a esto.

Los niños aprenden con entusiasmo, siempre están preguntando y lo ven todo con ilusión e incluso con disciplina cuando realmente les interesa. Sus primeros 20 años son los mejores para aprovechar su entusiasmo, su vitalidad, su emoción por hacer y aprender. No llenarlos de información que no les interesa y que, seguramente, gran parte no les servirá después. Por lo tanto, la interrogante aquí es: ¿Queremos un niño que "pase" exámenes para no reprobar, o queremos niños que aprendan y ese regalo del aprendizaje se quede y los acompañe siempre? En lo personal, sólo busco lo segundo, pero para eso se necesita despertar su curiosidad y que estén ávidos por aprender.

¿FALTA DE ATENCIÓN O FALTA DE INTERÉS?

Muchas veces pensamos que los niños no nos ponen atención a nosotros, a sus clases, a sus profesores, pero aquí es donde toma relevancia definir si lo que falta es atención o interés. Es común escuchar peticiones constantes como: "Pon atención", "Haz caso", etc., pero la atención y la concentración no se pueden exigir, ya que son estados anímicos que se generan y se ganan.

¿FALTA DE ATENCIÓN O FALTA DE INTERÉS?

Si pedimos esto, no conocemos la naturaleza del niño ni sus motivaciones. Ellos son curiosos siempre, cuestionan todo, preguntan. Lo más importante de todo como profesor es saber que, si un niño tiene curiosidad y le llama la atención, lo querrá aprender y naturalmente se concentrará y pondrá atención.

Las emociones y el aprendizaje

La neuroeducación es la ciencia que estudia el funcionamiento del cerebro y aporta datos para ayudar a niños y sus educadores en su proceso de aprendizaje. Es una ciencia que se ha encargado de demostrar, desde la anatomía y la funcionalidad del cerebro, una premisa que no contemplamos como algo primordial: la emoción y la razón están ligadas. No se puede aprender algo si no te inspira, gusta y motiva, es decir, si no sientes nada por ello. A lo mucho, puedes aspirar a memorizarlo como máquina, pero si esto no te llegó de una forma emocional, lo olvidarás en menos de lo que piensas.[35]

Toda información sensorial, antes de ser procesada por la corteza cerebral, pasa por el sistema límbico (conocido como nuestro cerebro emocional), y ahí es donde se producen el gusto, el placer, una relación con algo propio, simpatía, es decir, un sentido emocional.[36]

Ya que algo le gustó, ahora sí se le da acceso a la corteza cerebral, la cual admite el aprendizaje desde la razón. En otras palabras, la información que viene de afuera pide permiso a las emociones para ver si se debe aprender. Si las emociones dan luz verde, entonces el niño se entusiasma y se interesa, y está listo para aprender, memorizar, crear sus propios conceptos de forma natural y no forzado bajo ninguna estrategia.

Entonces, lo que enciende el aprendizaje es la emoción positiva que despierta curiosidad y luego la atención. Es por eso que la atención y la curiosidad no se piden ni se demandan. Sólo se pueden motivar para que salgan de la parte más profunda del aprendiz.

Claro que hay otras variables, como problemas familiares, *bullying*, mala alimentación, mal descanso, sedentarismo, deshidratación, etc., que influyen en la falta de atención, y en consecuencia, de aprendizaje. Y así como las emociones positivas ayudan a aprender, al activar las emociones negativas es casi imposible hacerlo. Los sistemas de alarma se activan y el cuerpo entiende que ése no es el momento ni el estado ideal para el aprendizaje, ya que sólo debe pensar en huir. Se mandan todos los recursos (sangre, oxígeno) a las extremidades y lo que sea necesario para escapar, se deprime nuestro sistema inmunológico y en ese momento no es necesario tener acceso a la razón y aprender.

Es por esto que siempre debemos recordar que, cuando no se da el aprendizaje, no es culpa del niño, sino de muchos más factores que se deben dar para lograr un aprendizaje real. Es difícil que un niño no se estrese con tareas, falta de juego libre, disciplina absoluta, exámenes, información que no le interesa, la presión de todos los adultos con altas expectativas sobre él, horarios que lo cansan, demandas por todos lados. Hay otras formas de aprender.

Entonces, ¿qué otras opciones nos quedan? Hay muchas opciones más que vemos cada vez más comunes. Hay pedagogías alternativas que realmente están centradas en los niños y no en los adultos, y funcionan muy bien: Waldorf, Montessori, escuelas libres, escuelas bosque, Reggio Emilia, *homeschooling* tradicional o un *homeschooling* adaptado, donde realmente hay un tutor con un grupo de niños en cierto lugar y se van acreditando cada año tal cual, como si fuera en una escuela tradicional.

Hay un mundo de opciones, pero no lo vemos porque estamos inmersos en lo que siempre ha sido. Esos cambios y decisiones nos van a incomodar a los adultos, pero van a hacer que los niños estén más cómodos, lo cual debe ser prioridad. Cuando buscamos nuestra comodidad, siempre lo pagan los niños.

Los periodos sensibles

Los niños atraviesan unos "periodos sensibles" que son una predisposición temporal y limitada por aprender algo. Si el niño demuestra interés por cierta actividad y nosotros estamos obsesionados con enseñarle los colores en inglés u otra cosa que consideremos "interesante" o "buena" para él (porque el primito o los demás ya los saben), le estaremos arrebatando "su momento" y perderá la oportunidad natural de desarrollarse. Lo que debemos hacer es facilitarle una tarea que en verdad le permita aprender lo que le interesa en ese momento. Se trata de focalizar su interés.

Cada niño sigue su ritmo, cada niño evoluciona más rápido en unos aspectos y más lento en otros. No debemos forzarlos, aunque estemos acostumbrados a hacerlo. Los niños son más simples de lo que creemos. Dejemos de establecer expectativas y compararlos. Lo que el niño necesita es que lo dejen ser niño y esto no requiere ser "permisivo", sino comprensivo, empático y libre de juicios. Así podrá desarrollarse a su tiempo y a su manera, dejando emociones positivas que tendrán gran impacto en su adolescencia y adultez.

¿Qué hago yo?

Con mis hijos hago una mezcla de varios de los métodos anteriores. Lo llamamos "Tikún, grupos de aprendizaje libre". Son grupos de aprendizaje donde el protagonista es el niño y lleva un programa acorde a sus intereses. Es decir, no tenemos que leer lo mismo que en una escuela. Con uno de mis hijos, por ejemplo, simplemente empezamos con sus cuentos favoritos y cuando le nació la curiosidad por leerlos él solo, en un día aprendió a leer. Sin más ni más. Un día le interesaron las matemáticas y a la fecha son una tremenda pasión, y hasta me pide que le ponga sumas para jugar o hacer cálculos mentales. No es que sea un genio, es que son niños y respetar su forma de aprender da buenos resultados. Y es lo mismo con todos los demás, sin presión, sin estrés. Tenemos nuestros propios miedos de adultos, pensando que, si no los forzamos, no aprenderán nada, pero es mentira. Los niños aprenden porque está en nuestra naturaleza curiosear, aprender, buscar, indagar, cuestionarnos, hasta que alguien nos dice que dejemos de hacerlo o nos presiona para hacerlo de mala gana, y la motivación se va.

En Tikún respetamos los tiempos de los niños y hasta los siete años están muy enfocados en aprender su valor propio, la naturaleza y su entorno, salud, hábitos, una vinculación respetuosa y armoniosa con sus compañeros, arte, música, su forma de respetarse a sí mismos, lo que se permite y lo que no, la forma adecuada de pedir y dar las cosas, el juego libre, la imaginación, las emociones por encima de todo, conocerlas, sentirlas, expresarse diariamente en una sesión de integración. Aprenden a relacionarse de una forma positiva, tratando de ver siempre lo mejor en los demás. Los enseñamos a no juzgar, a no competir, a colaborar, a no compararse. Antes de los siete años valoramos más que el niño se vuelva una persona íntegra y positivamente desarrollada, para que pueda, desde ahí, aprender naturalmente.

¿Y los maestros? Los niños tienen un guía o mentor que fomenta todo lo anterior y les permite ser y estar tranquilos. El guía idealmente no cambia con los años porque debe haber una buena conexión entre ambos y es fundamental que la persona guía tenga desarrolladas las habilidades de cooperación en grupo y trabaje en su propia vida para poder estar con los niños de la mejor forma posible, ya que su actitud es un gran factor en el día de los niños. El guía sabe que lo principal es la experimentación y la creatividad sin juicios, y tiene conciencia plena de que tiene en sus manos la etapa más crítica del desarrollo de un ser humano. El guía debe favorecer la educación emocional y la autoestima, en lugar de los contenidos académicos, utilizando el juego nada más para transmitir el gusto por aprender, y desde luego sin sillas de pensar, sino con rincones de la tranquilidad y espacios para la negociación y el acuerdo.

¿Y la socialización? Los grupos de niños de seis años son pequeños, entre cinco y ocho niños para poder darles realmente atención. Con estos grupos tan manejables aprenden a hacer tribu, que más que la socialización (que ésa se hace siempre), nos gusta fomentar la pertenencia.

El futuro de la educación

Si queremos un cambio verdadero de hábitos físicos, mentales, emocionales, espirituales, familiares, de convivencia con nosotros mismos, nuestro entorno, los animales, el planeta y todo, entonces necesitamos cambiar. El sistema actual nos está llevando hacia otro lado totalmente distinto. Para muestra, voltea a tu alrededor, revisa las situaciones que se dan en la escuela de tus hijos: ¿Tu hijo va feliz? Los niños aman aprender, siempre preguntan todo, tienen interés, eso quiere decir que deberían aprender felices, ir a la escuela, porque es natural la curiosidad, pero cuando no quieren ir, cuando van enojados, tristes o generan pretextos para no ir, entonces la escuela no está haciendo bien su trabajo. Todo ha cambiado, menos nuestro triste sistema educativo. De hecho, pareciera que cada vez compiten más las escuelas para ver quién manda más tarea, quién estresa más a los niños, quién los enseña a leer y escribir antes.

La educación ya no será como la conoces hoy. Ya las clases estilo conferencia quedarán en el pasado; la mayoría serán en video para poder parar, regresar, adelantar, consultar algo más y volver a ver. Es sencillo ver cómo los cursos del Massachusetts Institute of Technology (MIT) y de la Universidad de Stanford están abiertos y son gratuitos. Hoy no se trata de quién estudió más, sino quién lo sabe aplicar. No es quién memorizó, sino quién lo sabe encontrar en el mar de información que ahora abunda. La información ya está ahí, gratis, disponible para todos. El futuro de la educación son personas auto-didactas, con mentores que los guíen en la solución de problemas.

Ya no podemos tener niños haciendo planas y memorizando datos. Necesitamos personas creativas, con imaginación, con compasión, en control y conocimiento de sí mismos, de sus emociones, apasionados con lo que les gusta, que sepan vivir en armonía con todo su entorno. Ése es realmente el futuro de la educación. Que no nos dé miedo; aventurémonos en algo diferente para que los resultados sean diferentes. Con la generación *millennial* es suficiente para darnos cuenta de que ya están en contra del sistema. No son ellos los que están mal, al contrario, ya no quieren formar parte del sistema que está colapsando porque ya no es sostenible.

Si quieres más información y estás interesado en formar un grupo de aprendizaje como el que te comento, no dudes en contactarme en informes@habitos.mx para ayudarte con todo gusto. Por favor, no creas que esto parece un sueño o una utopía, ya lo hacemos nosotros. Es muy fácil si es que tienes ganas. Sólo se trata de querer y entender la educación, cambiando el paradigma hacia un modelo donde el niño es el protagonista pleno en derechos y dignidad, y en Tikún lo consideramos el material humano más increíble, sabio, delicado y precioso con el que cuenta una sociedad.

Recuerda que cualquier posibilidad de cambio hacia una sociedad menos agresiva, violenta y más empática pasa por un cambio en la manera de educar a los niños. No nos damos cuenta, pero realmente nos jugamos todo en la infancia, y por eso, cuando uno quiere cambiar y mejorar, hay que buscar en esas etapas sensibles que marcan toda nuestra vida. No lo tomemos a la ligera; educar a un niño es una gran responsabilidad.

Capítulo 8

Una metodología sencilla para su cambio de hábitos

Aunque a veces parezca una obra monumental cambiar de hábitos, realmente se trata de puntos muy concisos que puedes aplicar en el orden que mejor les convenga a tu familia y a ti. En este capítulo incluyo una metodología de cinco pasos en la que englobo todo lo desarrollado a lo largo del libro para que puedas tenerlo más a la mano al momento de implementar los cambios.

Principalmente, la idea es que cambies los hábitos de tus hijos de forma integral y sostenible, no sólo con esfuerzos aislados que se queden en eso, meros intentos. Lo ideal sería implementar cada punto recorriendo el camino en la secuencia que expongo, pero sé flexible si algunas partes no se dan de la forma o en el tiempo que esperabas.

Dentro de cada apartado, comienza con lo que te parezca más sencillo para ti y más factible para tus hijos. Puede ser a tu paso, a tu estilo y como se ajuste de una forma realista a tu vida, pero sí se trata de que apliques los conceptos en su totalidad. Considera que no hay un límite de tiempo ni hay metas como tales, más que las que tú te propongas, así que no te generes un estrés innecesario.

- Cambia tu concepto de salud y olvida las ideas absolutas
- Predica con el ejemplo, cambia tú primero

- Desintoxica la alacena
- Remplaza productos
- Ten alimentos saludables a la mano
- Planea menús
- Reporta alimentos no saludables en la escuela
- Busca siempre las opciones saludables

- Explícale los beneficios que tendrá
- Permite explorar opciones contigo
- Comparte información

Sé un buen guía/líder

Deja que se involucre

Mejora su entorno

Intégrense

Paso a paso

- Agradece
- Cambia la rutina
- Juego y actividades al aire libre
- Actividades en familia

- Ten paciencia
- Un paso a la vez
- Sustituye poco a poco
- Una prueba al día

Sé un buen guía/líder

Éste es el primer punto a cubrir porque a lo largo de todo el libro desmenuzamos la forma en que los niños aprenden y adquieren hábitos en su vida: viéndolos en ti. No hay más truco que ése. Conforme vayan creciendo, ésta será la forma en que vivan, asimilando tus hábitos.

Elegí el concepto de *líder*, de *guía*, porque la figura que menos necesitan tus hijos en su vida es un dictador o algo por el estilo. Las dictaduras nunca han funcionado para las personas sometidas, sino todo lo contrario, así que sólo toma su mano y llévalos por este nuevo camino con paciencia, comprensión y amor, siendo un buen modelo a seguir para ellos.

Ser un buen líder implica que cambies primero tus conceptos tanto de salud como de infancia. *Cambia tu mentalidad* a partir de toda esta nueva información que has asimilado y refuerza el carácter positivo de tu conducta:

1. El niño no es de tu propiedad, es una persona nueva que se está formando con lo que tú haces, pero que tiene gustos, preferencias, sentimientos y pensamientos propios. Respétalos.
2. Lo que le dices sobre sí mismo tiene un impacto en él, así que procura que tu diálogo siempre sea positivo. La base de todos sus hábitos y de su relación entera debe ser el respeto mutuo.
3. No lo etiquetes porque perjudicas su cambio de hábitos y su relación contigo.
4. No olvides que los niños sólo comen lo que necesitan en la etapa en que se encuentran y dejan de comer cuando están saciados.
5. Éste es un borrón y cuenta nueva de lo que hayas hecho antes. Cada vez que haces conciencia y cambias, la mayor parte de las consecuencias pasadas se disuelve. No te culpes; mejor actúa.

Empezará una nueva vida para todos, así que, si quieres, puedes decirle que has estado equivocado sobre ciertos alimentos y que tú también estás aprendiendo, entonces a partir de hoy todos estarán en el mismo camino hacia una vida muy saludable.

No te preocupes por la *variabilidad de su apetito*, ni de bebés ni de niños. Recuerda las etapas de crecimiento y su capacidad de reconocer el hambre y la saciedad. A veces puede desconcertarnos que dejen de comer, pero no los obligues a comer más. Todos somos diferentes y tenemos requerimientos distintos. Lo mejor es estar tranquilos y platicarlo con el niño en todo caso. Prueba dándole opciones, pero si no quiere, no insistas. Sólo asegúrate de que lo poco que coma sea natural y saludable, de preferencia frutas porque su cuerpo le pedirá azúcar.

Los niños no suelen comer las mismas cantidades a lo largo del día, pero la tendencia (cuando sí comen) es un desayuno ligero o una colación a media mañana (como dátiles, verduras con limón o una fruta), un poco más de alimento en la comida y una cena fuerte. A los niños suele darles más hambre en la noche, pero no es una regla; es una tendencia general que puede darte un margen de referencia.

En sus periodos sin alimento tendrás que usar tu sentido común si son niños muy pequeños, pues no se pueden dar el lujo de perder peso. Sin embargo, en un niño de cinco años no pasa nada. Menos de un kilogramo no implica un peligro realmente cuando se trata de niños sanos, pero si ves que pierde más, consulta a tu médico.[1] En este sentido, no obligar al niño a comer tiene una doble función, pues si realmente padece alguna condición subyacente, no taparás el síntoma haciéndolo comer con amenazas. Ser buen guía y un buen ejemplo también supone no hacer uso de la represión para alcanzar tus expectativas. Recuerda, *nada de premios, nada de castigos*, sin obligar; *sólo invita*. Cada que premias o castigas, estás pasando por encima de sus intereses y por encima de él, y normalizas la agresión. No le enseñes eso.

CUANDO VIAJEN

Sigue siendo congruente con lo que les enseñas en casa. No puedes hablar de comida saludable en casa y decirles cuando salen de viaje: "Ahora sí, coman lo que quieran". Entiendo que al principio tal vez te pase así, pero la familia puede conservar sus buenos hábitos alimenticios fuera de casa. Recuerda que es un estilo de vida, no algo esporádico.

Ya sea que viajen en auto o en avión, procura siempre llevar alguna clase de botana o colación para ellos. Además de que la comida en el aeropuerto es cara, lo mismo que el agua embotellada, puedes llevar por ejemplo sándwiches, palomitas caseras, arándanos con chile, nueces enchiladas, galletas caseras, manzanas y plátanos. Te ahorrará tiempo, dinero y esfuerzo.

Recuerda que son niños y están aprendiendo a hacer todo. De nosotros depende que ese aprendizaje sea positivo y que se quede en ellos. No es muy difícil pensar qué hacer para mejorar sus hábitos en general, es cuestión de conectarte con tu niño interno y pensar cómo te hubiera gustado que abordaran tu salud y tus gustos contigo, qué preferías comer y de qué forma, y cómo lo descubriste. ¿Viviste un entorno con paciencia y sin presión, o con amenazas y forzado? Decide el entorno que quieres para ellos desde el presente, no desde tu propia infancia. *Predica con el ejemplo*, pero de verdad, con lo que vale, con tus acciones. Lo que se reflejará en ellos será tu *cambio de mentalidad*, así que no puede ser fingido, no puedes aparentar ser saludable, o peor aún, decirles que lo saludable sólo es para ellos porque están en crecimiento. Un buen guía convence, invita, ofrece, participa, da el ejemplo, los lleva de la mano y luego los deja caminar solos.

Mejora su entorno

Es fundamental limpiar su entorno y prepararlo para estos nuevos hábitos. Ya vimos que es difícil para un adulto cambiar cuando la influencia persiste, así que será todavía más complicado para los niños estarse aguantando las ganas de consumir los productos que ya no pueden. En este sentido, te recomiendo que establezcas *metas realistas y sostenibles*, y empieces con los cambios que consideres más claros y sencillos.

Para eliminar lo que no quieres que siga consumiendo, retíralo poco a poco y una cosa a la vez. No quieras implementar todos los cambios juntos y al mismo tiempo. Explícale primero a tu hijo las razones del cambio y *comparte con él la información* que ahora tienes. Siempre dale opciones para sustituir lo no saludable en su vida.

Empieza *desintoxicando la alacena y el refrigerador* para deshacerte de todos los ingredientes y productos procesados que puedas cambiar sin alterar realmente los hábitos cotidianos de tu familia ni tener que avisarles. Lee las etiquetas de lo que ya tengas en casa (¡y sorpréndete!) para que te des cuenta de la publicidad y no elijas lo mismo la siguiente vez que vayas de compras. Tú determinarás las prioridades a cambiar, pero te comparto el orden de eliminación que considero importante:

1. Antes que nada, reporta la escuela de tus hijos si todavía permite la venta de comida chatarra, con el fin de que no interfiera con el cambio de hábitos.
2. Elimina todas las bebidas azucaradas (refrescos, aguas de sabor, leches, jugos, bebidas isotónicas, etcétera).
3. Desecha toda la comida chatarra. Ya no vuelvas a comprarla ni acudan a los lugares donde la venden.
4. Sustituye los cereales de caja, las sopas instantáneas y todo lo ultraprocesado por versiones saludables.
5. Elimina los embutidos.
6. Descarta la comida procesada para microondas.
7. Consigue proteína de calidad.

Sigue la lista y añade puntos conforme avanzas; esto no significa que, si estás cambiando alguno, no puedas cambiar otro si es fácil para todos. A continuación, te comparto una lista de productos básicos como guía para las sustituciones, donde también podrás incluir las fechas de tu planeación de cambios. Es fundamental sustituir estos productos porque ya vimos que están repletos de aditivos, entre otras cosas.

Resumen de cambios en tu alacena		Fecha para sustituir
Especias Condimentos Sazonadores vegetales	• Sin glutamato monosódico • Sin saborizantes artificiales • Sin conservadores • Sin sal industrial o sal yodada • Utiliza hierbas frescas: cilantro, perejil, albahaca, etcétera • Utiliza condimentos naturales secos: chile, orégano, tomillo, romero, comino, pimienta cayena, páprika, cúrcuma, levadura nutricional, etcétera	

Resumen de cambios en tu alacena		*Fecha para sustituir*
Sal de mar	• Sin procesar • No industrial (Recuerda que la sal de mar y la sal de grano no son lo mismo)	
Aceite de coco	• Extravirgen • Orgánico certificado	
Aceite de oliva	• Extravirgen • Primera extracción en frío (especificado en la etiqueta) • En botella de vidrio oscura (verde o café) (Úsalo a temperaturas bajas, de preferencia en frío, para ensaladas o botanas)	
Ghee o mantequilla clarificada	• Mantequillas purificadas • Usar en altas temperaturas (Es una opción para intolerantes a la lactosa)	
Crema de coco	• La encuentras como crema o mantequilla • Certificada orgánica • En los ingredientes debe decir sólo "crema de coco orgánica" y nada más	
Crema de cacahuate, almendra y otras nueces	• Idealmente hechas en casa • No deben tener más ingredientes que el cacahuate (o el ingrediente base) y algún endulzante natural (miel natural o azúcar mascabado)	
Cacao	• Orgánico certificado (idealmente) (Se puede consumir en polvo o en granillo)	
Soya	• Fermentada • Orgánica (Consúmela con moderación)	

Resumen de cambios en tu alacena		Fecha para sustituir
Salsa de soya y salsa tamari	• Sin glutamato monosódico • Bajas en sodio • Orgánicas certificadas • Sin OMG	
Endulzantes	• Evita el azúcar moreno o refinado • Evita la miel "sabor" maple, el jarabe de maíz, el néctar de agave y los edulcorantes artificiales • Utiliza dátiles, azúcar, miel de maple o jarabe de arce, miel de abeja (busca orgánica o natural), piloncillo granulado (Consúmelos con moderación porque siguen siendo azúcar)	
Proteína animal	• Huevo, pollo y pavo orgánicos certificados, de libre pastoreo • Pescados de captura y salvajes • Sin hormonas • Sin antibióticos • Sin OMG • De proveedores locales (Consúmela en pocas cantidades y no diario)	
Lácteos	• De animales de libre pastoreo • Sin hormonas • Sin antibióticos • Sin OMG [Se sugiere sustituir por leches vegetales (coco, avena, almendra, etc.) y quesos de oveja, de cabra o vegetales (almendra, nuez de la India)]	
Harinas de grano entero	• De grano entero o 100% integral • Que en la lista de ingredientes diga "harina de grano entero" o "100% integral"	

Resumen de cambios en tu alacena		Fecha para sustituir
Harina de maíz nixtamalizado	• Orgánica o naturista • Evita las marcas muy comerciales • En los ingredientes debe decir: agua, maíz nixtamalizado, cal y sal (de preferencia, sal de mar)	

A continuación, encontrarás una lista para guiarte al momento de remplazar los productos más básicos y facilitar tus cambios.

Remplaza poco a poco tus productos por alimentos saludables	
Producto	Alimento
Aceite de canola, maíz, soya	Aceite de coco
Salsa de soya comercial	Salsa tamari o salsa de soya orgánica
Sazonador vegetal con glutamato monosódico	Sazonador vegetal orgánico, libre de glutamato monosódico y sal yodada
Sal yodada o sal de mesa	Sal de mar
Mayonesa comercial	Mayonesa casera sin huevo
Arroz blanco refinado	Arroz integral
Harina de trigo refinada	Harina de grano entero o de almendra, de coco o de avena
Edulcorantes o endulzantes artificiales	Endulzantes naturales
Margarina	Ghee o mantequilla clarificada
Cereal de caja	Cereal casero o avena
Papa blanca	Camote

Ten a la mano alimentos saludables para tus hijos y evita tener muy a la mano alimentos "no saludables", ya que debes introducir unos cuando saques los otros. Llena tu casa de frutas, verduras frescas y lavadas, y prepara aguas de sabor y paletas de hielo de frutas. La idea es que puedan tener acceso a estas opciones.

Por favor, *evita lo no saludable*. Si sabes que les encanta el refresco y acostumbran tomarlo, por ejemplo, ya no lo compres o les darás un mensaje contradictorio y se volverá una guerra constante. Cambiar de hábitos *es un trabajo en equipo*, es algo que se hace entre todos para mejorar la salud de todos y el presupuesto familiar.

Cambia una o dos cosas por semana, no todo en una ocasión. Entiendo el impulso de muchas personas por llegar y cambiar en un día, pero a veces sale contraproducente. No dudo que a alguien le funcione, pero yo estoy a favor de los cambios paulatinos, suaves, pequeños, pero sostenibles, a los que tus hijos se puedan ir adaptando con *flexibilidad*, *disfrutando del proceso* como tal porque es algo bueno para todos. Mientras más pronto lo vean como algo positivo, mejor será; pero esto no incluye un cambio dramático.

También puedes ofrecerles alimentos saludables de formas divertidas, desde pan cortado en cuadritos, hot cakes de color verde (añadiendo espinacas licuadas), quesadillas cortadas en triángulos, etc. No tienes que ser profesional para dar una forma divertida a los alimentos y volverlos más atractivos para ellos; a veces, con eso es suficiente para que se animen a probarlos.

EDUCA A TUS HIJOS, NO A LOS DEMÁS

Casi siempre me comentan que en casa comen sano, pero cuando van a casa de alguien más (la abuela, los tíos, una fiesta, la casa de un amigo), ellos les dan refrescos a los niños, galletas comerciales y muchas cosas con colorantes. En primer lugar, ten presente que tu educación va dirigida hacia tus hijos, nunca hacia los demás. No vas a controlar el comportamiento de nadie, y menos de sus abuelos ni vas a sentenciar a los papás de sus amigos porque no piensan como tú. Mientras más eduques a tus hijos a amar su cuerpo, aceptarlo y cuidarlo, menos tendrás que preocuparte por lo demás. Llegará el día en que alguien les ofrezca algo no

EDUCA A TUS HIJOS, NO A LOS DEMÁS

saludable y ellos sepan rechazarlo educadamente. En segundo lugar, no vas a ir por el mundo educando a los demás para que respeten el cuerpo de tus hijos, sino educarás a tus hijos para que respetes su cuerpo. En el caso de ser alguien muy cercano, entonces quizá puedas pedirle de favor que te apoye en el cambio, pero debes considerar que, si alguien no ha hecho el cambio, significa que tiene otra mentalidad, la cual debes respetar. No intentes cambiar su mentalidad ni entres en discusiones, sólo limítate a hablar con tus hijos, explicarles a ellos —sin expresarte mal de nadie— y listo. Cuando me he topado con situaciones así, lo que hago es decirles a mis hijos que esa persona no sabe realmente lo que contienen los productos, pero que no podemos decirle porque no nos ha preguntado. No es cuestión de ir por el mundo dando cátedra, pero si te llegaran a preguntar, responde y comparte la información. Finalmente, tu ejemplo siempre será más elocuente.

El menú infantil en los restaurantes

Espero que en verdad logremos agregar opciones saludables a estos menús, y no me refiero a disfrazarlo como lo hacen en los restaurantes de comida rápida, donde ponen puré de manzana (con azúcar añadido y aditivos) o brócoli crudo, cuando obviamente ni un adulto se lo come así. No, me refiero a que los restaurantes realmente hagan pasta integral con salsa casera sin aditivos. Que hagan nuggets de pollo real, molido, con sal de mar nada más, que traiga un empanizado de amaranto hecho ahí. Que haya sopa de verduras, no sopas instantáneas con el típico sazonador. Que las pizzas no tengan embutidos y haya agua natural o agua de sabor sin exceso de azúcar. No debemos disfrazar de saludable lo que no es porque siempre sale peor. Cuando vayan a un restaurante, pídeles un platillo del menú normal, algo saludable y sencillo.

> **SALUD Y NO APARIENCIA**
>
> No les hables a tus hijos de su peso ni de su talla, sino de su salud. El bienestar general está lejos de poderse medir con una báscula o una cinta métrica.

Planea menús

De esta manera sabrás qué cocinarás a lo largo de toda la semana. Sería complicado hacerte una lista de compras porque las cantidades y las porciones varían mucho, y no se trata de crear una guía a la que tu familia se adapte. Tu planeación no tiene que ser detallada, sólo una idea con los gustos y las preferencias de tu familia, que te ahorre estrés y vueltas al supermercado.

Yo me enfoco nada más en la comida —de donde también tomo ingredientes para preparar sus almuerzos para la escuela—, por ejemplo, porque el desayuno y la cena suelen ser ligeros: fruta, nueces, un licuado o verduras con limón, y algo similar como colación, dátiles o una galleta de arroz con aguacate, y agua natural. Poco a poco verás cómo se acostumbran a comer alimentos frescos, ricos, naturales y variados.

También puedes cocinar para toda la semana, incluso para dos semanas, y congelar en porciones individuales. Te recomiendo hacerlo sobre todo con arroz, frijoles, garbanzos cocidos, panes, waffles, pasta, caldo de verduras, pollo desmenuzado y fruta picada para los licuados.

Ejemplo de menú semanal

	Lunes sin carne	Martes	Miércoles	Jueves	Viernes sin carne
Desayuno	Atole de avena y fruta	Jugo verde y huevo con tortillas y espinacas	Jugo verde y molletes	Hot cakes, crema de cacahuate y miel	Pan francés y fruta
Colación	Galletas caseras	Panquecitos de plátano	Fruta al vapor con canela y piloncillo	Brownies caseros	Crepa casera con mermelada casera
Comida	Entomatadas, puré de lentejas y guacamole	Nuggets de quinoa con verduras (Pueden ser nuggets de pollo)	Picadillo de garbanzo con verduras y arroz con elote (Puedes sustituir el garbanzo con pollo)	Taquitos de nuez y caldo de verduras (Puedes sustituir la nuez por pescado)	Crema de frijoles, aguacate y queso
Cena	Flautas vegetarianas y frijoles	Atole de maíz, fruta y canela	Molletes y aguacate	Pizza casera y jugo de verduras	Cereal casero, leche vegetal y pasas

Busca la versión saludable de todo

En las recetas que verás en la siguiente sección (p. 305) te doy muchas opciones para sustituir versiones saludables.

Cambia esto por esto		
Papas a la francesa congeladas	→	Bastones de camote horneado
Palomitas de microondas	→	Palomitas caseras
Refresco comercial	→	Refresco casero
Crema de avellana comercial	→	Crema de avellana con cacao casera
Cátsup comercial	→	Cátsup casera
Mermelada comercial	→	Mermelada casera

Paso a paso

Ten paciencia con el cambio de los niños. Los hábitos que han necesitado tanto tiempo y esfuerzo en construirse difícilmente se cambian de un día para otro. Si tu hijo come embutidos, pan de caja comercial, papas fritas con glutamato monosódico, dulces con colorantes y refrescos, no pretendas que mañana mismo desayune licuados y coma verduras como colación porque de antemano te digo que eso no va a pasar.

Lo mejor es comenzar con el ejemplo, dejando de tener a la mano —de manera sutil y esporádica— los productos que no quieres que consuman y, poco a poco, como "adictos a los aditivos", retirarlos de sus opciones. Pero *realmente toma tiempo*, y los cambios se hacen de uno en uno. Cada vez compras menos, cada vez se terminan más rápido y tardas más en surtirlos, y de repente buscarán otras opciones que sí tendrás a la mano. El que se enoja pierde, así que ten paciencia porque cambiar no se trata de querer imponer tus nuevas ideas, sino de que sea lo mejor para todos y que *disfruten el proceso*, no que se vuelva una tortura y a escondidas sigan consumiendo —posiblemente, en mayor cantidad— lo que no les permites tajantemente en casa. Nadie es culpable de nada y no va a pasar si toma un poco más de tiempo que el cambio de alguien más.

Presupuesto

Todo puede ser tan caro como tú quieras o tan accesible como se pueda. Lo que sí te puedo decir es que invertir en tu salud y en la de los tuyos es lo mejor que puedes hacer. La salud es en verdad lo más valioso que tenemos. Busca alimentos orgánicos y productos naturales, y si viene en un paquete, lee las etiquetas para asegurarte de adquirir lo que crees que estás comprando. (Revisa tu tabla de sustituciones, p. 286).

Ánimo, todo se puede, y te felicito enormemente por lo que estás haciendo por una nueva generación, no sólo en términos de salud, sino de crianza, conciencia, amor propio y autocuidado. Tus hijos se encargarán de pasarlo a otras generaciones y extender ese modelo saludable más adelante. Aunque no lo creas, al cambiar tú y cambiar los hábitos de tu familia, estás ayudando a los hábitos de muchas personas más en el mundo. Si todos lo hiciéramos, estaríamos hablando de un mundo nuevo por completo, de nuevas opciones para los niños, lo que inevitablemente aumentaría el nivel de bienestar de todos.

Felicidades por tu decisión. Una vez que empieces, ya no podrás parar porque los beneficios son tan claros y el proceso tan noble, que cambiará su vida, su dinámica familiar y su mentalidad para bien. Gracias a personas como tú, ahora hay fiestas más saludables. Gracias a personas como tú, ya están evaluando otras opciones en los restaurantes y hay más tiendas orgánicas disponibles. Gracias por poner tu granito de arena y por dejarme acompañarte en este gran camino que has comenzado con las personas más importantes en tu vida, tus hijos.

Intégrense

El primer consejo que te doy en esta parte del proceso es que *coman juntos y agradezcan*. Las familias que comen unidas, permanecen unidas, además de que agradecer por los alimentos es una muy buena práctica, sin importar hacia quién vaya dirigido. Enseña a tus hijos a expresar ese sentimiento por tener alimentos y agradecer a quien los haya preparado.

Promueve varias actividades en familia, cosas que todos puedan hacer en lugares que todos puedan visitar, y *diviértanse juntos*. Son momentos irrepetibles. Disfruta su infancia junto con ellos, *jueguen*, pasa tiempo de ocio a su lado, escúchalos, aprende qué les interesa, qué les apasiona, atiende a todo lo que quieran contarte y de lo que les interese hablar. Hay muchas actividades que pueden hacer en familia, desde las más sencillas, como irse de picnic al parque más cercano, hasta irse a acampar o a una cabaña, o incluso aprender un deporte en familia.

Lo mejor es no llevar *ninguna clase de dispositivos* en ese tiempo juntos para que todos estén realmente presentes. Dedícale ese tiempo a tu familia, vale la pena por ti y por ellos, para generar recuerdos y fortalecer los lazos que los unirán siempre.

Déjalos jugar; *llévalos al parque*, a caminar, a dar un paseo en bicicleta o en patines; inventen juegos juntos; vayan a correr; trepen un árbol; jueguen a las escondidas o a saltar la cuerda, inventen lo que sea, pero usen la imaginación. Tú *sé un niño más jugando* con ellos, no antepongas tus ideas ni tus reglas, no juzgues lo que dicen, lo que quieren ni lo que les gusta. No hay necesidad de opinar sobre sus juegos. Olvídate de decir "No es posible hacer eso" (mientras no implique un conflicto con su seguridad o su salud, obviamente); más bien, respeta lo que ellos quieren.

Deja que se involucren

Aquí es fundamental explicar los beneficios que tus hijos obtendrán de su cambio, y sé que crees que no lo entenderán, pero puedo decirte con toda seguridad que sí lo harán, cada uno a su manera, e incluso pueden contarles a sus amigos, contagiándolos de este buen mensaje. Explícales las razones del cambio y háblales a su nivel. Compárteles las bondades de su esfuerzo:

- Tendrán mucha energía para jugar.
- Estarán fuertes.
- Casi no se enfermarán, y si eso sucede, sanarán rápidamente.
- Dormirán mejor, así que se sentirán mejor al día siguiente.
- Estarán más tranquilos, pero activos.
- Pensarán mejor.
- Les llamarán la atención mucho menos porque podrán comportarse adecuadamente.
- No tendrán alergias, granitos ni nada por el estilo.
- Su piel se sentirá mucho mejor.
- Tendrán más imaginación para jugar porque ya no se sentirán nublados por tantos aditivos.
- Aprenderán a cuidar su cuerpo y su cuerpo se pondrá feliz, demostrándoselos con salud.
- Serán adultos sanos.

Involucrar a tus hijos significa hacerlos partícipes de la dinámica familiar, no sólo en la mesa, disfrutando de su nueva alimentación saludable. *Déjalos escoger sus alimentos* entre las opciones que les des; a todos nos gusta escoger y los adultos siempre lo hacemos. Permite que tus hijos elijan algo que realmente se les antoje. Y recuerda, sus *gustos son reducidos o muy variables* cuando son niños, así que, si siempre quieren comer plátano y es la única fruta que comen por ahora, déjalos. Siempre será mejor que algo procesado.

También permite que *participen en la preparación de los alimentos*, especialmente de sus almuerzos escolares. Se sentirán muy contentos de poder ayudar y apoyar en la cocina, e incluso pueden crear recetas saludables juntos. Dales la oportunidad de explorar junto contigo ese mundo misterioso que es la cocina; no sólo se divertirán, sino que desarrollarán responsabilidad y colaboración, aprenderán el valor de la organización, se promoverá la convivencia familiar y nutrirá su imaginación. Puedes aprovechar para que aprendan también *buenos hábitos de limpieza* de los alimentos y se den cuenta de la gran diferencia entre la comida real y los productos. A esto se suma que se sienten tomados en cuenta y más motivados a probar otros alimentos porque ellos los prepararon. Comprendo que pienses en el relajo que se va a armar en la cocina, y estás en lo correcto, definitivamente supone un "orden diferente" —por decirle de alguna manera—, demanda más en cuanto a limpieza, pero *vale totalmente la pena*. Anímate, inténtalo y trata de darles tareas que no sean complicadas, pero sí útiles e importantes para la preparación. Su ayuda obviamente dependerá mucho de su edad, ya que no puedes poner a un niño pequeño a picar con un cuchillo, pero sí puedes dejar que cuele el jugo en la mañana e invente sus propias mezclas, puedes ponerlo a escoger los frijoles, a lavar las verduras, a separar las hojas de espinaca ya blandas de las que están frescas, a remojar las almendras y pelarlas después, o encargarse de lo más divertido, que es decorar los postres. A mi hijo pequeño, por ejemplo, le encanta exprimir los limones cuando me ayuda a preparar Carlota (p. 350) y al mayor le gusta decorar nuestros chocolates (p. 363).

Cuando te digan que se les antoja algo que antes comían, por ejemplo, nuggets, pero ya no compras la versión procesada del supermercado, diles que intentarás prepararlos en una versión saludable y que ellos elijan con qué empanizarlos. Dales opciones e involúcralos en la toma de decisiones. Considera que *la rebeldía es normal*, es lo más esperado, y la verdad me parecería raro que no se diera. Lo único que te recomiendo en este caso es que siempre les digas que el sabor no puede ser suficiente razón para comer algo. Ése será tu mantra de ahora en adelante, pero hazlos partícipes de las razones para no consumir tal o cual cosa. No sólo digas "Porque no es sano", "Porque te hace daño" o "Porque no te hace bien". *Explícales la realidad* a su nivel de lenguaje y entendimiento. Si sólo les comentas que tiene colorantes, pero no saben lo que eso les provoca, obviamente no van a apropiarse la idea o el cambio de mentalidad. Pero si les cuentas cómo cambia su comportamiento cuando comen eso, que les llamas más la atención porque, aun si tienen ganas de hacerte caso en algo, no pueden por esos productos que los aceleran, y además que vienen de lo mismo que les ponen a los coches, a ver si creen que eso se come, te responderán que no. Entonces les enseñas que las empresas le ponen todo eso a los productos para que se vean lindos, que su publicidad es mentira, pues sólo quieren que sepa rico para que lo compren muchas veces y ganar dinero, aunque ellos se pongan inquietos o se enfermen, pues su cuerpo empieza a acumular todo y ya no podrá estar tan sano como quieren para jugar, dormir bien, crecer, sentirse bien y estar tranquilos, pero activos. *Todo lo entienden*, e incluso puedes dibujarles todo, ya que lo gráfico les encanta. Con mis hijos, por ejemplo, ya sólo tengo que decir "trae colorante" y saben perfectamente a qué me refiero, así que no lo piden ni insisten. Esto se dará más o menos rápido dependiendo de la edad de tus hijos, pero funcionará igual. *Dales ideas positivas* y poco a poco germinarán.

Índice de recetas

Desayunos

Platillos vegetarianos

Botanas y complementos

Postres

Bebidas

Granola de cacao (p. 301)

Tazón de linaza y plátano (p. 310)

Mazapanes de almendra (p. 332)

Gomitas de coco y fresa (p. 330)

Pepinos rellenos (p. 327)

Botana picosita (p. 328)

Papitas de camote, betabel y papa (p. 329)

Chamoy casero (p. 334)

Gomitas de mango con chile (p. 331)

Tortitas de camote rellenas de queso (p. 317)

Tortitas de frijol (p. 316)

Bollos para hamburguesa (p. 340)

Crema de tortilla (p. 325)

Sándwich de helado (p. 351)

Donitas de vainilla con glaseado de maple (p. 359)

Cuadritos de crema de cacahuate y plátano (p. 360)

Paletas tropicales de piña y coco (p. 355)

Helado de crema de cacahuate con plátanos fritos (p. 352)

Galletas de zanahoria (p. 344)

Galletas de coco (p. 345)

Pay de chocolate con frutas (p. 347)

Budín de mango (p. 357)

Pay de coco (p. 348)

Paletas de vainilla y caramelo cubiertas con chocolate (p. 354)

Pastelitos de cereza (p. 346)

Galleta gigante de chocochips (p. 342)

Paletas de hielo (p. 356)

Chocolates caseros (p. 363)

Cajeta vegana (p. 337)

Almendras fileteadas

Rollitos de mermelada

Zanahoria rallada y pepino picado

Palomitas con chile

Almuerzo de rollitos de mermelada

Pasta con mantequilla, acelgas y jitomate

Moras goji

Gajos de naranja

Almuerzo de pasta

Jicama

Uvas

Sándwich
de queso

Jitomates
cherry

Almuerzo de sándwich de queso

Recetas

En esta sección comparto contigo 100 recetas que puedes preparar fácilmente con los niños. Permite que te ayuden o dirígelos para que lo hagan solos y así puedan crear una divertida dinámica familiar. Considera que los niños apreciarán mucho más los alimentos que te ayuden a preparar.

Te doy opciones saludables y divertidas para sus desayunos, las cuales también puedes incluir en su almuerzo para la escuela; versiones nutritivas y naturales de sus platillos favoritos a la hora de la comida, incluyendo nuggets, taquitos y bollos para hamburguesas; versiones naturales de postres para todos los gustos; bebidas refrescantes cargadas de nutrientes, y muchas botanas naturales, sin alérgenos ni conservadores, para ese antojo de la tarde. ¡Disfrútenlas!

DESAYUNOS

🍽 Hot cakes veganos

Rinde 2 porciones

1 taza de mezcla de harina para hot cakes (te recomiendo Bob's Red Mill)
¾ de taza de leche de coco (p. 369)
1 cucharadita de azúcar mascabado
2 cucharaditas de aceite de coco extravirgen
1 cucharadita de crema de cacahuate
½ cucharadita de polvo para hornear (sin aluminio)
½ cucharadita de bicarbonato de sodio
Ghee, o aceite de coco extravirgen, para asar

Licua todos los ingredientes hasta que no haya grumos. Calienta un poco de ghee en una sartén a fuego medio, y vierte una porción pequeña de la mezcla (dependerá del tamaño de tu sartén y del tamaño del hot cake que desees). Espera a que aparezcan burbujas en la superficie y, con ayuda de una pala, voltea el hot cake y déjalo cocerse 1 o 2 minutos más. Acompáñalos con tu fruta preferida, alguna mermelada casera (p. 338), cajeta vegana (p. 337), miel de abeja o miel de maple grado B.

🍽 Pan francés

Rinde 1 porción

2 rebanadas de pan de grano 100% integral o de granos germinados
2 huevos (orgánicos, de libre pastoreo)
2 cucharadas de leche vegetal

½ cucharadita de extracto de vainilla

1 cucharadita de chía sin hidratar

1 cucharadita de aceite de coco extravirgen, o ghee, derretido

En un recipiente donde quepa una rebanada de pan completa, bate los huevos, la leche, la vainilla y la chía con un tenedor hasta obtener una mezcla homogénea. Calienta una sartén a fuego medio y derrite el aceite. Remoja una rebanada de pan en la mezcla de huevo, por ambos lados (no la dejes mucho tiempo porque se puede romper) y fríela en la sartén. Voltéala para que se dore por ambos lados. Repite la operación con la otra rebanada. Acompáñalos con mermelada (p. 338), cajeta vegana (p. 337), miel de abeja o miel de maple grado B.

🍲 Waffles de plátano y espinacas

Rinde 3 piezas

Waffles

⅓ de taza de harina de coco

4 huevos (orgánicos, de libre pastoreo)

1 plátano pequeño, maduro

½ taza de leche de coco (p. 369)

1 taza de espinacas

1 cucharadita de extracto de vainilla

Jarabe de chocolate

1½ cucharadas de aceite de coco extravirgen, derretido

1½ cucharadas de cacao en polvo

½ cucharada de miel de maple grado B

Precalienta el horno a 170 ° C. Licua los ingredientes de los waffles hasta que la mezcla esté suave y sin grumos. Pásala a un tazón y déjala reposar 2 minutos. Engrasa y precalienta la wafflera. Añade una porción de la mezcla y cocínala siguiendo las instrucciones de tu aparato. (Por lo general, los waffles están listos en 3 o 5 minutos, o cuando la wafflera deja de emitir vapor, pero dependerá de cada equipo.) Tapa los waffles cocidos para evitar que se enfríen.

Para preparar el jarabe, revuelve todos los ingredientes en un tazón pequeño hasta que se integren.

Nota: Te recomiendo acompañar esta receta con nueces de nogal picadas, almendras, linaza, avellanas, semillas de girasol, chía, fresas, frambuesas, plátano rebanado o moras azules.

▧ Omelettes individuales de espinaca y camote

Rinde 12 piezas

1 manojo de espinacas picado finamente
½ taza de camote rallado
¼ de taza de leche de coco (p. 369)
2 cucharadas de harina 100% integral, o de grano entero
8 huevos (orgánicos, de libre pastoreo)
1 cucharada de aceite de coco extravirgen, o ghee, derretido
Sal de mar, al gusto

Precalienta el horno a 200 °C. Prepara un molde grande para panquecitos con un capacillo en cada espacio. Calienta el aceite en una sartén. Incorpora el camote y cuécelo 4 minutos. Retira la sartén del fuego y espera a que se enfríe. En un tazón mediano, bate los huevos y la leche hasta obtener una mezcla espumosa. Incorpora la harina, las espinacas y el camote, y agrega la sal. Revuelve 2 minutos más para que todo quede integrado. Rellena cada capacillo y hornea entre

30 y 35 minutos, o hasta que insertes un palillo y salga limpio. Para servir, deja enfriar 5 minutos.

Nota: Puedes conservar los omelettes en refrigeración hasta 4 días.

🍽 Molletes de frijoles

Rinde 1 porción

1 rebanada de pan de grano entero o de granos geminados, tostada
1 cucharada de frijoles negros, machacados
Requesón de almendra, al gusto (p. 335)

Unta los frijoles sobre el pan, esparce el requesón encima y hornea los molletes 5 minutos en un horno eléctrico o bajo una salamandra.

Opción con proteína animal: Sustituye el requesón de almendra por queso de oveja o de cabra.

🍽 Pizzadillas

Rinde 1 porción

2 tortillas de maíz nixtamalizado
2 cucharadas de salsa de tomate casera (p. 353)
2 cucharadas de queso de oveja, rallado
1 cucharada de aceite de coco extravirgen, o ghee, derretido

Calienta la mitad del aceite en una sartén a fuego medio y agrega una tortilla para dorarla un poco. Extiende la mitad del queso y de la salsa de tomate, y cierra la tortilla para permitir que gratine. Dórala por ambos lados hasta que quede firme. (No importa si se derrama un poco de salsa y queso.) Repite la operación con la otra tortilla.

🍽 Avena refrigerada*

Rinde 1 porción

1 cucharada de coco rallado, deshidratado

1 cucharada de nueces de nogal picadas

6 cucharadas de avena integral

1 taza de leche vegetal

1 cucharada de chía sin hidratar

½ taza de fruta picada (mango, fresa, plátano, etcétera)

1 dátil sin hueso, picado

En un recipiente de vidrio con tapa, mezcla la avena, la chía, la leche vegetal y el dátil. Déjalo reposar tapado, en refrigeración, durante la noche. Por la mañana, incorpora el coco deshidratado, las nueces y la fruta.

* Esta receta requiere una preparación previa.

🍽 Tazón de linaza y plátano

Rinde 1 porción

⅔ de taza de leche vegetal

½ taza de harina de linaza

½ plátano picado en cubos pequeños (o la fruta de tu preferencia)

1 cucharada de nueces de nogal picadas

½ cucharada de miel de maple grado B, o al gusto

Mezcla todos los ingredientes en un tazón y déjalos reposar 5 minutos para que la linaza se hidrate y la mezcla se espese como si fuera avena.

Nota: Si lo deseas, puedes calentar la mezcla en una olla pequeña a fuego bajo.

◉ Budín de chía

Rinde 1 porción

¼ de taza de chía

1 taza de leche de coco (p. 369)

1 cucharada de miel de abeja, o miel de maple grado B

¼ de manzana picada

5 nueces de nogal picadas

Mezcla todos los ingredientes en un recipiente de vidrio con tapa y refrigéralo tapado durante 2 horas.

◉ Yogurt de coco vegano

Rinde 1 porción

1 cucharada de nueces de nogal picadas

1 cucharada de azúcar mascabado

1 taza de coco rallado, fresco

⅓ de taza de agua de coco natural

Contenido de 1 cápsula de probióticos (opcional)

Licua todos los ingredientes y decora con nueces para servir.

◉ Granola de cacao

Rinde 10-14 porciones

3 tazas de hojuelas de avena

1 taza de nueces de la India

⅔ de taza de arándanos deshidratados

¼ de taza de miel de maple grado B, o al gusto

¼ de taza de aceite de coco extravirgen, derretido

3 cucharadas de cacao en polvo

1 cucharadita de extracto de vainilla

1 cucharadita de canela en polvo

1 clara de huevo (orgánico, de libre pastoreo), o 1 cucharada de
    linaza molida y 3 cucharadas de agua filtrada tibia

1 pizca de sal de mar (opcional)

Precalienta el horno a 170 ° C. Forra una charola para hornear con papel encerado o con un tapete de silicón. En un recipiente profundo, mezcla la avena y las nueces de la India. En una olla a fuego medio, mezcla la miel, el aceite, el cacao, la vainilla y la canela. Permite que se caliente la mezcla un par de minutos. Retira del fuego y vierte sobre la avena y las nueces. Finalmente, añade la clara de huevo o el sustituto, e integra. Vacía la mezcla en la charola y distribúyela por toda la superficie. Hornea la granola 20 minutos. Saca la charola del horno e incorpora los arándanos. Hornea 15 minutos más hasta que la granola esté dorada y crujiente. Permite que se enfríe 15 minutos.

Nota: Puedes conservar la granola hasta 2 meses en un recipiente de vidrio, en un lugar fresco y seco.

Barritas de semillas

Rinde 8-10 porciones

1 taza de dátiles sin hueso

1 taza de semillas de girasol, o nueces

½ taza de semillas de cáñamo

2 cucharadas de linaza molida en frío

⅓ de taza de crema de almendra o de nueces de la India (p. 337)

2 cucharadas de miel de maple grado B

1 cucharadita de extracto de vainilla

1 pizca de sal de mar (opcional)

Forra un refractario cuadrado con papel encerado, cuidando que sobresalga el papel de las orillas. En un procesador de alimentos, muele
los dátiles, la miel, la vainilla, la linaza y la pizca de sal hasta obtener
una consistencia pastosa. Integra las semillas de girasol y de cáñamo,
y al final la crema de almendra. Revuelve bien. Toma una pequeña
porción de la masa y haz una bolita; si mantiene su forma, la mezcla
está lista. Distribuye la pasta por el refractario y cuida que toda la superficie quede cubierta y uniforme. Congélalo al menos 1 hora. Saca
el refractario y déjalo reposar a temperatura ambiente durante unos
minutos. Desmolda la mezcla y corta porciones.

🍽 Gajos de manzana envueltos

Rinde 8 piezas

½ manzana grande, cortada en 8 partes

½ taza de harina 100% integral, o de grano entero

4 cucharadas de leche vegetal

1 cucharada de aceite de coco extravirgen, o ghee, derretido

1 cucharadita de extracto de vainilla

1 cucharada de miel de maple grado B

Precalienta el horno a 200 ° C. En un tazón, mezcla la harina, la leche, el aceite y la vainilla hasta integrar, formando una masa suave.
Forra una charola para hornear con papel encerado. Toma ½ cucharada de masa y forma una bolita. Aplánala, coloca en medio un trozo
de manzana y envuélvelo con la misma masa. Acomódalo en la charola y repite la operación con los demás trozos de manzana. Barniza
cada gajo con miel y hornéalos entre 20 y 25 minutos, o hasta que la
miel se caramelice y los gajos estén cocidos y ligeramente dorados.
Para servir, deja que se enfríen 5 minutos.

ⲓ⊚ⲓ Galletas de arroz cubiertas con chocolate

Rinde 1 porción

2 galletas de arroz inflado
½ barra de chocolate amargo (mínimo 70% cacao)
1 cucharada de miel de maple grado B

Derrite el chocolate a baño María, agrega la miel de maple e integra. Sumerge las galletas en el chocolate y congélalas 20 minutos.

Nota: También puedes untar las galletas con 1½ cucharadas de crema de cacahuate y acompañarlas con miel de abeja.

ⲓ⊚ⲓ Rollitos rellenos de mermelada

Rinde 1 porción

2 rebanadas de pan de grano entero o de granos germinados
2 cucharadas de mermelada casera (p. 338)

Retira las orillas del pan y aplana las rebanadas con un rodillo. Rellena cada una con 1 cucharada de mermelada y enróllala con cuidado. Asegura los rollitos con un palillo para que no pierdan su forma. Dóralos en un horno eléctrico durante unos minutos o fríelos en una sartén con un poco de ghee para darles forma y que no se abran.

PLATILLOS VEGETARIANOS

◉ Tortitas de verduras

Rinde 6 porciones

3 tazas de camote, zanahoria y calabacita, rallados

3 huevos (orgánicos, de libre pastoreo)

2 cucharadas de harina 100% integral (opcional)

1 cucharada de aceite de coco extravirgen

Sal de mar, al gusto

Guacamole ligero

1 aguacate

Jugo de 1 limón

Sal de mar, al gusto

En un tazón, bate la harina y los huevos hasta integrar. Añade la verdura rallada y una pizca de sal, y mezcla bien. Calienta el aceite en una sartén a fuego alto, añade 1 cucharada de la mezcla de verduras y aplana para formar una tortita. Cocina cuantas quepan en tu sartén sin que se peguen. Fríelas 3 o 4 minutos de cada lado, o hasta que se doren. Repite la operación hasta terminar con la mezcla.

En un tazón aparte, machaca el aguacate con un tenedor y añade el jugo de limón y la sal. (Si deseas una consistencia más cremosa, licua los ingredientes.) Sirve acompañando las tortitas.

Opción con proteína animal: Agrega 150 gramos de atún (sin conservadores) a la mezcla de las tortitas y sigue el mismo procedimiento.

🍽 Tortitas de frijol

Rinde 10 piezas

1 taza de frijoles negros, cocidos
2 cucharadas de harina de trigo 100% integral, o la de tu
   preferencia
1 cucharada de semillas de cáñamo
Sal de mar, al gusto

Aderezo de aguacate
1 aguacate pequeño, maduro
Jugo de 1 limón
Sal de mar, al gusto

Precalienta el horno a 200 ° C. Con una toalla de papel, quita el exceso de líquido a los frijoles. Muélelos en un procesador de alimentos con los demás ingredientes de las tortitas hasta obtener una consistencia grumosa (no demasiado porque puede quedar como puré). Forra una charola para hornear con papel encerado. Con una cuchara, toma una porción de la mezcla, colócala sobre la charola y aplánala para formar tortitas. Repite la operación hasta terminar con la mezcla. Hornéalas entre 25 y 30 minutos, o hasta que las tortitas estén crujientes por fuera y ligeramente doradas. Sírvelas acompañadas de guacamole ligero (p. 315).

Opción con proteína animal: Puedes conseguir carne molida de pavo (no embutido, sino pavo de libre pastoreo u orgánico) y sustituir los frijoles en cantidades iguales. Sigue el mismo procedimiento o asa las tortitas en una sartén con un poco de ghee.

⊙ Tortitas de camote rellenas de queso

Rinde 2 porciones

1 camote cocido, pelado

1 cucharada de mostaza (opcional)

1 cucharada de pan molido

1 taza de queso de oveja rallado, o queso vegano para derretir

1 pizca de sal de mar

1 cucharada de aceite de coco extravirgen, o ghee, derretido

Machaca el camote para hacerlo puré y agrega la mostaza, el pan molido y la sal. Forma pequeñas tortitas con la mano y agrega un poco de queso en el centro de cada una, cubriéndolo con la masa. En una sartén, derrite a fuego medio el aceite y dora las tortitas por ambos lados.

Nota: Puedes preparar el pan molido tostando una rebanada de pan de grano entero durante varios minutos, sin que se queme. Se desmoronará fácilmente. Asimismo, puedes remojar las tortitas en huevo batido, pasarlas por harina y asarlas.

⊙ Nuggets de garbanzo

Rinde 10 porciones

1 taza de garbanzos cocidos, pelados

1 taza de granos de elote cocidos

⅓ de cucharadita de ajo en polvo

1½ cucharadas de levadura nutricional, o 2 cucharaditas de sazonador vegetal (sin glutamato monosódico)

5 cucharadas de chía hidratada en ½ taza de agua filtrada

¼ de taza de harina de trigo 100% integral

½ cucharadita de aceite de coco extravirgen
Cátsup casera, al gusto (p. 332)

Muele los garbanzos, el elote, el ajo en polvo, la levadura nutricional, la chía y la harina en un procesador de alimentos hasta obtener una pasta. Forma los nuggets con tus manos. Calienta el aceite en una sartén a fuego medio y acomoda los nuggets que quepan en ella sin que se peguen. Déjalos 5 minutos o hasta que se doren. Voltéalos y déjalos 3 minutos más. Para servir, acompáñalos con cátsup.

Opción con proteína animal: Puedes agregar carne molida de pollo de libre pastoreo, 3 cucharadas de harina de trigo 100% integral, el jugo de medio limón y un poco de sazonador vegetal a la mezcla, y seguir el mismo procedimiento.

🍽 Deditos de papa

Rinde 10 piezas

1 papa cocida, pelada
1 cucharada de semillas de cáñamo
1 cucharada de chía, sin hidratar
½ cucharadita de sazonador vegetal (sin glutamato monosódico)
1 cucharada de aceite de coco extravirgen
Sal de mar, al gusto

Muele la papa, agrega la chía, las semillas de cáñamo y el sazonador, y mezcla hasta integrar todo. Forma deditos con tus manos y reserva. Calienta el aceite en la sartén y sella cada dedito, uno por uno, para que no se deshagan. También puedes pasarlos por huevo batido y luego por harina de amaranto para empanizarlos antes de asar.

Nota: Si tu sazonador vegetal contiene sal, mejor no agregues más.

🍽 Albóndigas de arroz

Rinde 9 piezas medianas

7 cucharadas de arroz basmati o integral, cocido

5 cucharadas de harina de amaranto

½ cucharada de chía, sin hidratar

2 cucharadas de agua filtrada

2 zanahorias ralladas

1 huevo batido (orgánico, de libre pastoreo)

2 cucharadas de aceite de coco extravirgen

Sal de mar, al gusto

En un recipiente de vidrio revuelve la chía y el agua, y déjalas reposar 10 o 15 minutos, o hasta que adquieran una consistencia gelatinosa. En un tazón, mezcla el arroz, la chía hidratada, la zanahoria, 2 cucharadas de harina y la sal. Extiende la harina restante en un recipiente para poder empanizar. Calienta el aceite en una sartén a fuego medioalto. Forma las albóndigas de arroz con la mano, pásalas por el huevo y después por la harina. Fríelas hasta que se doren.

Nota: Si no tienes harina de amaranto, licua en seco el amaranto inflado y listo.

Opción con proteína animal: Sustituye el arroz cocido por la misma cantidad de pechuga de pollo molida de libre pastoreo y sigue el mismo procedimiento.

🍽 Taquitos de nuez*

Rinde 6 piezas

2 cucharadas de aceite de oliva extravirgen

1 taza de nueces de nogal remojadas una noche, picadas finamente

1 cucharada de cebolla picada finamente

½ cucharadita de sazonador vegetal (sin glutamato monosódico)

Sal de mar, al gusto

Tortillas de maíz nixtamalizado, al gusto

Calienta el aceite en una sartén a fuego medio. Agrega la cebolla y transparéntala durante 2 minutos. Retira la cebolla de la sartén. Incorpora las nueces, la sal y el sazonador, y deja que se doren hasta que queden crujientes. Mezcla las nueces con la cebolla y sírvelas en tortillas de maíz. Acompaña con rebanadas de aguacate o jitomate.

* Esta receta requiere una preparación previa.

🍲 Taquitos sudados de huevo y papa

Rinde 15 piezas

15 tortillas de maíz nixtamalizado taqueras (son más pequeñas)

3 cucharadas de aceite de coco extravirgen

1 taza de guiso de papa

1 taza de huevo rojo

Huevo rojo

2 huevos batidos (orgánicos, de libre pastoreo)

1 jitomate

⅓ de taza de agua filtrada

⅓ de cebolla

½ diente de ajo

Sal de mar, al gusto

Licua el jitomate, el agua, la cebolla, el diente de ajo y la sal, y calienta la salsa en una sartén a fuego medio para que se reduzca. Cuando esté más espesa, agrega el huevo y revuelve hasta que esté perfectamente cocido.

Guiso de papa

1 taza de papa cocida
½ taza de salsa de tomate (p. 333)
½ cucharadita de aceite de coco extravirgen, o ghee
Sal de mar, al gusto

Derrite el aceite en una sartén y agrega la papa y la salsa de tomate. Sazona con sal y revuelve hasta incorporar. No debe quedar muy aguado, así que es más fácil calcular la cantidad de salsa de tomate a partir de su consistencia.

Para preparar los taquitos, calienta el aceite en una sartén a fuego medio y pasa las tortillas por el aceite para dorarlas un poco y que no se rompan en la vaporera. Escúrrelas y acomódalas en un plato. Rellénalas con un poco de guiso de papa y huevo rojo, y ciérralas bien. Acomoda los tacos en la vaporera previamente calentada. (Forra la vaporera con papel aluminio y coloca después un trapo de cocina limpio para que los taquitos no estén en contacto directo con el metal.) Cuece los tacos al vapor durante 20 minutos.

○ Carnitas de garbanzo*

Rinde 12 piezas

2 tazas de garbanzos
1 cucharadita de cebolla picada finamente
2 cucharadas de aceite de coco extravirgen, aceite de oliva
    extravirgen o ghee, derretido
½ cucharadita de sazonador vegetal (sin glutamato monosódico)
    (opcional)

Sal de mar, al gusto

Tortillas de maíz nixtamalizado, al gusto

Agua filtrada, la necesaria

Una noche antes, remoja los garbanzos en 6 tazas de agua. Cuélalos y enjuágalos. Cuécelos en una olla a fuego medio con 6 tazas de agua. Pélalos y pícalos, o muélelos ligeramente en un procesador de alimentos, asegurándote de que queden en trozos.

Calienta el aceite en una sartén, agrega la cebolla y transparéntala durante 2 minutos. Retira la cebolla y agrega los garbanzos y el sazonador. Dóralos hasta que estén firmes. Revuelve los garbanzos con la cebolla y sírvelos en tortillas. Acompaña con rebanadas de aguacate.

* Esta receta requiere una preparación previa.

Opción con proteína animal: En lugar de garbanzos puedes usar atún sin conservadores y sofreírlo en una sartén con 1 cucharada de aceite de oliva extravirgen hasta que quede muy dorado. Sigue el mismo procedimiento.

⦿ Empanadas caseras

Rinde 15 piezas medianas

½ kilogramo de masa de maíz nixtamalizado

2 cucharadas de aceite de coco extravirgen, más el necesario para freír

1 taza de frijoles molidos

½ taza de queso de oveja rallado

Sal de mar, al gusto

Mezcla 2 cucharadas de aceite y la sal con la masa de maíz. Forma bolitas con la masa y aplánalas en un tortillero. Agrega los frijoles y el queso, y cierra las empanadas formando una media luna. Calienta aceite en una sartén y fríelas por ambos lados.

🍽 Tortilla española de camote

<u>Rinde 3 porciones</u>

1 camote chico, pelado, cortado en rodajas, cocido al vapor
1 cucharadita de chía, sin hidratar
2 huevos (orgánicos, de libre pastoreo)
¼ de taza de leche de avena (p. 369)
1 cucharada de ghee derretido
Sal de mar, al gusto

Bate los huevos, la chía, la leche y la mitad del ghee. Engrasa un refractario con el ghee restante y acomoda una capa de rodajas de camote. Sirve un poco de la mezcla de huevo hasta cubrir las rodajas y forma dos capas más. Hornea a 170 ° C durante 15 minutos, o hasta que la tortilla esté cocida. Inserta un cuchillo en el centro; si sale limpio, está lista.

Nota: Puedes sustituir el camote por papa y el ghee por aceite de coco extra-virgen.

🍽 Macarrones con crema vegana

<u>Rinde 5-6 porciones</u>

200 gramos de pasta de trigo 100% integral
½ taza de queso vegano
1 cucharada de aceite de oliva extravirgen

Crema vegana
1 cucharada de crema de nuez de la India (p. 337)
⅓ de taza de agua filtrada

1 cucharadita de levadura nutricional

Sal de mar, al gusto

Agua filtrada, la necesaria

Licua todos los ingredientes de la crema hasta obtener una consistencia espesa.

Para preparar la pasta, calienta una olla de agua con sal y agrega el aceite. Cuando esté hirviendo, añade la pasta, moviendo para que no se pegue. Tapa la olla y déjala cocer hasta que esté al dente. Cuela la pasta y enjuágala con agua fría para detener la cocción. Déjala enfriar. Calienta una sartén a fuego medio, añade la pasta y la salsa, y revuelve bien. Caliéntala para que se impregnen los sabores y sirve.

Nota: Puedes agregar verduras cocidas, como brócoli, zanahoria, chicharos, etcétera.

Opción con proteína animal: Puedes asar y desmenuzar salmón salvaje (no de granja) o pollo de libre pastoreo, y revolverlo con la pasta. Además, puedes utilizar queso de oveja o de cabra para preparar la crema, eliminando la crema de nuez de la India y la levadura nutricional.

🍽 Arroz de coliflor

Rinde 4 porciones

½ cabeza de coliflor, o 2 tazas de coliflor molida

1-2 cucharadas de aceite de coco extravirgen, o ghee, derretido

Sal de mar, al gusto

Pimienta negra recién molida, al gusto

Corta la coliflor en floretes, quitando todo el tallo. Muélela en un procesador de alimentos hasta obtener una consistencia de "arroz". (Si no tienes procesador, utiliza un rallador.) Calienta el aceite en una sartén a fuego medio, agrega la coliflor y cuécela 2 minutos, revolviendo ocasionalmente. Baja la flama, tapa la sartén, déjala 8 minutos más y salpimienta.

₪ Arroz integral con frutos secos

Rinde 4 porciones

2 tazas de arroz integral, cocido
¼ de taza de almendras fileteadas
¼ de taza de nueces de nogal picadas
2 cucharadas de pasas (opcional)
1 cucharada de aceite de coco extravirgen
1 cucharada de salsa tamari
Sal de mar, al gusto
Pimienta negra recién molida, al gusto

Calienta el aceite en una sartén. Agrega los demás ingredientes, revuelve y déjalos 5 minutos para integrar los sabores. Salpimienta al gusto, quita la sartén del fuego y tápala hasta el momento de servir.

₪ Crema de tortilla

Rinde 1 porción

1 taza de agua filtrada
2 jitomates chicos picados
1 cucharada de cebolla picada finamente
1 cucharada de sazonador vegetal (sin glutamato monosódico)
½ cucharada de aceite de coco extravirgen
⅓ de diente de ajo picado finamente
1 tortilla de maíz nixtamalizado cortada en trozos medianos, y
    más para decorar
Sal de mar, al gusto

En una olla a fuego bajo, calienta el aceite y sofríe el ajo y la cebolla durante 3 minutos. Agrega el jitomate, la sal y la tortilla en trozos, y déjalos 2 minutos para integrar los sabores. Añade el agua y espera a que hierva. Licua todos los ingredientes hasta obtener una consistencia tersa y devuelve la sopa a la olla. Cuécela a fuego bajo hasta que se espese un poco más. Para servir, acompaña con aguacate y jugo de limón.

Nota: Si prefieres sopa en lugar de crema, agrega 1 taza más de agua y sírvela con trozos de tostadas horneadas de maíz nixtamalizado.

BOTANAS Y COMPLEMENTOS

◉ Pepinos rellenos

Rinde 8 porciones

2 pepinos grandes
1 zanahoria rallada
¼ de jícama mediana, picada
1 rebanada gruesa de piña picada
¼ de taza de chamoy casero (p. 334)

En un tazón, revuelve la zanahoria, la jícama, la piña y el chamoy, y reserva. Pela los pepinos y córtalos en 4 partes, transversalmente. Retira las semillas y rellénalos con la mezcla de verduras. Agrega más chamoy para decorar.

◉ Esquites con queso

Rinde 1 porción

1 taza de granos de elote cocidos
1 cucharadita de chile piquín (p. 335)
½ taza de queso de oveja rallado
Jugo de 1 limón
Sal de mar, al gusto

En un tazón, revuelve el elote, el queso de oveja y el chile piquín. Agrega el jugo de limón y la sal.

⬤ Botana picosita

Plátanos fritos

1 plátano macho verde

1 cucharada de aceite de coco extravirgen, derretido

1 cucharadita de chile piquín (p. 335)

Sal de mar, al gusto

Mezcla de nueces

½ taza de arándanos deshidratados, sin azúcar

²/₃ de taza de nueces de la India crudas, sin sal

1 cucharada de aceite de coco extravirgen, derretido

1 cucharadita de chile piquín (p. 335)

Sal de mar, al gusto

Precalienta el horno a 170 ° C. Forra dos charolas para hornear con papel encerado y reserva. Para preparar los plátanos, mezcla el aceite, el chile piquín y la sal. Rebana los plátanos finamente y sazónalos con la mezcla. Acomódalos en una charola y hornéalos entre 20 y 25 minutos, o hasta que estén dorados y crujientes. Voltéalos a la mitad del tiempo. (Debes estar pendiente para voltearlos y retirar los que estén listos antes de tiempo. Así evitarás que se quemen.) Aparte, integra el aceite, el chile piquín y la sal de la mezcla de nueces, y sazona los arándanos y las nueces de la India. Acomoda esta mezcla en la otra charola y hornéala 10 minutos. Espera a que se enfríe un poco y después revuelve los plátanos y las nueces.

Nota: Sólo se conserva un día.

◉ Pepitas de calabaza enchiladas

Rinde 1 taza

1 taza de pepitas de calabaza sin sal
2 cucharaditas de chile en polvo
1 cucharadita de aceite de coco extravirgen
Sal de mar, al gusto

Calienta una sartén a fuego bajo y dora un poco las pepitas. Agrega el aceite, el chile y la sal, e integra durante 2 minutos. Para servir, espera a que se enfríen.

◉ Papitas de camote, betabel y papa

Rinde 4-6 porciones

1 papa mediana
1 camote mediano
1 betabel pequeño
3 cucharadas de aceite de coco extravirgen, o aceite de oliva
    extravirgen, más el necesario para engrasar las charolas
Sal de mar, al gusto

Precalienta el horno a 200 ° C. Engrasa dos charolas para hornear. Rebana la papa, el camote y el betabel lo más delgados posible. En una charola, acomoda la papa y el camote, añade una pizca de sal a cada rebanada y barnízalas con aceite. En otra charola, acomoda el betabel y agrega la sal y el aceite de la misma manera. Hornea ambas charolas aproximadamente 30 minutos. Voltea las rebanadas cada 10 minutos y retira las que ya estén crujientes para evitar que se quemen. Espera a que se enfríen un poco para servir.

Nota: Puedes conservar las papitas en refrigeración hasta 2 días y hornearlas 10 minutos a la misma temperatura para recalentar.

329

🍽 Dulces de tamarindo

Rinde 8 porciones

10 tamarindos sin cáscara, o ⅓ de taza de pasta de tamarindo

6 dátiles sin hueso

10 ciruelas pasa sin hueso

3-4 cucharaditas de chile piquín, más el necesario para cubrir (p. 335)

1 cucharada de jugo de limón

Agua filtrada, la necesaria

En una olla, cubre los tamarindos con agua y hiérvelos a fuego medio aproximadamente 10 minutos. Cuélalos y espera a que se enfríen. Abre la vaina y retira la pulpa. En un procesador de alimentos, muele la pulpa, los dátiles, las ciruelas pasa, el chile piquín y el jugo de limón hasta formar una masa. Forra una charola pequeña con papel encerado. Utiliza una cuchara como medida y toma una porción de la mezcla para formar una bolita con las manos. Acomódala en la charola y repite la operación hasta terminar con la masa. Refrigéralas 4 horas. En un plato extendido, distribuye chile piquín y pasa las bolitas de tamarindo por el plato. Si gustas, barnízalas antes con jugo de limón para que el chile se impregne mejor.

Nota: También puedes utilizar azúcar mascabado para cubrir o una mezcla de chile y azúcar. Las bolitas se conservan en refrigeración o envueltas en papel encerado a temperatura ambiente.

🍽 Gomitas de coco y fresa

Rinde 4 porciones

¾ de taza de puré de fresa (fresas licuadas o machacadas)

¼ de taza de leche de coco de lata

1 cucharadita de agar-agar

En una olla a fuego medio, mezcla el puré de fresa y la leche, y espera a que hierva. Cuando suelte el hervor, añade el agar-agar y revuelve, cuidando que no queden grumos. Baja la flama y deja que se espese. Retira la olla del fuego y vierte la mezcla en 4 moldes de gelatina o en un refractario. Deja enfriar a temperatura ambiente durante 10 minutos y refrigera después por lo menos 3 horas. Conserva las gomitas en refrigeración.

Nota: En esta receta sugiero utilizar leche de coco de lata o la presentación de crema líquida de coco, ya que su consistencia es más espesa. El agar-agar es un alga que se utiliza para elaborar gelatinas de origen vegetal; puedes conseguirlo en tiendas de productos orgánicos o donde vendan materia prima para repostería.

◉ Gomitas de mango con chile

Rinde 20 piezas

Pulpa de 2 mangos
Jugo de 1 limón
1 cucharadita de chile piquín (p. 335)
1½ cucharadas de agar-agar

Licua todos los ingredientes hasta obtener una mezcla homogénea y sin grumos, parecida a un puré. Caliéntala en una olla a fuego medio durante 5 minutos, moviendo constantemente para evitar que se pegue. Pasa la mezcla a un refractario, distribuyéndola de manera uniforme por toda la superficie. Refrigérala mínimo 3 horas o hasta que se cuaje. Desmolda con cuidado y corta trozos, o utiliza cortadores de galleta para obtener la forma que desees.

Nota: Las gomitas se conservan hasta 10 días en refrigeración. El agar-agar es un alga que se utiliza para elaborar gelatinas de origen vegetal; puedes conseguirlo en tiendas de productos orgánicos o donde vendan materia prima para repostería.

🍲 Mazapanes de almendra

Rinde 10-14 porciones

2 tazas de almendras

¾ de taza de azúcar mascabado

2 cucharadas de agua filtrada, o ½ cucharadita de aceite de
coco extravirgen

½ cucharadita de esencia de almendras

En un procesador de alimentos, muele las almendras hasta obtener
harina. Incorpora el azúcar, el agua y la esencia de almendras, y muele nuevamente hasta formar una masa pegajosa. Con tus manos, forma bolitas del tamaño deseado y sirve.

Nota: Puedes guardar la mezcla en un recipiente tapado en refrigeración
hasta 15 días. También puedes cambiar la almendra por cacahuate y omi-
tir la esencia de almendras.

🍲 Salsa cátsup

Rinde 1 taza aproximadamente

2 cucharadas de pasta de tomate orgánica

2 cucharaditas de vinagre de manzana orgánico

2 cucharaditas de agua filtrada

¼ de cucharadita de ajo en polvo

¼ de cucharadita de cebolla en polvo

1 cucharadita de miel de maple grado B

1 pizca de pimienta cayena

Sal de mar, al gusto

Revuelve todos los ingredientes en un tazón hasta formar una pasta.
(Puedes agregar más especias a tu gusto.)

Nota: Puedes preparar tu propia pasta de tomate licuando jitomates deshidratados. Hidrátalos primero en agua caliente durante 10 minutos.

◉ Mayonesa de almendra*

Rinde 1 taza aproximadamente

1 taza de aceite de oliva extravirgen
½ taza de almendras sin cáscara, remojadas una noche
½ taza de agua filtrada
1 cucharada de levadura nutricional (opcional)
1 cucharada de sal de mar
1 pizca de pimienta negra recién molida
Jugo de 1 limón, o al gusto

Licua a velocidad media las almendras y el agua, y vierte poco a poco la mitad del aceite. Agrega los demás ingredientes y licua a velocidad alta. Con el motor encendido, integra el resto del aceite y salpimienta.

* Esta receta requiere una preparación previa.

◉ Salsa de tomate casera

Rinde 1½ tazas aproximadamente

8 jitomates guaje picados
½ cebolla chica, picada
1 cucharada de aceite de oliva extravirgen, o aceite de coco
    extravirgen
2 dientes de ajo picados finamente
½ cucharadita de azúcar mascabado (opcional)
Sal de mar, al gusto

Calienta el aceite en una sartén y agrega el ajo, la cebolla y el jitomate. Ásalos a fuego bajo hasta que se deshagan los jitomates, revolviendo constantemente. Agrega el azúcar y la sal. Cuando todo el jitomate esté despedazado y haya jugo en la sartén, lícualo hasta lograr una mezcla homogénea. Devuelve la salsa a la sartén para que se reduzca a fuego bajo durante 8 minutos o hasta que esté espesa.

Nota: El azúcar mascabado es una opción por si tus jitomates están muy ácidos.

🍴 Chamoy casero

Rinde ½ litro aproximadamente

1 taza de ciruelas pasa
1 taza de chabacanos
1 taza de flor de Jamaica
3 tazas de agua filtrada
Jugo de 1 naranja
Jugo de 4 limones
¼ de taza de chile piquín, o al gusto (p. 335)
½ taza de azúcar mascabado
Sal de mar, al gusto
Agua filtrada, la necesaria

En una olla con agua, hierve las ciruelas pasa, los chabacanos y la flor de Jamaica. Cuando suelten el hervor, baja la flama y déjalos cocerse a fuego lento durante 10 minutos. Retira del fuego y espera a que se entibien. Licua después los ingredientes con 1 taza del agua de la cocción. Incorpora el azúcar, el chile piquín, la sal, el jugo de naranja y el jugo de limón, y licua hasta obtener una salsa de consistencia ligeramente pastosa. Pásala a una olla, calienta a fuego medio y espera a que se espese (entre 3 y 5 minutos, aproximadamente). Déjala enfriar hasta que esté a temperatura ambiente y refrigérala en un frasco de vidrio hermético.

Nota: El chamoy se conserva hasta 15 días.

▣ Chile piquín

Rinde ½ taza aproximadamente

⅓ de taza de chile de árbol, o chile quebrado

1 cucharada de sal de mar

½ cucharada de azúcar mascabado

Licua todo en seco hasta casi pulverizar el chile.

Nota: Este chile es muy picante. También puedes conseguir chile piquín libre de aditivos y sal industrial en los mercados.

▣ Requesón de almendra rápido*

Rinde ¾ de taza aproximadamente

1 taza de almendras remojadas una noche

3 tazas de agua filtrada

1 cucharadita de sazonador vegetal (sin glutamato monosódico)

3 cucharadas de aceite de oliva extravirgen

Sal de mar, al gusto

Desecha el agua de remojo y enjuaga las almendras muy bien. Lícualas con 3 tazas de agua filtrada y cuela la mezcla con una manta de cielo o una bolsa para leches vegetales. (Conserva la leche hasta 3 días en refrigeración.) Revuelve el bagazo con el aceite, el sazonador y la sal, y cocínalo 8 minutos en el horno eléctrico. Espera a que se enfríe un poco antes de servir.

* Esta receta requiere una preparación previa.

Nota: Puedes utilizar distintas combinaciones de especias a tu gusto.

🍽 Miel de dátil

Rinde 1½ tazas aproximadamente

1 taza de dátiles sin hueso
1½ tazas de agua filtrada

Remoja los dátiles 1 o 2 horas en el agua filtrada. Lícualos junto con el agua hasta obtener una consistencia homogénea. Guarda la miel en refrigeración, en un recipiente con tapa.

🍽 Crema de cacao y avellana

Rinde ¼ de litro aproximadamente

3 tazas de avellanas
6 cucharadas de cacao en polvo
6 cucharadas de azúcar mascabado

Precalienta el horno a 200 ° C. Acomoda las avellanas en una charola y hornéalas 15 minutos, removiendo cada 5 minutos, o hasta que estén doradas. Muélelas en un procesador de alimentos o una licuadora hasta hacerlas harina. Incorpora el cacao en polvo y el azúcar. Muele hasta que las avellanas comiencen a soltar sus aceites naturales y se forme una pasta (puede tardar hasta 10 minutos). Si lo consideras necesario, añade 1 cucharada de aceite de coco extravirgen o crema de coco para hacerla más cremosa. Pasa la crema a un frasco de vidrio con tapa y refrigérala.

Nota: Se conserva en refrigeración hasta 2 meses.

🍽 Crema de nuez de la India*

Rinde 2/3 de taza aproximadamente

1 taza de nueces de la India remojadas una noche
Agua filtrada, la necesaria

Cuela las nueces y tuéstalas en una sartén o un comal para quitar el exceso de humedad. Muélelas en un procesador de alimentos o una licuadora de alta potencia hasta que suelten sus aceites naturales y obtengas la crema (puede tomar varios minutos). Consérvala en un frasco de vidrio con tapa.

* Esta receta requiere una preparación previa.

Nota: Puedes congelar la crema en un contenedor de plástico para mantener su consistencia.

🍽 Cajeta vegana

Rinde ¾ de taza

4 cucharadas de crema de coco
2 tazas de agua filtrada
¾ de taza de azúcar mascabado
¼ de cucharadita de fécula de maíz

Licua la crema de coco, el agua y el azúcar hasta que se integren. Calienta una sartén a fuego bajo y cuece la cajeta (es importante que sea sartén para que la cocción sea más uniforme) durante 30 o 40 minutos, revolviendo ocasionalmente para incorporar bien los ingredientes. El tiempo total de cocción dependerá de qué tan espesa te guste. Al final de la cocción, agrega la fécula de maíz diluida en 1 cucharada de agua hirviendo para espesar la cajeta. Guárdala en un frasco de vidrio con tapa, en un lugar oscuro y fresco.

Nota: Los aceites y productos de coco se pueden solidificar, así que tendrás que calentarla un poco para servir.

🍽 Mermelada de frambuesa y chía

Rinde 1½ tazas aproximadamente

1½ tazas de frambuesas (congeladas o frescas)
3 cucharadas de azúcar mascabado
1 cucharada de chía

Calienta una sartén a fuego bajo y cocina las frambuesas, moviéndolas constantemente con una palita de madera para que suelten su jugo. Machácalas en la sartén, agrega el azúcar y la chía, y revuelve hasta conseguir la consistencia deseada. Espera a que se enfríe y refrigérala en un frasco de vidrio con tapa.

Nota: La mermelada se conserva hasta 10 días en refrigeración.

🍽 Mermelada de ciruela pasa

Rinde 1 taza aproximadamente

20 ciruelas pasa sin hueso
⅔ de cucharada de azúcar mascabado
1½ cucharadas de chía
⅓ de taza de agua filtrada

Calienta una sartén a fuego bajo y cocina las ciruelas con el agua, moviéndolas con una palita de madera. Ya que se deshagan las ciruelas y se evapore un poco el líquido, machácalas en la sartén, agrega el azúcar y la chía, y revuelve hasta conseguir la consistencia deseada. Espera a que se enfríe y refrigérala en un frasco de vidrio con tapa.

Nota: La mermelada se conserva hasta 10 días en refrigeración.

🍽 Pan para sándwich*

Rinde 2 hogazas medianas

3 tazas de harina 100% integral, más la necesaria para enharinar
2 cucharaditas de levadura
1 cucharadita de sal de mar
1 taza de linaza molida
1½ tazas de agua filtrada, tibia

En un tazón, mezcla la harina, la levadura, la sal y la linaza. Añade poco a poco el agua tibia e integra con las manos o con una batidora. Cubre la masa con plástico autoadherible o con un trapo, y déjala reposar durante toda la noche. A la mañana siguiente estará más grande y con una consistencia ligeramente pegajosa.

Divide la masa y forma dos hogazas redondas iguales. Para que no se peguen, espolvorea un poco de harina integral en una charola para hornear, acomoda los panes y déjalos reposar 30 minutos más. Precalienta el horno a 220 ° C.

Calienta en la estufa 2 tazas de agua, viértelas en otra charola para hornear (procura que sea profunda) y colócala con cuidado en la parrilla inferior de tu horno; esto ayudará a que el pan se eleve y quede crujiente. En la parrilla superior coloca la charola con los panes. Hornea 10 minutos, retira la charola con agua y hornea entre 20 y 25 minutos más, o hasta que los panes estén ligeramente dorados. Déjalos enfriar 15 minutos antes de rebanar.

* Esta receta requiere una preparación previa.

Nota: Puedes moler la linaza en la licuadora. Las hogazas se conservan en refrigeración hasta 3 días.

◉ Bollos para hamburguesa

Rinde 4 piezas

⅔ de taza de harina de coco
½ cucharadita de bicarbonato de sodio
½ cucharadita de ajo en polvo
6 huevos (orgánicos, de libre pastoreo)
½ taza de aceite de oliva extravirgen
1 cucharada de agua filtrada
1 pizca de sal de mar

Precalienta el horno a 200 ° C. En un tazón, mezcla la harina, el ajo en polvo, el bicarbonato y la sal. Añade poco a poco los huevos, el aceite y el agua, integrando cada ingrediente. Cuando tengas una masa de consistencia tersa, déjala reposar 5 minutos. Forra una charola con papel encerado. Forma 4 bollos del mismo tamaño y acomódalos en la charola. Hornéalos durante 30 minutos. Antes de servir, deja que se enfríen a temperatura ambiente durante 5 minutos. Rebana cada bollo a la mitad y rellénalo con tus ingredientes favoritos.

◉ Tortillas de chía y cáñamo

Rinde 15 piezas medianas

2 tazas de masa de maíz nixtamalizado
2 cucharadas de semillas de cáñamo
2 cucharadas de chía
1 cucharada de aceite de coco extravirgen
1 taza de espinacas crudas, picadas
Sal de mar, al gusto

Incorpora todos los ingredientes y amásalos. Toma una pequeña porción y dale forma de tortilla. Cocina cada una sobre una sartén a fuego alto, por ambos lados.

🍲 Galletas saladas de linaza y chía

Rinde 10-12 porciones

3 cucharadas de linaza

2 cucharadas de chía

7 cucharadas de agua filtrada

½ cucharada de miel de maple grado B, o miel de abeja

Precalienta el horno a 200 ° C. Forra una charola para hornear con papel encerado y reserva. En un tazón mediano, revuelve todos los ingredientes y déjalos reposar 10 o 15 minutos, hasta que la mezcla adquiera una apariencia gelatinosa. Distribuye la mezcla en pequeñas porciones circulares sobre la charola. (Si quieres que las galletas queden muy crujientes, debes asegurarte de que los círculos sean delgados.) Hornéalas 30 o 35 minutos, hasta que estén crujientes. Saca la charola del horno y espera a que se enfríe. Con la ayuda de una palita, despega las galletas de la charola.

POSTRES

⦿ Galleta gigante de chocochips

<u>Rinde 8-10 porciones</u>

5 cucharadas de aceite de coco extravirgen
½ taza de azúcar mascabado
1 cucharadita de extracto de vainilla
1 huevo (orgánico, de libre pastoreo)
1 taza de harina de avena
½ cucharadita de polvo para hornear (sin aluminio)
1 taza de chocolate amargo en trozos pequeños (mínimo 70% cacao)

Precalienta el horno a 200 ° C. En un tazón, mezcla el aceite y el azúcar hasta obtener una textura arenosa. Incorpora la vainilla, el huevo, el polvo para hornear y la harina, y revuelve. Finalmente, agrega el chocolate. En un molde redondo poco profundo o una sartén para horno, vierte la mezcla y hornéala entre 25 y 30 minutos, o hasta que las orillas se doren. Sácala del horno y espera que se enfríe 5 minutos. Corta la galleta a tu gusto.

⦿ Galletas de avena

<u>Rinde 10 piezas</u>

½ taza de crema de almendra
1 plátano maduro
¼ de cucharadita de bicarbonato de sodio
¼ de taza de nueces de nogal picadas
½ cucharada de azúcar mascabado

Precalienta el horno a 250 ° C. Forra una charola para hornear con papel encerado y reserva. Machaca el plátano en un tazón y mézclalo con todos los ingredientes hasta formar una masa ligeramente grumosa. Sirve pequeñas porciones en la charola. Puedes ayudarte con las manos o con un cortador para obtener figuras más uniformes. Procura dejar un espacio de al menos 2 centímetros entre cada galleta. Hornéalas entre 10 y 15 minutos, o hasta que estén doradas y crujientes. Saca la charola del horno y déjala enfriar 10 minutos antes de servir.

Nota: Considera que las galletas deben quedar esponjosas por dentro, pero no crudas. Si éste es el caso, déjalas 5 o 10 minutos más en el horno. Para que queden más crujientes, después de hornearlas puedes utilizar la función de tostador de tu horno 2 minutos más.

🍽 Galletas de manzana y nuez sin gluten

Rinde 3 porciones

2 claras de huevo (orgánicos, de libre pastoreo)

3 cucharadas de harina de coco

¼ de taza de puré de manzana sin azúcar

1 pizca de canela en polvo

¼ de taza de nueces de Castilla picadas finamente

½ taza de manzana rallada

½ cucharadita de polvo para hornear (sin aluminio)

Precalienta el horno a 200 ° C. En un tazón, mezcla la harina, la canela, las nueces y el polvo para hornear. Añade el puré de manzana, las claras de huevo y la manzana rallada, y revuelve bien. Forra una charola para hornear con papel encerado. Vierte cucharadas de la mezcla sobre la charola, dejando suficiente espacio para que las galletas no se peguen. Hornéalas entre 40 y 45 minutos. Deben quedar ligeramente doradas y crujientes (no suaves al tacto). Saca la charola del horno y déjalas enfriar 20 minutos antes de servir.

🍽 Galletas de zanahoria

Rinde 30 piezas

6 cucharadas de aceite de coco extravirgen

⅓ de taza de miel de abeja

1½ tazas de hojuelas de avena

1½ tazas de harina de avena

2 huevos (orgánicos, de libre pastoreo)

1 taza de zanahoria rallada

1 taza de manzana picada finamente

½ taza de coco deshidratado, sin azúcar

½ taza de cualquier nuez picada finamente, o cacahuates

1 cucharadita de bicarbonato de sodio

1 cucharadita de canela en polvo

Precalienta el horno a 170 ° C. En un tazón grande, mezcla 4 cucharadas de aceite y la miel con una palita de madera. Incorpora la harina, la avena, los huevos, la zanahoria, la manzana, el coco, las nueces, el bicarbonato y la canela, y revuelve hasta obtener una mezcla espesa. Con el resto del aceite engrasa 2 charolas grandes para hornear. Acomoda porciones de la mezcla en las charolas con ayuda de una cuchara, aplanando ligeramente para formar las galletas. Hornéalas durante 35 o 40 minutos, o hasta que se doren y se endurezcan. Déjalas enfriar 10 minutos antes de servir.

Nota: Las galletas se conservan 4 días a temperatura ambiente en un recipiente hermético, de preferencia de vidrio. Congeladas duran casi 2 meses. Para descongelarlas, sólo pásalas al refrigerador una noche antes y caliéntalas en el horno eléctrico durante 2 minutos.

🍽 Galletas de coco

<u>Rinde 8-9 piezas</u>

1½ tazas de coco deshidratado, sin azúcar

3 cucharadas de miel de abeja, o miel de maple grado B

2 cucharadas de aceite de coco extravirgen, más el necesario
para engrasar

1 cucharada de harina de coco

1 cucharadita de extracto de vainilla

Precalienta el horno a 150 ° C. En un procesador de alimentos, muele todos los ingredientes hasta obtener una masa ligeramente pegajosa. Engrasa una charola para hornear con un poco de aceite. Con tus manos, forma galletas circulares con la masa y acomódalas en la charola. Hornéalas 15 minutos o hasta que se doren. Para servir, permite que se enfríen 15 minutos.

🍽 Galletas de chocolate con relleno de vainilla

<u>Rinde 12 porciones</u>

Galleta de chocolate

1 taza de dátiles sin hueso

1½ tazas de semillas de girasol, o almendras

2 cucharadas de aceite de coco extravirgen

½ taza de coco deshidratado

5 cucharadas de cacao en polvo

2 cucharadas de miel de maple grado B

Relleno de vainilla

¼ de taza de crema de coco

1 cucharada de aceite de coco extravirgen, derretido

1 cucharadita de extracto de vainilla

Forra una charola para hornear con papel encerado y reserva. En un procesador de alimentos muele todos los ingredientes de las galletas en el orden que se listan hasta formar una pasta uniforme. Extiéndela con ayuda de un rodillo y papel encerado hasta obtener una masa de 5 milímetros de grosor aproximadamente. Corta las galletas con un cortador circular y acomódalas en la charola. Si tienes sobrantes, extiende nuevamente la masa y corta más galletas, procurando obtener porciones pares. Congela las galletas entre 7 y 10 minutos.

En un tazón, mezcla todos los ingredientes del relleno hasta formar una crema suave. (Si la crema y el aceite de coco se encuentran solidificados, puedes derretirlos a baño María y luego integrar la vainilla.) Saca las galletas del congelador, unta la mitad con un poco del relleno y usa la otra mitad de las galletas para formar sándwiches. Congélalas 1 hora más o sírvelas de inmediato si prefieres un relleno suave.

⏻ Pastelitos de cereza*

Rinde 15 porciones aproximadamente

Costra
1 taza de semillas de girasol
1 taza de dátiles sin hueso
1 cucharada de miel de maple grado B
1 pizca de sal de mar

Relleno
1 taza de nueces de macadamia remojadas una noche
1 taza de crema de coco (sin azúcar añadido)
1 taza de cerezas sin hueso, congeladas
¼ de taza de miel de maple grado B
2 cucharadas de aceite de coco extravirgen, derretido
1 cucharadita de extracto de vainilla

Para decorar

2 cucharadas de arándanos deshidratados, picados

Forra un molde cuadrado con papel encerado y reserva. Muele todos los ingredientes de la costra en el procesador de alimentos hasta obtener una masa uniforme. Toma una porción con tus dedos, presiónala, y si se mantiene unida, ya está lista. De lo contrario, muele la masa un poco más hasta obtener la consistencia deseada. Pasa la mezcla al molde, extendiéndola uniformemente por toda la superficie.

Licua a máxima potencia todos los ingredientes del relleno, menos las cerezas, hasta obtener una mezcla suave y sin grumos. Incorpora las cerezas, licua nuevamente y vierte la mezcla en el molde, esparciéndola uniformemente por toda la superficie. Guárdalo en el congelador durante toda la noche.

Al día siguiente, saca el molde del congelador y espera 10 minutos antes de desmoldar. Corta en cuadros del tamaño deseado y esparce arándanos deshidratados encima para servir.

* Esta receta requiere una preparación previa.

Pay de chocolate con frutas*

Rinde 3 porciones

1 taza de almendras remojadas una noche

1 taza de dátiles sin hueso

1 cucharadita de extracto de vainilla

1 pizca de sal de mar

150 gramos de chocolate amargo

3 cucharadas de crema de cacahuate

5 fresas rebanadas

½ plátano rebanado

½ taza de moras azules

Forra tres moldes para pay pequeños con papel encerado y reserva. En una licuadora o un procesador de alimentos, muele las almendras, los dátiles, la vainilla y la sal hasta obtener una masa tersa. Divídela en tres partes y extiende cada base en un molde, asegurándote de cubrir toda la superficie uniformemente. Congélalos durante 30 minutos.

Derrite a baño María el chocolate, agrega la crema de cacahuate y revuelve hasta que se incorporen bien. Saca los moldes del congelador y vierte el relleno de chocolate en partes iguales. Congélalos 10 minutos más. Decora cada pay con las frutas y refrigéralos 30 minutos.

* Esta receta requiere una preparación previa.

Nota: Si no tienes moldes pequeños, puedes utilizar un molde grande y seguir el mismo procedimiento.

Pay de coco

Rinde 10 porciones

Base

1 taza de dátiles sin hueso, remojados 15 minutos en agua
    filtrada caliente
1 taza de almendras
2 cucharadas de miel de maple grado B
2 cucharadas de cacao en polvo

Relleno

1 taza de nueces de la India
1½ tazas de crema de coco
¼ de taza de miel de maple grado B
1 cucharadita de extracto de vainilla

Para decorar

50 gramos de chocolate amargo, picado finamente

Cubre con papel encerado un refractario cuadrado de 20 × 20 centímetros aproximadamente. Asegúrate de que sobresalga el papel en las orillas para que puedas desmoldar el pay fácilmente.

En un procesador de alimentos, muele las almendras hasta hacerlas harina. Incorpora los dátiles, la miel y el cacao, y muele hasta formar una masa ligeramente pegajosa. Distribúyela por todo el refractario uniformemente y congélala 20 minutos.

Licua todos los ingredientes del relleno hasta obtener una crema espesa y sin grumos. Viértela sobre la base. Esparce encima el chocolate picado y congélalo mínimo 2 horas. Desmolda con cuidado, tirando de las orillas del papel.

Nota: El pay se conserva hasta 2 meses en el congelador, de preferencia en un contenedor de vidrio.

🍽 Pay de plátano*

Rinde 6 porciones

Costra

3 tazas de nueces de nogal remojadas una noche

2 tazas de dátiles sin hueso

1 cucharadita de extracto de vainilla

1 pizca de sal de mar

Relleno

1 taza de puré de plátano

2/3 de taza de nueces de la India remojadas una noche

1/3 de taza de miel de maple grado B

1/3 de taza de aceite de coco extravirgen

1 cucharadita de extracto de vainilla

2 cucharaditas de jugo de limón

Muele todos los ingredientes de la costra en un procesador de alimentos hasta formar una pasta homogénea. Extiende la costra cubriendo el fondo de un molde o refractario uniformemente. Refrigérala durante 30 minutos.

Licua todos los ingredientes del relleno y vierte la mezcla sobre la costra. Refrigéralo durante 6 horas. Para servir, puedes decorar con rebanadas de plátano y nueces picadas.

* Esta receta requiere una preparación previa.

Nota: El pay se conserva hasta 10 días en refrigeración.

▌ Carlota de limón*

Rinde 10 porciones aproximadamente

½ taza de jugo de limón

½ taza de miel de maple grado B

1¼ tazas de crema de nuez de la India (p. 337)

Galletas orgánicas de grano entero, al gusto

Granillo de colores, para decorar (sin aditivos)

Licua el jugo de limón, la miel y la crema de nuez de la India, y reserva. Cubre la base de un refractario con una capa de galletas y esparce encima un poco de la mezcla. Repite la operación hasta terminar con la mezcla. Decora al gusto con granillo y congélalo toda la noche.

* Esta receta requiere una preparación previa.

🍽 Flan sin huevo

Rinde 8 porciones

2 tazas de leche de coco (p. 369)

3 cucharadas de agar-agar en polvo, o grenetina, hidratado

3 cucharadas de azúcar mascabado

1 cucharada de extracto de vainilla

⅓ de taza de miel de maple grado B

8 moldes para flan

En cada molde, vierte 1½ cucharaditas de miel y reserva. En una olla a fuego bajo mezcla la leche, el agar-agar, el azúcar y la vainilla, y espera a que hierva moviendo constantemente. Vierte la mezcla en cada molde. Espera a que se enfríen 10 minutos y refrigéralos mínimo 2 horas o hasta que se cuajen. Para servir, desmóldalos con mucho cuidado.

Nota: El agar-agar es un alga que se utiliza para elaborar gelatinas de origen vegetal; puedes conseguirlo en tiendas de productos orgánicos o donde vendan materia prima para repostería.

🍽 Sándwich de helado

Rinde 6-10 porciones

4 plátanos pequeños o 3 grandes, pelados y congelados

½ taza de cerezas congeladas

⅓ de taza de leche de coco (p. 369)

1 huevo (orgánico, de libre pastoreo)

½ taza de azúcar mascabado

¼ de taza de aceite de coco extravirgen

⅓ de taza de puré de manzana

2 cucharaditas de extracto de vainilla

¾ de taza de harina de avena

1½ tazas de hojuelas de avena

2 cucharaditas de arrurruz

½ cucharadita de bicarbonato de sodio

1 taza de nueces de Castilla picadas

Licua los plátanos, las cerezas y la leche, y congela la mezcla mínimo 30 minutos. Precalienta el horno a 200 ° C. En un tazón, revuelve el resto de los ingredientes. Forra una charola para hornear con papel encerado. Sirve porciones en la charola con una cuchara y aplánalas para formar galletas circulares. Repite la operación hasta terminar con la mezcla, procurando tener un número par. Hornea las galletas 20 minutos o hasta que se doren. Déjalas enfriar 15 minutos. Para hacer los sándwiches, unta una porción de helado de plátano sobre una galleta y coloca otra encima. Congela los sándwiches 10 minutos más antes de servir.

◉ Helado de crema de cacahuate con plátanos fritos*

Rinde 4-5 porciones

Helado

1⅓ tazas de leche de coco (p. 369)

1 taza de dátiles sin hueso, remojados 15 minutos en agua
   filtrada caliente

1 cucharadita de extracto de vainilla

½ taza de crema de cacahuate

Caramelo

1 taza de leche de coco (p. 369)

½ taza de miel de maple grado B

1 cucharadita de extracto de vainilla

1 pizca de sal de mar

Plátanos fritos

2 plátanos machos rebanados

1 cucharada de aceite de coco extravirgen

Licua todos los ingredientes del helado hasta obtener una crema sin grumos. Viértela en un recipiente de vidrio y congélala durante 1 hora. Con una cuchara, revuelve e integra nuevamente. Deja el helado en el congelador durante toda la noche.

Para preparar el caramelo, hierve la leche, la miel, la vainilla y la sal en una olla a fuego medio. Cuando suelte el hervor, baja la flama al mínimo y déjalo 25 o 30 minutos, o hasta que se reduzca y se haya formado el caramelo. Mueve constantemente para evitar que se pegue.

Calienta el aceite en una sartén y fríe los plátanos hasta que se doren por ambos lados. En un tazón, sirve una porción de helado, decora con plátanos y baña con el caramelo.

* Esta receta requiere una preparación previa.

🍲 Helado cremoso de nuez de la India*

Rinde 2-3 porciones

1 taza de nueces de la India

1½ tazas de leche de coco de lata (sin azúcar añadido)

8 dátiles sin hueso

1 cucharada de extracto de vainilla

1 pizca de sal de mar

Licua todos los ingredientes hasta obtener una consistencia suave y sin grumos. Vierte la mezcla en un molde o refractario de vidrio pequeño, y extiéndela uniformemente por toda la superficie. Guárdalo en el congelador durante 24 horas. Saca el molde, déjalo reposar 10 minutos y sirve.

* Esta receta requiere una preparación previa.

🍽 Chamoyada de sandía

Rinde 2 porciones

1½ tazas de sandía congelada (sin semillas)
½ taza de hielo
Jugo de 2 limones
1 cucharada de chile piquín, o al gusto (p. 335)

Licua todos los ingredientes y sirve.

🍽 Paletas de vainilla y caramelo cubiertas con chocolate*

Rinde 4 piezas

Paletas de vainilla
1 taza de leche de coco (p. 369)
2 plátanos maduros
1 cucharadita de extracto de vainilla
1 cucharada de miel de maple grado B (opcional)

Caramelo
1 taza de dátiles sin hueso, remojados 15 minutos en agua
    filtrada caliente

2 cucharadas de crema de almendra o de cacahuate, sin sal

2 cucharadas de agua filtrada

1 pizca de sal de mar

Cobertura de chocolate

½ taza de aceite de coco extravirgen, derretido

½ taza de cacao en polvo

2 cucharadas de miel de maple grado B

Licua los ingredientes de las paletas de vainilla. Vierte la mezcla en los moldes para paleta, inserta los palitos y congela las paletas durante toda la noche.

En un procesador de alimentos, muele los ingredientes del caramelo hasta conseguir una mezcla homogénea y cremosa. Desmolda las paletas con mucho cuidado y añade 1 cucharada de caramelo encima de cada una, por un lado, distribuyendo uniformemente. Acomoda las paletas en una charola y congélalas 30 minutos con el caramelo hacia arriba.

En un tazón, mezcla muy bien los ingredientes de la cobertura. Cuando el caramelo esté ligeramente endurecido, sumerge cada paleta en el chocolate y cúbrela por completo. Congélalas 15 minutos más.

* Esta receta requiere una preparación previa.

🍽 Paletas tropicales de piña y coco*

Rinde 4 piezas

2 rebanadas de piña picadas

1 taza de crema de coco (sin azúcar)

½ cucharada de aceite de coco extravirgen

½ cucharadita de canela en polvo, o al gusto

Calienta el aceite en una sartén a fuego alto. Agrega la piña y la canela, y sofríela 3 o 5 minutos. Ya que se caramelice ligeramente, licua la piña con la crema de coco. Sirve la mezcla en los moldes para paleta e inserta los palitos. Congela las paletas durante toda la noche o por lo menos 3 horas.

* Esta receta requiere una preparación previa.

ᴥ Paletas de frutos rojos y semillas*

Rinde 6 piezas pequeñas

1 taza de fresas, frambuesas y moras azules
1 cucharadita de chía
1 cucharadita de semillas de cáñamo
1 cucharada de azúcar mascabado
1½ tazas de agua filtrada

Licua todos los ingredientes. Vierte la mezcla en moldes pequeños para paleta, inserta los palitos y congela las paletas durante toda la noche.

* Esta receta requiere una preparación previa.

ᴥ Paletas de hielo*

Rinde 10 piezas aproximadamente

Paletas
2 tazas de fruta picada (la de tu elección, mango, naranja, melón, sandía, piña, etcétera)
1 taza de jarabe casero

Licua la fruta y el jarabe hasta obtener una mezcla homogénea. (Puedes agregar agua si quieres aligerar el sabor de las paletas.) Vierte la mezcla en los moldes para paleta y congélalos durante toda la noche.

Jarabe casero
1 taza de agua filtrada
2 cucharadas de azúcar mascabado

Hierve el agua y agrega el azúcar. Revuelve hasta que se disuelva completamente y no queden grumos. Espera a que se enfríe.

*Esta receta requiere una preparación previa.

Nota: También puedes colocar trozos de fruta en los moldes para paleta y rellenarlos con agua de coco.

🍽 Budín de mango*

Rinde 6 porciones

Pulpa de 2 mangos medianos, maduros
1½ cucharaditas de agar-agar, o grenetina, hidratado en 2
    cucharadas de agua filtrada, refrigerado 5 minutos
½ cucharadita de extracto de vainilla
½ taza de agua filtrada, caliente

Licua la pulpa de mango y la vainilla, y reserva. Añade el agua caliente al agar-agar y viértelo sobre la pulpa de mango. Licua hasta obtener una consistencia homogénea. Sirve en copas o tazones pequeños, déjalos enfriarse durante 10 minutos y refrigéralos toda la noche o por lo menos 3 horas para obtener una consistencia de budín. Puedes añadir granola, canela en polvo, fresas, moras azules, zarzamoras o frambuesas para decorar.

* Esta receta requiere una preparación previa.

Nota: El agar-agar es un alga que se utiliza para elaborar gelatinas de origen vegetal; puedes conseguirlo en tiendas de productos orgánicos o donde vendan materia prima para repostería.

🍽 Fudge de nuez de la India

Rinde 12 porciones aproximadamente

½ taza de crema de nuez de la India (p. 337)

¼ de taza de aceite de coco extravirgen

¼ de taza de miel de maple grado B

1 cucharadita de extracto de vainilla

1 pizca de sal de mar

¼ de taza de nueces de la India tostadas, sin sal, picadas

Mezcla la crema de nuez de la India, el aceite, la miel, la vainilla y la sal en una olla pequeña a fuego bajo. Revuelve constantemente hasta integrar. Incorpora las nueces picadas y retira la olla del fuego. Vierte la mezcla en un refractario, cubriendo la superficie uniformemente. Congélalo por lo menos 1 hora. Desmolda el fudge y córtalo en trozos.

🍽 Brownies sin hornear

Rinde 12 piezas

8 dátiles sin hueso, remojados 15 minutos en agua filtrada caliente

½ taza de nueces de nogal picadas

2 cucharadas de cacao en polvo

¼ de cucharadita de extracto de vainilla

1 cucharadita de chía

1 cucharadita de semillas de cáñamo

1 pizca de sal de mar

Azúcar mascabado, o miel de abeja, al gusto (opcional)

Muele los dátiles en un procesador de alimentos, agrega las nueces, el cacao, la vainilla, la chía, las semillas de cáñamo, la sal y el azúcar, y continúa moliendo hasta incorporar todo. Vierte la mezcla sobre una charola pequeña y cubre la superficie uniformemente. Congélala durante 20 minutos. Corta los brownies y refrigéralos hasta el momento de servir.

Nota: Si la mezcla queda muy suave, agrega más nueces; esto dependerá del tamaño de los dátiles y la cantidad de endulzante que hayas agregado.

🍩 Donitas de vainilla con glaseado de maple

Rinde 5 piezas

Donitas

1 taza de dátiles sin hueso, remojados en agua filtrada caliente 15 minutos

½ taza de leche vegetal

1¼ tazas de harina de trigo de grano entero o 100% integral

1 cucharadita de vinagre de manzana

1 cucharadita de extracto de vainilla

1 cucharadita de bicarbonato de sodio

1 cucharadita de aceite de coco extravirgen, o ghee, derretido

Glaseado

2½ cucharadas de crema de coco derretida

1 cucharada de aceite de coco extravirgen, derretido

1 cucharada de miel de maple grado B

2 cucharadas de leche vegetal

Precalienta el horno a 170 ° C. Para preparar las donitas, licua los dátiles, la leche, la vainilla y el vinagre hasta formar una pasta sin grumos. Mezcla las harinas y el bicarbonato en un tazón, e incorpora la preparación de dátil hasta obtener una masa maleable y ligeramente húmeda. Déjala reposar 10 minutos. Engrasa el molde para donitas con el aceite y llena cada espacio con la masa. Hornea las donitas entre 25 y 30 minutos, o hasta que al insertar un palillo salga seco. Cuando saques las donas del horno, espera 5 minutos antes de desmoldarlas. Acomódalas en un plato y espera a que se enfríen al menos 10 minutos más. En un tazón, mezcla todos los ingredientes del glaseado y decora las donas a tu gusto.

🍴 Cuadritos de crema de cacahuate y plátano

Rinde 12-15 piezas

- 3 plátanos maduros
- 1 taza de crema de cacahuate
- ¼ de taza de miel de maple grado B, o miel de abeja
- 1 cucharadita de canela en polvo
- ½ taza de semillas de girasol
- ½ taza de pasitas
- 1 taza de quinoa inflada
- ½ taza de chocolate amargo, picado (mínimo 70% cacao)

En un procesador de alimentos, muele los plátanos, la crema de cacahuate, la canela y la miel hasta integrar. Vierte la mezcla en un tazón e incorpora las pasitas, las semillas de girasol y la quinoa. Forra un refractario cuadrado con papel encerado, asegurándote de que sobresalga el papel en las orillas para que puedas desmoldarlo fácilmente. Pasa la mezcla al refractario y distribúyela por toda la superficie. Congélalo durante 2 horas. Derrite el chocolate a baño María y viértelo en el refractario. Congélalo 2 horas más. Desmolda y corta cuadros del tamaño deseado.

Nota: Este postre se conserva hasta 2 meses en el congelador.

🍽 Tubo de chocolate y semillas de girasol*

Rinde 18-20 porciones

½ taza de crema de coco

2 cucharadas de aceite de coco extravirgen

1 cucharada de miel de maple grado B

1 cucharadita de extracto de vainilla

150 gramos de chocolate amargo (mínimo 70% cacao)

1½ tazas de semillas de girasol

Derrite el chocolate a baño María y reserva. En una olla a fuego bajo, calienta la crema, el aceite, la miel y la vainilla, y revuelve hasta incorporar completamente. Retira del fuego y mezcla con el chocolate derretido. Añade las semillas de girasol. Vierte la mitad de la mezcla sobre una hoja de papel aluminio, a lo largo, y enróllala formando un tubo. Cierra los extremos apretando bien. Repite la operación con el resto de la mezcla y congela los tubos durante toda la noche o mínimo 5 horas. Quítales el papel aluminio y corta rebanadas de 1 centímetro de espesor.

* Esta receta requiere una preparación previa.

Nota: Este postre se conserva hasta 2 meses en el congelador.

🍽 Alegrías de chocolate y nuez de la India*

Rinde 15 piezas

1½ tazas de nueces de la India remojadas una noche

½ taza de aceite de coco extravirgen, derretido

½ taza de cacao en polvo

½ taza de leche de coco (p. 369)

½ taza de miel de maple grado B

2 cucharaditas de extracto de vainilla

1 cucharada de crema de coco

2 tazas de amaranto

Sal de mar, al gusto

Licua las nueces de la India, el aceite, el cacao, la leche, la miel, la vainilla, la crema de coco y la sal. Asegúrate de que la mezcla quede suave y sin grumos. Pásala a un tazón mediano e incorpora el amaranto. Forra un molde cuadrado o un refractario con papel encerado. Vacía la mezcla en el molde y espárcela uniformemente por toda la superficie. Congélalo de preferencia toda la noche o mínimo 4 o 5 horas. Desmolda y corta rectángulos del tamaño que desees.

* Esta receta requiere una preparación previa.

Nota: Puedes guardar las alegrías en el congelador hasta 2 meses o en refrigeración hasta 10 días.

Alegrías de miel y crema de cacahuate

Rinde 12 piezas

2 tazas de amaranto

¼ de taza de aceite de coco extravirgen, derretido

¼ de taza de miel de abeja, o miel de maple grado B

2 cucharadas de crema de cacahuate sin azúcar

1 pizca de sal de mar

En una olla pequeña a fuego bajo, mezcla el aceite, la miel, la crema de cacahuate y la sal. En un tazón, revuelve la mezcla con el amaranto hasta incorporar. Vierte en un molde cuadrado o un refractario forrado con papel encerado, esparciendo la mezcla uniformemente por toda la superficie. Refrigera durante 1 hora. Desmolda y corta las alegrías en rectángulos del tamaño que desees.

Nota: Puedes guardar las alegrías en el congelador hasta 2 meses o en refrigeración hasta 10 días.

❙❙ Barritas de quinoa sin hornear

Rinde 9 piezas

¾ de taza de quinoa inflada

2 cucharadas de miel de abeja, o miel de maple grado B

2 cucharadas de aceite de coco extravirgen, derretido

1 cucharada de crema de cacahuate, o crema de almendra

En una olla chica a fuego bajo, calienta la miel, el aceite y la crema de cacahuate hasta obtener una mezcla suave. Apaga la flama, agrega la quinoa inflada y revuelve bien. Forra un molde o refractario chico con papel encerado. Vierte la mezcla y extiende uniformemente por toda la superficie. Congélalo durante 30 minutos, desmolda y corta rectángulos del tamaño que desees.

Nota: Puedes guardar las barritas en el refrigerador, en un recipiente tapado, hasta 2 semanas. Sírvelas así o con un poco de chocolate amargo derretido a baño María. También puedes incluir 1 cucharadita de cacao en polvo en la preparación para hacer barritas de chocolate.

❙❙ Chocolates caseros

Rinde 9 porciones

¼ de taza de aceite de coco extravirgen, derretido

⅓ de taza de cacao en polvo, más 2 cucharadas

3 cucharadas de miel de maple grado B, o miel de abeja

1 cucharadita de extracto de vainilla

Para decorar

1 chabacano deshidratado, picado finamente

1 cucharadita de moras goji

1 cucharadita de polen

1 cucharadita de pistaches pelados, sin sal

1 cucharadita de ajonjolí

½ cucharadita de ralladura de naranja

1 cucharadita de semillas de girasol

1 cucharadita de nueces de nogal picadas

1 cucharadita de almendras fileteadas

Acomoda capacillos en un molde para 9 panquecitos y reserva. En un tazón, mezcla el aceite, el cacao, la miel y la vainilla. Vierte 1½ cucharadas de la mezcla en cada capacillo. Decora a tu gusto con las opciones recomendadas y congélalos durante 1 hora. Desmolda cada chocolate y retira el capacillo si lo prefieres.

Nota: Guarda los chocolates en un recipiente de vidrio en el refrigerador o en el congelador.

BEBIDAS

🥤 Malteada de chocolate

Rinde 1 porción

Salsa de chocolate
1 cucharada de cacao en polvo
1 cucharada de aceite de coco extravirgen
1 cucharadita de miel de maple grado B

Malteada
1 plátano maduro, grande, congelado
½ taza de fresas congeladas
½ taza de leche vegetal
1 cucharada de cacao en polvo
1 cucharada de crema de almendra, o crema de cacahuate
½ cucharadita de extracto de vainilla

Mezcla todos los ingredientes de la salsa de chocolate y reserva. Aparte, licua los ingredientes de la malteada hasta obtener una consistencia suave y sin grumos. Sírvela y vierte la salsa encima.

🥤 Atole de maíz y plátano

Rinde 1 porción

2 litros de agua filtrada
1 taza de harina de maíz nixtamalizado
3 manzanas peladas
1 plátano
3 cucharadas de azúcar mascabado
3 dátiles sin hueso

Hierve ½ litro de agua y cuece las manzanas, el plátano y los dátiles. Lículaos y reserva. Aparte, hierve el agua restante, agrega poco a poco la harina y revuelve constantemente hasta que se integre todo. Incorpora los ingredientes licuados, déjalos hervir nuevamente, cuela la mezcla y sirve.

Refresco de limón

Rinde 1 porción

1 taza de agua mineral
Jugo de 1 limón
Extracto de stevia, al gusto
Hielo, al gusto

Agrega el jugo de limón y la stevia al agua mineral, y revuelve. Agrega el hielo y sirve.

Naranjada con jengibre

Rinde 5 porciones

1 litro de agua filtrada
Jugo de 3 naranjas
1 centímetro de jengibre rallado
Extracto de stevia, al gusto
Hielo, al gusto

Licua el jugo de naranja, el jengibre y la stevia hasta obtener una mezcla homogénea. Cuélala y revuélvela con el agua. Agrega el hielo y sirve.

🥤 Agua de tamarindo

Rinde 4 porciones

8 tamarindos sin cáscara
1 litro de agua filtrada
Extracto de stevia, al gusto
Hielo, al gusto

Hierve los tamarindos en ½ litro de agua durante 15 minutos aproximadamente. Cuando la pulpa esté suave, retira las semillas y cuélala. Revuelve la pulpa con el agua restante y añade la stevia. Agrega el hielo y sirve.

🥤 Agua de sandía

Rinde 3 porciones

2 tazas de sandía (sin semillas)
3 tazas de agua filtrada
Azúcar mascabado, al gusto
Hielo, al gusto

Licua todos los ingredientes, agrega el hielo y sirve.

🥤 Agua de pepino con chía y limón

Rinde 4 porciones

3 tazas de agua filtrada
1 pepino pelado
Jugo de 1 limón
1 cucharada de chía
Azúcar mascabado, al gusto

Endulza el agua con el azúcar y lícuala con el pepino y el jugo de limón. Cuélala y agrega la chía. Déjala reposar 10 minutos y sirve.

🥤 Agua de piña con pepino y menta

Rinde 3 porciones

½ taza de piña picada
2 tazas de agua filtrada
½ pepino
6 hojas de menta
Azúcar mascabado, al gusto
Hielo, al gusto

Endulza el agua con el azúcar y lícuala con la piña, el pepino y la menta. Cuélala, agrega el hielo y sirve.

🥤 Refresco de manzana

Rinde 2 porciones

⅓ de taza de jugo de manzana natural, en extractor
½ litro de agua mineral
4 gotas de extracto de stevia
Hielo, al gusto

Mezcla todos los ingredientes y revuelve. Sirve de inmediato.

🥛 Leche de cáñamo

Rinde 2 tazas aproximadamente

1 taza de semillas de cáñamo
2 tazas de agua filtrada
2 dátiles sin hueso, o endulzante al gusto

Licua todos los ingredientes, cuela la leche con una manta de cielo o una bolsa para leches vegetales, y refrigérala.

Nota: La leche se conserva hasta 1 semana en refrigeración.

🥛 Leche de coco

Rinde 3 tazas aproximadamente

3 cucharadas de crema de coco
3 tazas de agua filtrada
2 dátiles sin hueso, o endulzante al gusto

Licua todos los ingredientes.

Nota: La leche se conserva hasta 1 semana en refrigeración.

🥛 Leche de avena o de arroz integral

Rinde 4 tazas aproximadamente

1 taza de avena, o de arroz integral, cruda, remojada 8 horas en
    3 tazas de agua filtrada
1 taza de agua filtrada
3 dátiles sin hueso, o endulzante al gusto

Licua la avena con el agua de remojo, agrega 1 taza de agua y los dátiles. Cuela la leche con una manta de cielo o una bolsa para leches vegetales, y refrigérala.

Nota: La leche se conserva hasta 1 semana en refrigeración.

🥛 Leche de almendra*

Rinde 3 tazas aproximadamente

1 taza de almendras remojadas una noche
3 tazas de agua filtrada
3 dátiles sin hueso, o endulzante al gusto

Enjuaga las almendras y desecha el agua de remojo. Lícualas con el agua y los dátiles. Cuela la leche con una manta de cielo o una bolsa para leches vegetales, y refrigérala.

*Esta receta requiere una preparación previa.

Nota: La leche se conserva hasta 1 semana en refrigeración.

🥛 Jugos

Rinden 1 porción

Prepara cualquiera de estas combinaciones en el extractor de jugos, introduciendo los ingredientes en el orden que se listan.

1

2 hojas de albahaca
½ chayote pelado
1 limón

⅓ de jícama

1 taza de uvas

2

1 taza de piña picada

½ chayote pelado

1 tallo de apio

3

1 naranja

2 zanahorias

½ pepino pelado

4

2 manzanas

1 hoja de espinaca

1 tallo de apio

1 zanahoria

🥤 Licuados

Rinden 1 porción

Licua cualquiera de estas combinaciones de ingredientes y sirve de inmediato.

1

1 plátano congelado

½ taza de moras azules

4 dátiles sin hueso

½ hoja de col rizada, sin tallo

1 taza de leche vegetal

Hielo (opcional)

2

1 plátano

2 cucharadas de crema de cacahuate

1 taza de leche vegetal

1 cucharada de chía

4 dátiles sin hueso

1 cucharada de cacao en polvo

Hielo (opcional)

3

½ plátano congelado

½ mango congelado

1 taza de leche vegetal

1 cucharada de semillas de cáñamo

4 dátiles sin hueso

Hielo (opcional)

4

1 taza de fresas

1 cucharada de cacao en polvo

1 taza de leche vegetal

4 dátiles sin hueso

Hielo (opcional)

Agradecimientos

Este libro es un regalo de mi parte para todos los niños, deseando que se hagan muchos cambios en todos los sentidos y puedan tener una infancia como debe ser: inocente, amena, agradable, tranquila, relajada y feliz.

Sin embargo, si bien yo escribí este regalo y pareciera que el mérito es sólo mío, no es así. Les debo mucho a todos los que hicieron posible este libro. A Mauricio, mi socio de vida, de paternidad, de amor y mi mejor amigo, quien siempre está al pie del cañón para que yo haga lo que me gusta; a mis hijos, que son mi todo, y a cada niño que veo y siento como si fuera uno de los míos.

A todo el equipo de Hábitos®, a Artemisa Ramos, quien me apoyó mucho para recabar información, y a Mayra Martínez Luna, quien me entiende con pocas palabras.

A mi mamá, a quien agradezco toda mi vida, todo lo que me enseñó, haciendo siempre lo mejor que podía. Pero por encima de todo, mami, te agradezco que siempre hayas respetado mis ideas, que seas fanática de lo absurdo, que me cuestiones y que siempre hayas aceptado —no necesariamente apoyado, pero con aceptar es suficiente— mis formas de "no hacer lo mismo". Finalmente, gracias a todas las personas que me han permitido acercarme a su lado materno para crear mis propias ideas y darme cuenta de todo lo que comparto en este libro.

Gracias a Grijalbo Vital, a Wendolín Perla y a Eloísa Nava, quienes conocen el proceso de este libro y, al creer en él, seguimos aquí.

Gracias a Laura Paz, una increíble editora que me ayuda en todo y me orienta para no perderme en el camino. Sin ti, definitivamente mis ideas no tendrían ni pies ni cabeza.

Gracias a Dios, a quien tengo todo el tiempo presente y que dirige absolutamente toda mi vida. Gracias a todos los que leen mi libro porque seguramente pueden hacer un gran cambio en la crianza, educación y salud de los niños, y por lo tanto en el futuro de todos los seres que andamos por aquí.

Notas

Primera parte

Capítulo 1

[1] Bruce H. Lipton, *La biología de la creencia. La liberación del poder de la conciencia, la materia y los milagros*, Madrid, Gaia, 2010, p. 221.

[2] *Ibidem*, p. 227.

[3] *Ibidem*, p. 222.

[4] *Ibidem*, p. 223.

[5] Joe Dispenza, *El placebo eres tú*, México, Urano, 2016, p. 126.

[6] *Idem*.

[7] Carlota Fominaya, "Qué le pasa al cerebro de tus hijos cuendo les gritas", *ABC*, Padres e Hijos, Madrid, 13 de febrero de 2018; consultado en <www.abc.es/familia/padres-hijos/abci-pasa-cerebro-hijos-cuando-gritas-201802122116_noticia.html>.

[8] "La Alianza por la Salud Alimentaria lanza campaña para bajar consumo de bebidas azucaradas 'No dañes su corazón'", El Poder del Consumidor, 11 de agosto de 2016; consultado en <http://elpoderdelconsumidor.org/saludnutricional/la-alianza-por-la-salud-alimentaria-lanza-campana-para-bajar-consumo-de-bebidas-azucaradas-no-danes-su-corazon/>.

[9] "Lanzamiento campaña '¿Hoy qué comieron tus hijos?'", El Poder del Consumidor, 18 de febrero de 2015; consultado en <http://elpoderdelconsumidor.org/multimedia/lanzamiento-campana-hoy-que-comieron-tus-hijos/>.

[10] Vani Hari, "How Food Companies Exploit Americans with Ingredients Banned in Other Countries", Food Babe; consultado en <https://foodbabe.com/how-food-companies-exploit-americans-with-ingredients-banned-in-other-countries/>.

[11] "Mujica inauguró utu de Colonia Nicolich", 7 de agosto de 2014; consultado en <www.presidencia.gub.uy/comunicacion/comunicacionnoticias/utu-colonia-nicolich-mujica-inauguracion>.

Capítulo 2

[1] UNICEF México, "El doble reto de la malnutrición y la obesidad"; consultado en <www.UNICEF.org/mexico/spanish/17047.htm>.

[2] Dirección General de Comunicación Social, "Niños actuales, primera generación con esperanza de vida más corta", Ciudad Universitaria, 23 de julio de 2017; consultado en <www.dgcs.unam.mx/boletin/bdboletin/2017_475.html>.

[3] "Sanidad pone en marcha una campaña para promocionar el desayuno entre niños y jóvenes y prevenir la obesidad infantil"; consultado en <https://salud.lasprovincias.es/nutricion/noviembre06/campana_despierta_ya.htm>. Víctor Manuel Rodríguez Rivera y Edurne Simón Magro, *Bases de la alimentación humana*, España, Netbiblo, 2008, p. 396.

[4] Joseph Mercola, "Creer este mito podría darle cáncer", 10 de enero de 2015; consultado en <https://articulos.mercola.com/sitios/articulos/archivo/2015/01/10/la-epigenetica-vs-el-determinismo.aspx>.

[5] K. D. Jackson, L. D. Howie y L. J. Akinbami, "Trends in Allergic Conditions among Children: United States, 1997-2011. Food Allergies Increased 50%", NCHS *Data Briefs*, núm. 121, mayo de 2013, pp. 1-8.

[6] Food Allergy Research and Education (FARE), "New Study: Young Children with Food Allergies Are More Likely to Develop Asthma or Rhinitis", 7 de noviembre de 2016; consultado en <www.foodallergy.org/about-fare/blog/new-study-young-children-with-food-allergies-are-more-likely-to-develop-asthma-or>.

[7] Instituto Nacional de Salud Pública, "Encuesta Nacional de Salud y Nutrición. Resultados Nacionales, 2012", México, 2012; consultado en <https://ensanut.insp.mx/informes/ENSANUT2012ResultadosNacionales.pdf>.

[8] Centros para el Control y la Prevención de Enfermedades (CDC), "Increasing Prevalence of Parent-Reported Attention-Deficit/Hyperactivity Disorder Among Children—United States, 2003 and 2007", 12 de noviembre de 2010; consultado en <www.ncbi.nlm.nih.gov/pubmed/21063274>.

[9] International Diabetes Federation (IDF), "Atlas de la diabetes de la FID", 2015; consultado en <www.fundaciondiabetes.org/upload/publicaciones_ficheros/95/IDF_Atlas_2015_SP_WEB_oct2016.pdf>.

[10] Organización Mundial de la Salud (OMS), "10 datos sobre la lactancia materna", agosto de 2017; consultado en </www.who.int/features/factfiles/breastfeeding/es/>.

[11] C. Victora, R. Bahl, A. Barros, G. V. A. Franca, S. Horton, J. Krasevec, S. Murch, M. J. Sankar, N. Walker y N. C. Rollins, "Breastfeeding in the 21st Century: Epidemiology, Mechanisms and Lifelong Effect", *The Lancet*, vol. 387, núm. 10017, 2016, pp. 475-490.

[12] "La OMS resalta el impacto de la depresión entre niños y adolescentes", 14 de mayo de 2014; consultado en <www.un.org/spanish/News/story.asp? NewsID=29442#.WjL0H7Q-eCR>.

[13] Carolina García, "Mi hijo tiene depresión. ¿Tiene que medicarse?", *El País*, 13 de abril de 2016; consultado en <https://elpais.com/elpais/2016/03/21/actualidad/1458571404_032119.html>.

[14] J. B. Schwimmer, T. M. Burwinkle y J. W. Varni, "Health-Related Quality of Life of Severely Obese Children and Adolescents", *Journal of the American Medical Association*, vol. 289, núm. 14, 9 de abril de 2003, pp. 1813-1819; consultado en <https://jamanetwork.com/journals/jama/fullarticle/196343>.

[15] Carlos González, *Mi niño no me come. Consejos para prevenir y resolver el problema*, México, Planeta, 2017, p. 32.

[16] *Idem.*

[17] *Ibidem*, p. 35.

[18] *Ibidem*, p. 32.

[19] *Idem.*

[20] *Ibidem*, p. 35.

[21] *Ibidem*, p. 36.

[22] Vani Hari, "Why Microwave Popcorn Is an Absolute Health Nightmare", Food Babe; consultado en <https://foodbabe.com/microwave-popcorn/>.

Segunda parte

Capítulo 3

[1] Karen Johana Sánchez, "La comida de mamá define los gustos del niño. El líquido amniótico y la leche materna son fundamentales en los gustos alimenticios de tu hijo", 4 de noviembre de 2015; consultado en <www.abcdelbebe.com/embarazo/tercer-trimestre/la-alimentacion-en-el-embarazo-define-el-gusto-de-los-ninos-13225>.

[2] Bruce H. Lipton, *La biología de la creencia, op. cit.*, p. 213.

[3] Daniel J. DeNoon, "7 Rules for Eating. Choose Food over Food-Like Substances, Food Writer Michael Pollan Tells CDC", 23 de marzo de 2009; consultado en <www.webmd.com/food-recipes/news/20090323/7-rules-for-eating#1>.

[4] Genevieve Howland, *Mamá natural. La guía definitiva de embarazo y parto*, Estados Unidos, Northstar Way, 2017, p. 28.

[5] Nuño Domínguez, "La OMS declara cancerígena la carne procesada", *El País*, 28 de octubre de 2015; consultado en <http://elpais.com/elpais/

2015/10/26/ciencia/1445860172_826634.html>. Organización Mundial de la Salud (OMS), "El Centro Internacional de Investigaciones sobre el Cáncer evalúa el consumo de la carne roja y de la carne procesada", 26 de octubre de 2015, Lyon; consultado en <www.who.int/mediacentre/news/releases/2015/cancer-red-meat/es/>.

6   Bruce H. Lipton, *La biología de la creencia, op. cit.*, p. 213.

7   Thomas Verny y John Kelly, *La vida secreta del niño antes de nacer*, p. 11; consultado en <https://urano.blob.core.windows.net/share/i_avance/001000227/ avance.pdf>.

8   *Ibidem*, p. 12.

9   Mayra Elisa B., "6 emociones que mamá le transmite al bebé en el embarazo", 13 de abril de 2016; consultado en <https://espanol.babycenter.com/blog/mamas/6-emociones-que-mama-le-transmite-al-bebe-en-el-embarazo/>.

10   *Idem*.

11   Te recomiendo ver el documental *Microbirth*. En él se explican los beneficios del parto natural en el microbioma humano. (*Microbirth. Revealing the Microscopic Secrets of Childbirth* [documental], directores Toni Harman y Alex Wakeford, Gran Bretaña, Alto Films Ltd., 2014, 60 minutos.)

12   Julián Sánchez, "Michel Odent", *Ecología del Nacer*, 1° de octubre de 2013; consultado en <https://ecologiadelnacer.cl/michel-odent/>.

13   AFP, "OMS preocupada por 'epidemia de cesáreas' innecesarias en América Latina", *El País*, 16 de abril de 2015; consultado en <www.elpais.com.co/mundo/oms-preocupada-por-epidemia-de-cesareas-innecesarias-en-america-latina.html>.

14   *Idem*.

15   *Idem*.

16   "Beneficios del parto normal para la madre y el bebé", Noticias Sin, 10 de febrero de 2017; consultado en <https://noticiassin.com/tu-salud/2017/02/10/beneficios-del-parto-normal-para-la-madre-y-el-bebe/>.

17   *Idem*.

18   "¿Cuándo está indicada la cesárea?", El Parto es Nuestro; consultado en <www.elpartoesnuestro.es/informacion/parto/cuando-esta-indicada-la-cesarea>.

19   S. Tahseen y M. Griffiths, "Vaginal Birth after Two Caesarean Sections (VBAC-2). A Systematic Review with Meta-Analysis of Success Rate and Adverse Outcomes of VBAC-2 Versus VBAC-1 and Repeat (Third) Caesarean Sections", *British Journal of Obstetrics and Gynaecology*, vol. 117, núm. 1, 14 de septiembre de 2009, pp. 5-19; consultado en <www.ncbi.nlm.nih.gov/pubmed/19781046>.

20   "New VBAC Guidelines: What They Mean to You and Your Patients", ACOG *Today*, vol. 54, núm. 4, agosto de 2010, 12 pp; consultado en <www.acog.

org/-/media/ACOG-Today/acogToday0810.pdf?dmc=1&ts=2018070 4T0447060752>.

21 Colegio Americano de Ginecobstetras, "Vaginal Birth after Cesarean Delivery"; consultado en <www.acog.org/~/media/For%20Patients/faq070. pdf?dmc=1&ts=20130815T1429181222>.

22 Vanina Schoijett, *Duérmete Hannibal. El libro*, Buenos Aires, 2016, e-book, p. 111.

Capítulo 4

1 La Liga de la Leche es una organización sin fines de lucro que promueve y apoya la lactancia en México, parte de la organización internacional La Leche International League, <https://laligadelaleche.org.mx/>.

2 "Los bebés y las madres del mundo sufren los efectos de la falta de inversión en la lactancia materna", Organización Mundial de la Salud (OMS), comunicado de prensa, 1° de agosto de 2017; consultado en <www.who. int/mediacentre/news/releases/2017/lack-investment-breastfeeding/es/>.

3 F. Hassiotou, D. T. Geddes y P. E. Hartmann, "Cells in Human Milk: State of the Science", *Journal of Human Lactation*, vol. 29, núm. 2, mayo de 2013, pp. 171-182. M. N. Avena, P. Rada y B. G. Hoebel, "Evidence for Sugar Addiction: Behavioral and Neurochemical Effects Go Intermittent, Excessive Sugar Intake", *Neuroscience and Biobehavioral Reviews*, vol. 32, núm. 1, 2008, pp. 20-39. A. Gil, R. Uauy y J. Dalmau, "Bases para una alimentación complementaria adecuada de los lactantes y los niños de corta edad", Granada, 2006; consultado en <http://analesdepediatria.org/ es-bases-una-alimentacion-complementaria-adecuada-articulo-13094263>. Organización Mundial de la Salud (OMS), "*Enterobacter sakazakii* y otros microorganismos en los preparados en polvo para lactantes", Serie Evaluación de Riesgos Microbiológicos, vol. 6; consultado en <www.who.int/foodsafety/publications/micro/es_sp.pdf>.

4 Kun Li, "Semana Mundial de la Lactancia Materna de 2007: El amamantamiento temprano salva vidas de lactantes", UNICEF; consultado en <www. UNICEF.org/spanish/nutrition/index_40463.html>.

5 Aurora Lázaro Almarza y Benjamín Martín Martínez, "Alimentación del lactante sano"; consultado en <www.aeped.es/sites/default/files/documentos/alimentacion_lactante.pdf>.

6 Charlotte Vallaeys, "How to Find the Safest Organic Infant Formula", The Cornucopia Institute, 20 de diciembre de 2013; consultado en <www. cornucopia.org/2013/12/find-safest-organic-infant-formula/>.

7 Organización Mundial de la Salud (OMS), "Lactancia materna"; consultado en <www.who.int/topics/breastfeeding/es/>.

8   Silvia Díaz, "De canica a huevo de gallina: así evoluciona el estómago del bebé en sus primeros diez días de vida", Bebés y Más, 26 de diciembre de 2017; consultado en <www.bebesymas.com/alimentacion-para-bebes-y-ninos/de-canica-a-huevo-de-gallina-asi-evoluciona-el-estomago-del-bebe-en-sus-primeros-diez-dias-de-vida>.

9   Aurora Lázaro Almarza y Benjamín Martín Martínez, "Alimentación del lactante sano".

10 Armando Bastida, "¿A partir de cuándo deja de tener sentido dar leche materna porque ya es como dar agua? Nunca", Bebés y Más, 13 de agosto de 2015; consultado en <www.bebesymas.com/lactancia/a-partir-de-cuando-deja-de-tener-sentido-dar-leche-materna-porque-ya-es-como-dar-agua>.

11 Organización Mundial de la Salud (OMS), "Lactancia materna".

12 Vanina Schoijett, *Duérmete Hannibal, op. cit.*, p. 133.

13 *Idem.*

14 Comisión de Lactancia MINSAL, UNICEF, "La leche humana, composición, beneficios y comparación con la leche de vaca", *Manual de lactancia para profesionales de la salud,* Chile, 1995; consultado en <www.UNICEF.cl/lactancia/docs/mod01/Mod%201beneficios%20manual.pdf>.

15 Mireia Long, "Cinco grandes ventajas del colecho", Bebés y Más, 24 de noviembre de 2011; consultado en <www.bebesymas.com/ser-padres/5-grandes-ventajas-del-colecho>. Meret A. Keller y Wendy A. Goldberg, "Co-Sleeping: Help or Hindrance for Young Children's Independence?", *Infant and Child Development*, vol. 13, núm. 5, 14 de diciembre de 2004; consultado en <https://onlinelibrary.wiley.com/doi/full/10.1002/icd.365>.

16 Vanina Schoijett, *Duérmete Hannibal, op. cit.*, p. 122.

17 *Ibidem*, p. 229.

18 Alba Padró, "Crisis o brotes de crecimiento", Alba Lactancia Materna; consultado en <http://albalactanciamaterna.org/lactancia/tema-4-cuando-los-ninos-crecen/crisis-o-brotes-de-crecimiento/>.

19 *Idem.*

20 Carlos González, "Las tres horas", 10 de julio de 2016; consultado en <www.carlosgonzalezpediatra.com/2016/07/las-tres-horas/>.

21 Alba Larrea Chamorro, *Análisis de las técnicas para el manejo del sueño en niños de 0 a 2 años y del conocimiento de los padres sobre las mismas,* trabajo de fin de grado, Universidad Pública de Navarra, 2016-2017; consultado en <https://academica-e.unavarra.es/bitstream/handle/2454/26668/TFG%20Alba%20Larrea%20Chamorro.pdf?sequence=5&isAllowed=y>.

22 Vanina Schoijett, *Duérmete Hannibal, op. cit.*, p. 155.

23 Procuraduría Federal del Consumidor, "Fórmulas para lactantes", p. 24; consultado en <www.profeco.gob.mx/revista/pdf/est_05/formula_lactan_mayo05.pdf>.

[24] "Lactancia materna", Alianza por la Salud Alimentaria; consultado en <http://alianzasalud.org.mx/lactancia-materna/>.

[25] Forbes, "México, en último lugar en lactancia materna en Latam", *Forbes México*, 20 de abril de 2015; consultado en <www.forbes.com.mx/mexico-en-ultimo-lugar-en-lactancia-materna-en-latam/>.

[26] "Meganegocio, con poca ética, los alimentos para bebé", El Poder del Consumidor, 19 de febrero de 2013; consultado en <http://elpoderdelconsumidor.org/saludnutricional/meganegocio-con-poca-etica-los-alimentos-para-bebe/>.

[27] "Lactancia materna", Alianza por la Salud Alimentaria.

[28] Comisión de Lactancia MINSAL, UNICEF, "La leche humana, composición, beneficios y comparación con la leche de vaca".

[29] Alba Padró, "Hipogalactia o baja producción de leche materna", Alba Lactancia Materna; consultado en <http://albalactanciamaterna.org/lactancia/tema-2-como-superar-dificultades/hipogalactia-o-baja-produccion-de-leche-materna/>.

[30] Armando Bastida, "Las leches vegetales no son leche: un bebé sufre escorbuto por alimentarse con leche de almendra", Bebés y Más, 20 de enero de 2016; consultado en <www.bebesymas.com/salud-infantil/las-leches-vegetales-no-son-leche-un-bebe-sufre-escorbuto-por-alimentarse-con-leche-de-almendra>.

[31] Vanina Schoijett, *Duérmete Hannibal*, *op. cit.*, p. 147. Alba Padró, "Hipogalactia o baja producción de leche materna".

[32] Procuraduría Federal del Consumidor, "Fórmulas para lactantes", p. 24.

Capítulo 5

[1] Lola Rovati, "Deja al bebé experimentar con la comida", Bebés y Más, 30 de junio de 2010; consultado en <www.bebesymas.com/alimentacion-para-bebes-y-ninos/dejar-al-bebe-experimentar-con-la-comida>. Unidad de Promoción de la Salud-Departamento de Salud e Infancia, "Starting to Spoonfeed Your Baby", noviembre de 2006; consultado en <www.irishhealth.com/clin/documents/Starting_to_spoonfeed_your_baby.pdf>.

[2] Organización Mundial de la Salud (OMS), "El Centro Internacional de Investigaciones sobre el Cáncer evalúa el consumo de la carne roja y de la carne procesada".

[3] "¿En qué consiste? ¿Qué es el baby-led weaning?", Baby-Led Weaning.es; consultado en <www.babyledweaning.es/2011/07/en-que-consiste-que-es-el-baby-led.html>.

[4] Gill Rapley y Tracey Murkett, *El niño ya come solo*, España, Medici, 2012.

[5] Monserrat Guevara Helguera, "¿Qué no debes darle de comer a un bebé?", *El Universal*, 7 de septiembre de 2017; consultado en <www.eluniversal. com.mx/menu/que-no-debes-darle-de-comer-un-bebe>. "20 alimentos que los niños no deben comer", Onmeda.es, 10 de agosto de 2015; consultado en <www.onmeda.es/galeria_de_imagenes/20_alimentos_que_ los_ninos_no_deben_comer.html>.

[6] Jesús Garrido García, "Baby-led Weaning, miedo al atragantamiento", Mi Pediatra Online/Crianza Respetuosa, 3 de noviembre de 2016; consultado en <www.mipediatraonline.com/baby-led-weaning-atragantamiento/>.

Capítulo 6

[1] Michael Moss, "The Extraordinary Science of Addictive Junk Food", *The New York Times Magazine*, 20 de febrero de 2013; consultado en <www. nytimes.com/2013/02/24/magazine/the-extraordinary-science-of-junk-food.html?_r=0>.

[2] Alianza por la Salud Alimentaria, "Bebidas azucaradas y alimentos chatarra aumentan tasa de obesidad en México y América Latina, revela estudio de OPS/OMS", 2 de septiembre de 2015; consultado en <http://alianzasalud. org.mx/2015/09/bebidas-azucaradas-y-alimentos-chatarra-aumentan-ta-sa-de-obesidad-en-mexico-y-america-latina-revela-estudio-de-opsoms/#sthash.Oc7ILMLF.dpuf>.

[3] Joseph Mercola, "Descubre lo que sucede en su estómago cuando come sopa instantánea", 23 de septiembre de 2014; consulado en <https://arti-culos.mercola.com/sitios/articulos/archivo/2014/09/23/peligro-de-co-mer-sopa-instantanea.aspx>.

[4] *Idem*.

[5] Cristina González Hernando, "10 problemas de salud en los niños por exceso de azúcar", Guía Infantil, 14 de marzo de 2016; consultado en <www.guiainfantil.com/articulos/alimentacion/10-problemas-de-salud-en-los-ninos-por-exceso-de-azucar/>.

[6] Lisa Leake, "Too Many Names for Sugar: Which Ones to Avoid!", 100 Days of Real Food, 22 de agosto de 2016; consultado en <www.100daysofrealfood.com/names-for-sugar-which-ones-to-avoid/>. Joseph Mercola, "El azúcar se esconde bajo muchos nombres diferentes en las etiquetas de los alimentos", 19 de octubre de 2016; consultado en <https://articulos.mercola.com/sitios/articulos/archivo/2016/10/19/otros-nombres-del-azucar.aspx>.

[7] Carla W. Holder, "Los carbohidratos, el azúcar y su hijo", Kids Health, agosto de 2014; consultado en <https://kidshealth.org/es/parents/sugar-esp.html>.

[8] Juan Sáez, "Aficiónate a los carbohidratos de asimilación lenta"; consultado en <http://salud.facilisimo.com/aficionate-a-los-carbohidratos-de-asimilacion-lenta_694349.html>.

[9] Joseph Mercola, "Veneno más nutrición no es igual a una alimentación 'balanceada'", 18 de noviembre de 2015; consultado en <https://articulos.mercola.com/sitios/articulos/archivo/2015/11/18/comida-chatarra-azucar-soda.aspx>.

[10] Teresa Moreno, "México, campeón mundial en consumo de refresco", *El Universal*, 29 de marzo de 2017; consultado en <www.eluniversal.com.mx/articulo/nacion/sociedad/2017/03/29/mexico-campeon-mundial-en-consumo-de-refresco>.

[11] Waleska C. Dornas, Wanderson G. de Lima, María L. Pedrosa y Marcelo E. Silva, "Health Implications of High-Fructose Intake and Current Research", *Advances in Nutrition*, vol. 6, núm. 6, 1° de noviembre de 2015, pp. 729-737; consultado en <https://academic.oup.com/advances/article/6/6/729/4555139>.

[12] Jane M. Benton, "La cafeína y su hijo", junio de 2014; consultado en <https://kidshealth.org/es/parents/child-caffeine-esp.html>.

[13] Ruth Rodríguez, "Bebidas azucaradas impactan el cerebro de los niños: estudio", Alianza por la Salud Alimentaria, 17 de junio de 2014; consultado en <http://alianzasalud.org.mx/2014/06/bebidas-azucaradas-impactan-el-cerebro-de-los-ninos-estudio/>.

[14] "Radiografía de... Levité de Bonafont (1.5 litros)", El Poder del Consumidor, 7 de octubre de 2013; consultado en <http://elpoderdelconsumidor.org/analisisdeproductos/radiografia-de-levite-de-bonafont-sabor-fresa-1-5-litros/>.

[15] Rocío Sánchez Juan, "La química del color en los alimentos", *Química Viva*, vol. 12, núm. 3, Universidad de Buenos Aires, Argentina, diciembre de 2013, pp. 234-246; consultado en <www.redalyc.org/pdf/863/86329278005.pdf>.

[16] Raúl Calzada-León, María de la Luz Ruiz-Reyes, Nelly Altamirano-Bustamante y Miriam Mercedes Padrón Martínez, "Uso de edulcorantes no calóricos en niños", *Acta Pediátrica de México*, vol. 34, núm. 4, Instituto Nacional de Pediatría, México, julio-agosto de 2013, pp. 205-211; consultado en <www.redalyc.org/pdf/4236/423640343006.pdf>. Juan A. Rivera *et al.*, "Consumo de bebidas para una vida saludable: recomendaciones para la población mexicana", *Salud Pública de México*, vol. 50, núm. 2, marzo-abril de 2008, pp. 172-194; consultado en <www.cienciasdelasalud.edu.ar/powerpoints/bebidas_artic.pdf>. Alicia Calvo, "Edulcorantes en la dieta, una posible trampa para tu flora intestinal", *Alimente*, 16 de abril de 2018; consultado en <www.alimente.elconfidencial.com/bienestar/2018-04-16/edulcorantes-enfermedades-bacterias-clostridium-treha-

losa_1549425/>. Joseph Mercola, "Los 10 principales aditivos alimentarios que debe evitar", 26 de marzo de 2016; consultado en <https://articulos.mercola.com/sitios/articulos/archivo/2016/03/26/los-peores-aditivos-alimenticios.aspx>. Joseph Mercola, "Los 7 peores ingredientes en los alimentos", 20 de octubre de 2014, consultado en <http://articulos.mercola.com/sitios/articulos/archivo/2014/08/20/los-peores-ingredientes-en-los-alimentos.aspx?e_cid=20140820_ESPANL_art_1&utm_source=espanl&utm_medium=email&utm_content=art1&utm_campaign=20140820&et_cid=DM54286&et_rid=628377064>.

[17] "Radiografía de… agüitas azucaradas para niños y niñas (300 a 330 ml)", El Poder del Consumidor, 3 de septiembre de 2014; consultado en <http://elpoderdelconsumidor.org/analisisdeproductos/radiografia-de-aguitas-azucaradas-para-ninos-y-ninas-300-330-ml/>.

[18] "Radiografía de… Gatorade sabor lima-limón (600 ml)", El Poder del Consumidor, 21 de octubre de 2013; consultado en <http://elpoderdel-consumidor.org/analisisdeproductos/radiografia-de-gatorade-sabor-lima-limon-600-ml/>.

[19] *Idem.*

[20] "Los efectos del abuso de la comida basura en un niño", Eres Mamá; consultado en <https://eresmama.com/los-efectos-del-abuso-la-comida-basura-nino/>.

[21] "¿Por qué todas las harinas refinadas son malas para la salud?", Línea y Salud; consultado en <www.lineaysalud.com/nutricion/alimentos/harinas-refinadas>.

[22] *Idem.*

[23] *Idem.*

[24] Departamento de Salud y Servicios para Personas Mayores de Nueva Jersey, "Hoja informativa sobre sustancias peligrosas", julio de 2005; consultado en <https://nj.gov/health/eoh/rtkweb/documents/fs/1559sp.pdf>. "Prohíben el uso de bromato de potasio a los fabricantes de harina de pan al considerarlo cancerígeno", Europa Press, 6 de febrero de 2007; consultado en <www.europapress.es/internacional/noticia-costa-rica-prohiben-uso-bromato-potasio-fabricantes-harina-pan-considerarlo-cancerigeno-20070206010639.html>.

[25] Kate Northstone, Carol Joinson, Pauline Emmett, Andy Ness y Tomáš Paus, "Are Dietary Patterns in Childhood Associated with IQ at 8 Years of Age? A Population-Based Cohort Study", *Journal of Epidemiology and Community Health*, 2012; consultado en <http://jech.bmj.com/content/early/2011/01/21/jech.2010.111955>.

[26] Joseph Mercola, "Dicen que es seguro, pero está destruyendo su hígado sin saberlo", 19 de agosto de 2011; consultado en <https://espanol.mer-

cola.com/boletin-de-salud/por-que-millones-de-ninos-tienen-enfermeda-des-del-higado.aspx>.

27 Hilary Parker, "A Sweet Problem: Princeton Researchers Find that High-Fructose Corn Syrup Prompts Considerably More Weight Gain", Princeton University, News at Princeton, 22 de marzo de 2010; consultado en <www.princeton.edu/main/news/archive/S26/91/22K07/>. Curt Ellis e Ian Cheney, *King Corn* [video], 2010, 1:30:16 horas; consultado en <www.youtube.com/watch?v=GY3wBsncI2c>.

28 Norma Petitjean, "Jarabe de maíz de alta fructosa: nocivo para la salud", El Cerebro de Niños y Adolescentes, 4 de septiembre de 2014; consulta-do en <http://cerebroniad.blogspot.mx/2014/09/jarabe-de-maiz-de-alta-fructosa-nocivo.html>.

29 Jonny Bowden, "Debunking the Blue Agave Myth", *Huffpost Healthy Living*, 17 de noviembre de 2011; consultado en <www.huffingtonpost.com/dr-jonny-bowden/debunking-the-blue-agave_b_450144.html>.

30 Norma Petitjean, "Glutamato monosódico: aditivo alimenticio peligro-so", El Cerebro de Niños y Adolescentes, 25 de agosto de 2013; consulta-do en <http://cerebroniad.blogspot.mx/2013/08/glutamato-monosodico-aditivo.html>.

31 Russell Blaylock, *Excitotoxins: The Taste That Kills* [video], 10 de julio de 2011, 1:06:41 horas; consultado en <www.youtube.com/watch?v=tTS-vIGniHok>.

32 Michelle Meadows, "MSG: A Common Flavor Enhancer", FDA *Consumer Magazine,* enero-febrero de 2003; consultado en <www.aahidaho.com/Article_FDA_MSG.pdf>.

33 *Idem.*

34 Alianza por la Salud Alimentaria, "Bebidas azucaradas y alimentos chata-rra aumentan tasa de obesidad en México y América Latina, revela estu-dio de OPS/OMS".

35 Andrea Donsky, "Worst Ingredients in Food", Naturally Savvy, 1º de junio de 2013; consultado en <http://naturallysavvy.com/eat/worst-ingredients-in-food>.

36 Joseph Mercola, "El grupo de protección al consumidor aplaude la prohi-bición de las grasas trans de la FDA, pero socava el movimiento para el etiquetado de los transgénicos", 1º de julio de 2015; consultado en <http://articulos.mercola.com/sitios/articulos/archivo/2015/07/01/prohi-bicion-de-las-grasas-trans.aspx#_edn6_Julio1,_2015>.

37 Lucía Blasco, "Los aceites vegetales pueden ser dañinos para tu salud", BBC Mundo, 25 de julio de 2016; consultado en <www.bbc.com/mundo/noticias-36848631>.

38 Joseph Mercola, "La FDA fue demandada y forzada a cancelar la clasifica-ción de seguridad de las grasas trans", 3 de diciembre de 2015; consulta-

do en <https://articulos.mercola.com/sitios/articulos/archivo/2015/12/03/grasas-trans-aceite-hidrogenado.aspx>.

[39] Vani Hari, "Processed to Death—Get These Cooking Oils Out of Your Pantry STAT!", Food Babe; consultado en <https://foodbabe.com/cooking-oils/>. Joseph Mercola, "Cómo los diferentes tipos de grasa transforman su cuerpo", 29 de junio de 2017; consultado en <https://articulos.mercola.com/sitios/articulos/archivo/2017/06/29/grasas-y-aceites-vegetales.aspx>.

[40] "Lanza la Alianza por la Salud Alimentaria la campaña 'Que éste no sea su futuro', un llamado urgente y verdadero de atención a la obesidad", Alianza por la Salud Alimentaria, 7 de marzo de 2018; consultado en <http://alianzasalud.org.mx/2018/03/lanza-la-alianza-la-salud-alimentaria-la-campana-este-no-sea-futuro-llamado-urgente-verdadero-atencion-la-obesidad/>.

[41] Greenpeace, "Guía roja y verde de alimentos transgénicos", 23 de octubre de 2013; consultado en <www.greenpeace.org/espana/Global/espana/report/transgenicos/23_10_2013_guia_roja_verde.pdf>.

[42] Joseph Mercola, "Le recomiendo firmemente evitar estos 7 alimentos", 30 de mayo de 2011; consultado en <http://español.mercola.com/boletin-de-salud/los-7-alimentos-de-supermercado-que-debe-evitar.aspx>.

[43] *Idem*.

[44] Matthew L. Gines, "OMG, ¿sí o no?", Nourish Interactive, 20 de octubre de 2014; consultado en <http://es.nourishinteractive.com/healthy-living/free-nutrition-articles/251-omg-datos-resumen-padres-articulo-geneticamente-modificados-organismos>.

[45] Marco Franzreb, "Conservantes alimentarios", 7 de marzo de 2006; consultado en <www.drmarcofranzreb.com/blog/2006/03/07/conservantes-alimentarios/>.

[46] William Lijinsky y Samuel S. Epstein, "Nitrosamines as Environmental Carcinogens", *Nature*, vol. 225, núms. 21-23, 3 de enero de 1970; consultado en <www.nature.com/nature/journal/v225/n5227/abs/225021a0.html>. R. G. Cassens, *Nitrite Cured Meat: A Food Safety Issue in Perspective*, Connecticut, Food and Nutrition Press, 1990, p. 598.

[47] "Embutidos de agua, sal, grasa, almidón...", El Poder del Consumidor, 18 de septiembre de 2009; consultado en <http://elpoderdelconsumidor.org/analisisdeproductos/embutidos-de-agua-sal-grasa-almidon/>.

[48] "Radiografía de... Salchichas de pavo fud (1 salchicha)", El Poder del Consumidor, 1° de marzo de 2016; consultado en <http://elpoderdelconsumidor.org/analisisdeproductos/radiografia-de-salchichas-de-pavo-fud-1-salchicha/>.

[49] B. Bateman *et al.*, "The Effects of a Double Blind, Placebo Controlled, Artificial Food Colourings and Benzoate Preservative Challenge on Hy-

peractivity in a General Population Sample of Preschool Children", *Arch Dis Child*, vol. 89, 2004, pp. 506-511; consultado en <www.cspinet.org/new/pdf/bateman.pdf>. Joseph Mercola, "Los 10 principales aditivos alimentarios que debe evitar".

50 *Idem*.

51 B. Bateman *et al.*, "The Effects of a Double Blind, Placebo Controlled, Artificial Food Colourings and Benzoate Preservative Challenge on Hyperactivity in a General Population Sample of Preschool Children". Joseph Mercola, "Un análisis confirma que los químicos en los alimentos son más dañinos al combinarse", 26 de julio de 2015; consultado en <https://articulos.mercola.com/sitios/articulos/archivo/2015/07/26/aditivos-alimenticios-daninos.aspx>.

52 Jaime Prat, "EE UU y Europa revisan el efecto de los colorantes artificiales en la salud", *El País*, 31 de marzo de 2011; consultado en <https://elpais.com/diario/2011/03/31/sociedad/1301522405_850215.html>. Aine Gallagher y Pete Harrison, "Alarma por colorante alimenticio británico se extiende a Europa", 24 de febrero de 2005; consultado en <www.20minutos.es/noticia/7638/0/ALIMENTACION/COLORANTE/EUROPA/>.

53 Web Salud, "10 factores que perjudican nuestro sistema inmunológico"; consultado en <http://web-salud.blogspot.com/2014/12/sistema-inmunologico.html>.

54 Joseph Mercola, "Colorantes artificiales en alimentos", 26 de julio de 2017; consultado en <https://articulos.mercola.com/sitios/articulos/archivo/2017/07/26/colorantes-artificiales-en-alimentos.aspx>.

55 "Consumidores del mundo exigimos convenio global contra comida chatarra", El Poder del Consumidor, 16 de marzo de 2015; consultado en <http://elpoderdelconsumidor.org/multimedia/consumidores-del-mundo-exigimos-convenio-global-contra-comida-chatarra/>.

56 Sarah Kobylewski y Michael F. Jacobson, "Food Dyes: A Rainbow of Risks", 2010; consultado en <www.revistavirtualpro.com/biblioteca/colorantes-para-alimentos-un-arcoiris-de-riesgos>.

57 Joseph Mercola, "Colorantes artificiales en alimentos".

58 Rocío Sánchez Juan, "La química del color en los alimentos".

59 Joseph Mercola, "Primer estudio que revela la cantidad de colorantes alimentarios en productos de marca", 26 de julio de 2017; consultado en <https://articulos.mercola.com/sitios/articulos/archivo/2017/07/26/colorantes-artificiales-en-alimentos.aspx>. Susha Cheriyedath, "Alergia a la tartrazina", News Medical Life Sciences, 24 de abril de 2016; consultado en <www.news-medical.net/health/Tartrazine-Allergy-(Spanish).aspx>.

60 Joseph Mercola, "¿Está usted y su familia ingiriendo colorantes alimenticios tóxicos?", 4 de enero de 2016; consultado en <https://articulos.mer-

cola.com/sitios/articulos/archivo/2016/01/04/esta-comientos-colorantes-toxicos.aspx>.

[61] *Idem.*

[62] *Idem.*

[63] Rocío Sánchez Juan, "La química del color en los alimentos".

[64] "E-173—Aluminio comestible", Aditivos Alimentarios; consultado en <www.aditivos-alimentarios.com/2016/01/E173.html>.

[65] V. I. Kraak y M. Story, "Influence of Food Companies' Brand Mascots and Entertainment Companies' Cartoon Media Characters on Children's Diet and Health: A Systematic Review and Research Needs", *Obesity Reviews*, vol. 16, núm. 2, 17 de diciembre de 2014, pp. 107-126; consultado en <www.ncbi.nlm.nih.gov/pmc/articles/PMC4359675/>.

[66] "Norma Oficial Mexicana NOM-051-SCFI/SSA1-2010, especificaciones generales de etiquetado para alimentos y bebidas no alcohólicas preenvasados. Información comercial y sanitaria", 5 de abril de 2010; consultado en <www.aduanas-mexico.com.mx/claa/ctar/normas/nm051bsc.htm>.

[67] "Radiografía de… Lipton Ice Tea (600 ml., 2½ vasos aprox.)", El Poder del Consumidor, 28 de octubre de 2014; consultado en <http://elpoderdelconsumidor.org/analisisdeproductos/radiografia-de-lipton-iced-tea-600-ml-2%C2%BD-vasos-aprox/>.

[68] Joseph Mercola, "Veneno más nutrición no es igual a una alimentación 'balanceada'".

[69] Carlos Fidel Amábile Cuevas (ed.), *Agua: salud y bienestar*, México, 2014, p. 21; consultado en <www.h4hinitiative.com/sites/default/files/basicpage/file/libro_bonafont_final_2014.pdf>.

[70] *Idem.*

[71] María Manera, "¿Cuánta agua tienen que tomar los bebés y niños pequeños?", Consumer Eroski, 5 de mayo de 2011; consultado en <www.consumer.es/web/es/alimentacion/aprender_a_comer_bien/infancia_y_adolescencia/2011/04/27/200253.php>.

[72] Organización Mundial de la Salud (OMS), "Fomento del consumo mundial de frutas y verduras"; consultado en <www.who.int/dietphysicalactivity/fruit/es/>.

[73] *Idem.*

[74] *Idem.*

[75] *Idem.*

[76] Asociación para la Promoción del Consumo de Frutas y Hortalizas 5 al Día, "¿Qué es '5 al día'?"; consultado en <www.5aldia.org/datos/60/DOSSIER_5_AL_DIA_5452.pdf>.

[77] Meduca, Ministerio de Educación, "Propiedades nutricionales y curativas de las frutas"; consultado en <www.educapanama.edu.pa/?q=articulos-educativos/propiedades-nutricionales-y-curativas-de-las-frutas>.

78 Conrado S. Dayrit, "Coconut Oil: Atherogenic or Not? (What Therefore Causes Atherosclerosis?)", *Philippine Journal of Cardiology*, vol. 31, núm. 3, julio-septiembre de 2003, pp. 97-104; consultado en <www.coconutre-searchcenter.org/article%20032305.pdf>.

79 B. Chavalittamrong, P. Pidatcha y U. Thavisri, "Electrolytes, Sugar, Calories, Osmolarity and pH of Beverages and Coconut Water", *Southeast Asian Journal of Tropical Medicine and Public Health*, vol. 13, núm. 3, septiembre de 1982, pp. 427-432; consultado en <www.ncbi.nlm.nih.gov/pubmed/7163850>. Jean W. H. Yong, Liya Ge, Yan Fei Ng y Swee Ngin Tan, "The Chemical Composition and Biological Properties of Coconut (*Cocos nucifera* L.) Water", *Molecules*, vol. 14, 2009, pp. 5144-5164.

80 S. Sircar y U. Kansra, "Choice of Cooking Oils: Myths and Realities", *Journal of the Indian Medical Association*, vol. 96, núm. 10, octubre de 1998, pp. 304-307; consultado en <www.ncbi.nlm.nih.gov/pubmed/10063298?dopt=Abstract>.

81 "Beneficios del aceite de oliva", Aceite de Oliva.com; consultado en <www.aceitedeoliva.com/aceite-de-oliva/beneficios-aceite-de-oliva/>.

82 C. S. Bates, *The Goodness of Ghee: The Ultimate Guide to Using Ghee in the Kitchen and Beyond*, California, Golden Karat, 2012.

83 *Idem.*

84 *Idem.*

85 Joseph Mercola, "¿Tiene problemas con la tiroides? Entonces deje de consumir este alimento 'saludable'", 13 de octubre de 2010; consultado en <http://espanol.mercola.com/boletin-de-salud/tiene-problemas-con-la-tiroides-entonces-deje-de-consumir-este-alimento-saludable.aspx>.

86 Organización Mundial de la Salud (OMS), "Dejemos de administrar antibióticos a animales sanos para prevenir la propagación de la resistencia a los antimicrobianos", comunicado de prensa, Ginebra, 7 de noviembre de 2017; consultado en <www.who.int/es/news-room/detail/07-11-2017-stop-using-antibiotics-in-healthy-animals-to-prevent-the-spread-of-antibiotic-resistance>.

87 Unión Vegetariana Internacional, "Los humanos son omnívoros, adaptado de una conferencia a cargo de John McArdle, Ph.D., de The Vegetarian Resource Group"; consultado en <https://ivu.org/spanish/trans/vrg-omni.html>.

88 National Geographic, "Chimpancé"; consultado en <www.nationalgeographic.es/animales/chimpance>.

89 Robert Cohen, *Milk: The Deadly Poison*, Nueva Jersey, Argus, 1997. T. Colin Campbell y Thomas M. Campbell II, *El estudio de China*, Dallas, Sirio, 2001, pp. 26-27. Robert Cheeke, "De ninguna manera ingeriré suero lácteo, hermano. Paso el polvo de proteínas", T. Collin Campbell Center for Nutrition Studies, 7 de noviembre, 2014; consultado en <https://

nutritionstudies.org/es/de-ninguna-manera-ingerire-suero-lacteo-herma-no-paso-el-polvo-de-proteinas/>.

90 "10 asombrosos beneficios de las semillas de chía!", Ecocosas, 27 de junio de 2017; consultado en <https://ecocosas.com/salud-natural/10-asombrosos-beneficios-las-semillas-de-chia/>.

91 "Radiografía del… Aguacate", El Poder del Consumidor, 26 de marzo de 2015; consultado en <http://elpoderdelconsumidor.org/analisisdepro-ductos/radiografia-de-el-aguacate/>. Joseph Mercola, "Beneficios anticáncer del aguacate", 27 de junio de 2015; consultado en <https://articulos.mercola.com/sitios/articulos/archivo/2015/06/29/beneficios-anti-cancer-del-aguacate.aspx>.

92 "Radiografía del… Amaranto", El Poder del Consumidor, 9 de abril de 2015; consultado en <http://elpoderdelconsumidor.org/analisisdepro-ductos/radiografia-del-amaranto/>.

93 "El poder de… El frijol", El Poder del Consumidor, 24 de septiembre de 2015; consultado en <http://elpoderdelconsumidor.org/analisisdepro-ductos/el-poder-de-el-frijol/>.

94 "El poder de… La avena", El Poder del Consumidor, 27 de agosto de 2015; consultado en <http://elpoderdelconsumidor.org/analisisdepro-ductos/el-poder-de-la-avena/>.

95 Joseph Mercola, "Los sorprendentes beneficios del chocolate negro en la salud", 8 de febrero de 2016; consultado en <https://articulos.mercola.com/sitios/articulos/archivo/2016/02/08/los-sorprendentes-beneficios-del-chocolate-oscuro.aspx>. "El poder de… El cacao", El Poder del Consumidor, 5 de septiembre de 2017; consultado en <http://elpoderdelcon-sumidor.org/analisisdeproductos/el-poder-de-el-cacao/>.

96 "Beneficios de la linaza", *Muy Interesante*; consultado en <www.muyinte-resante.com.mx/salud-y-bienestar/nutricion/17/04/6/beneficios-semilla-linaza-salud-nutricion/>.

97 David Perlmutter y Kristin Loberg, *Cerebro de pan. La devastadora verdad sobre los efectos del trigo, el azúcar y los carbohidratos en el cerebro (y un plan de 30 días para remediarlo)*, México, Grijalbo, 2015, p. 81.

98 *Ibidem*, p. 87.

99 "Lanza la Alianza por la Salud Alimentaria la campaña 'Que éste no sea su futuro'".

100 Red por los Derechos de la Infancia en México, <http://derechosinfancia.org.mx/>.

101 Estrategia Nacional para la Prevención y el Control del Sobrepeso, la Obesidad y la Diabetes, <http://alimentosescolares.insp.mx/>.

102 "¿Por qué ya no se puede comer comida chatarra en las escuelas?"; consultado en <http://miescuelasaludable.org/la-ley/>.

[103] Secretaría de Gobernación, "Acuerdo mediante el cual se establecen los lineamientos generales para el expendio y distribución de alimentos y bebidas preparados y procesados en las escuelas del Sistema Educativo Nacional", *Diario Oficial de la Nación*, 16 de mayo de 2014; consultado en <www.dof.gob.mx/nota_detalle.php?codigo=5344984&fecha=16/05/2014>.

Tercera parte

Capítulo 7

[1] "Beneficios del juego al aire libre", Take It Outside!; consultado en <www.ndehs.udel.edu/wp-content/uploads/2015/08/beneficios-del-juego-al-aire-libre.pdf>.
[2] "UNICEF hace un llamado a los gobiernos, sector empresarial y sociedad civil a trabajar juntos para mejorar las prácticas publicitarias dirigidas a la niñez y a la adolescencia", UNICEF, 30 de junio de 2015; consultado en <http://UNICEF.cl/web/UNICEF-hace-un-llamado-a-los-gobiernos-sector-empresarial-y-sociedad-civil-a-trabajar-juntos-para-mejorar-las-practicas-publicitarias-dirigidas-a-la-ninez-y-a-la-adolescencia/>.
[3] *Idem.*
[4] Gerard Hastings, Laura McDermott, Kathryn Angus, Martine Stead y Stephen Thomson, "The Extent, Nature and Effects of Food Promotion to Children: A Review of Evidence. Technical Paper Prepared for the World Health Organization", Organización Mundial de la Salud (OMS), julio de 2006; consultado en <www.who.int/dietphysicalactivity/publications/Hastings_paper_marketing.pdf>.
[5] Ángeles Cruz Martínez, "Limitan la publicidad de comida chatarra; bajaría obesidad infantil", *La Jornada,* 27 de octubre de 2013; consultado en <www.jornada.unam.mx/2013/10/27/sociedad/033n1soc>.
[6] Olga R. Sanmartín, "Comer con los hijos mejora sus notas en matemáticas", *El Mundo*, Madrid, 19 de noviembre de 2014; consultado en <www.elmundo.es/espana/2014/11/18/546b7aab22601d10358b4592.html>.
[7] Buenavida, "¡Liberad a los críos! Los niños pasan menos tiempo al aire libre que los presos", *El País*, 1° de abril de 2016; consultado en <https://elpais.com/elpais/2016/03/30/buenavida/1459339986_414630.html>.
[8] "Beneficios del juego al aire libre", Take It Outside!
[9] Buenavida, "¡Liberad a los críos! Los niños pasan menos tiempo al aire libre que los presos".

[10] *Idem.*

[11] B. Hesselmar, A. Hicke-Roberts y G. Wennegren, "Allergy in Children in Hand Versus Machine Dishwashing", *Pediatrics*, vol. 135, núm. 3, marzo de 2015, pp. e590-e597; consultado en <www.ncbi.nlm.nih.gov/pubmed/25713281>.

[12] Jesús Méndez González, "¿Para estar sano hay que ser un poco sucio?", *El País*, 21 de abril de 2015; consultado en <https://elpais.com/elpais/2015/04/20/buenavida/1429525224_227402.html>.

[13] "Beneficios de jugar al aire libre con los niños", Guiainfantil.com, 20 de febrero de 2015; consultado en <www.guiainfantil.com/articulos/ocio/aire-libre/beneficios-de-jugar-al-aire-libre-con-los-ninos/>.

[14] Isabel Gentil García, "Podología preventiva: niños descalzos igual a niños más inteligentes", *Revista Internacional de Ciencias Podológicas*, vol. 1, núm. 1, 2007, pp. 27-34; consultado en <http://revistas.ucm.es/index.php/RICP/article/view/RICP0707120027A/18634>.

[15] Isabel Gentil García, "Podología preventiva: niños descalzos igual a niños más inteligentes".

[16] Katy Bowman, *Move Your* DNA. *Restore Your Health through Natural Movement*, Estados Unidos, Propriometrics Press, 2014, p. 35.

[17] María Elena Anaya Meneses, "Desarrollo motriz en el niño, etapas y sugerencias para su estimulación", Siete Olmedo, 7 de abril de 2013; consultado en <www.sieteolmedo.com.mx/2013/04/07/desarrollo-motriz-en-el-nino-etapas-y-sugerencias-para-su-estimulacion/>.

[18] *Idem.*

[19] *Idem.*

[20] Jane E. Barker, Andrei D. Semenov, Laura Michaelson, Lindsay S. Provan, Hannah R. Snyder y Yuko Munakata, "Less-Structured Time in Children's Daily Lives Predicts Self-Directed Executive Functioning", Frontiers in Psychology, 17 de junio de 2014; consultado en <www.frontiersin.org/articles/10.3389/fpsyg.2014.00593/full>. W. Greve, T. Thomsen y C. Dehio, "Does Playing Pay? The Fitness-Effect of Free Play during Childhood", *Evolutionary Psychology*, vol. 12, núm. 2, abril de 2014, pp. 434-437; consultado en <www.ncbi.nlm.nih.gov/pubmed/25299888>.

[21] Ana Palicio, "10 frases célebres de María Montessori", Ser Padres; consultado en <www.serpadres.es/1-2-anos/educacion-estimulacion/fotos/10-frases-de-maria-montessori/obstaculos-del-desarrollo>.

[22] Stuart Brown y Christopher Vaughan, *Juega: la forma más efectiva de desarrollar el cerebro, enriquecer la imaginación y alegrar el alma*, España, Urano, 2009, p. 31.

[23] *Ibidem*, p. 51.

[24] *Idem.*

[25] Joseph Mercola, "¿Cuánto sueño es 'suficiente'?", 19 de febrero de 2015; consultado en <https://articulos.mercola.com/sitios/articulos/archivo/2015/02/19/directrices-sobre-el-sueno.aspx>.

[26] BBC Mundo, "¿Cuántas horas al día deben dormir los niños y los adolescentes?", 13 de junio de 2016; consultado en <www.bbc.com/mundo/noticias-36517354>.

[27] Cris Rowan, "10 razones por las que se debería prohibir a los menores de 12 años usar dispositivos electrónicos", *Huffpost*, 14 de mayo de 2014; consultado en <www.huffingtonpost.es/cris-rowan/10-razones-por-lasque-se_b_4965723.html>.

[28] Sarah Kovac, "Dar nalgadas como castigo podría afectar el cerebro de los niños", CNN, 23 de julio de 2014; consultado en <http://cnnespanol.cnn.com/2014/07/23/dar-nalgadas-como-castigo-podria-afectar-el-cerebro-de-los-ninos/#0>.

[29] Gema Lendoiro, "¿Por qué los castigos a niños no sirven para nada?", ABC Padres e Hijos, Madrid, 13 de junio de 2016; consultado en <www.abc.es/familia/padres-hijos/abci-castigos-ninos-no-sirven-para-nada-201606091359_noticia.html>.

[30] *Idem.*

[31] Nadine Burke Harris, "How Childhood Trauma Affects Health Across a Lifetime", Ted Talks, 17 de febrero de 2015, 16:02 minutos; consultado en <www.youtube.com/watch?v=95ovIJ3dsNk&feature=youtu.be>.

[32] "Estructura del sistema educativo", Universia España; consultado en <www.universia.es/estudiar-extranjero/finlandia/sistema-educativo/estructura-sistema-educativo/147>.

[33] "Propone onu eliminar tareas escolares en todo el mundo", SDP Noticias, 5 de octubre de 2016; consultado en <www.sdpnoticias.com/sorprendente/2016/10/05/propone-onu-eliminar-tareas-escolares-en-todo-el-mundo>.

[34] Teresa Moreno, "OCDE: México, 15 años en el último lugar de educación", *El Universal*, 6 de diciembre de 2016; consultado en <www.eluniversal.com.mx/articulo/nacion/sociedad/2016/12/6/ocde-mexico-15-anos-en-el-ultimo-lugar-de-educacion>.

[35] F. Mora, *Neuroeducación*, Madrid, Alianza Editorial, 2013; consultado en <www.fundacioncadah.org/web/printPDF.php?idweb=1&account=j289e ghfd7511986&contenido=la-importancia-de-las-emociones-en-el-aprendizaje-y-su-relacion-con-el-tdah>.

[36] *Idem.*

Capítulo 8

[1] Carlos González, *Mi niño no me come*, op. cit., p. 77.